Yo
Superior

Título original: Higher Self: Reclaiming the Power of Your Intuition
Traducido del inglés por Elsa Gómez Belastegui
Diseño de portada: Editorial Sirio, S.A.
Maquetación: Toñi F. Castellón

EDITORIAL SIRIO, S.A.
C/ Rosa de los Vientos, 64
Pol. Ind. El Viso
29006-Málaga
España

www.editorialsirio.com
sirio@editorialsirio.com

I.S.B.N.: 979-13-87974-11-4
Depósito Legal: MA-500-2026

Impreso en Imagraf Impresores, S. A.
c/ Nabucco, 14 D - Pol. Alameda
29006 - Málaga

Impreso en España

Puedes seguirnos en Facebook, X, YouTube e Instagram.

MORY
FONTANEZ

Yo Superior

Recupera el poder de tu intuición y reconecta con tu verdad interior

Para Rhea, que sostuvo en alto el espejo,
y para mi madre, que hizo posible
todo lo que veo reflejado en él

Índice

Prólogo

ALOK VAID-MENON

Si *fuera guía turístico* y me dedicara a conducir a grupos que emprendieran el viaje de vivir en este planeta, recomendaría a cada participante, sin excepción, que acudiera a una sesión con la *coach* Mory Fontanez antes de partir. No hay nada comparable: la octava maravilla de la Tierra. Pero no soy guía turístico. Soy poeta, y por eso diré que Mory es la publicista del alma. En una sociedad empeñada en inculcarnos veladamente la disociación como forma preferente de personalidad, Mory nos ha sido enviada para recordarnos lo que de verdad importa: por qué estamos aquí y qué hace que la vida valga la pena. En un mundo que con frecuencia puede parecer insustancial y sin sentido, Mory hace que vivir vuelva a ser apasionante. Un acto creativo. Mory pinta murales de posibilidad allá a donde va. La he visto crear la incandescencia de una pista de baile en una sala de juntas. La he visto hacer que importantes gerentes de empresa rompieran a llorar. La he visto, en mi propia carne, convertir un patio de recreo lleno de órganos que se detestaba a sí mismo en este artista, orgullose de sí misme y que se ama como es. Qué ironía que hoy tenga el privilegio de escribir este prólogo sobre la fuerza con que Mory nos impulsa a avanzar. Más allá de los límites que quieren imponernos los sistemas de creencias, más allá de la adicción a buscar aprobación en la sociedad, más allá de las inseguridades. Más allá de quienes pensábamos que éramos y hacia quienes, desde el primer momento, hemos venido a ser.

Siempre he creído que es en la interacción con las demás personas como sale lo mejor que cada quien lleva dentro. Esa es la paradoja de la autorrealización: es comunal. Fundamentalmente, en el nivel más básico, nos necesitamos para liberarnos. Qué absurdo: todo el mundo aquí buscando respuestas, cuando lo que necesitábamos desde el principio era la pregunta acertada. Mory tiene las preguntas acertadas. ¿Quién nos enseñó a no creer en que podíamos tener la vida con la que soñábamos? ¿Quién nos hizo creer que vivir una buena vida exige sacrificar las cosas más importantes? ¿Cómo hemos acabado por creer que las estrategias defensivas nacidas del trauma son nuestra personalidad? Conocí a Mory en una cena hace varios años. Se giró hacia mí y me preguntó algo como: «¿Quién eres, más allá de lo que te han dicho que tienes que ser?». Desde aquella noche, todo cambió.

Antes de conocerla, me sentía atrapade entre lo que podía ser y lo que era. Como mi cuerpo vivía con miedo, mi corazón se refugiaba en lo que *podía* llegar a hacer. Tenía la certeza de que había muchísimo más que *podía* hacer en mi vida, pero... *Pero* era el lugar en el que me sentía a salvo: mi dirección postal y mi domicilio de hecho. Delegaba mi poder en todo lo que me rodeaba y no me atrevía a descubrir de lo que era capaz. Yo era la encarnación de la excusa; Mory, la transformación personificada. Fue un encuentro decisivo. Al hablar con ella, redescubrí un idioma nativo que creía haber perdido en la niñez: la esperanza.

Las enseñanzas de Mory no son para la gente cobarde. Son enseñanzas volátiles. Precisamente porque rebosan de esperanza. Nos hemos acostumbrado a la infelicidad, al monótono zumbido de las obligaciones, no a la euforia. Es más fácil quedarse dentro de los confines de lo conocido, incluso aunque lo conocido sea el dolor. La esperanza duele porque nos hace tener que desprendernos de la armadura del escepticismo y la suspicacia. Nos expone a un sol interior que hace mucho tiempo atenuamos porque nos enseñaron que el amor es un fenómeno de ilusionismo que nos hace desaparecer, no el gran espectáculo de compartir.

Mory me ha hecho muchos regalos a lo largo de los años, pero el más precioso es la esperanza. En medio de la desesperación y la destrucción que nos rodea, a menudo la pierdo. Entonces, me sumerjo en la serena genialidad de Mory, y ella reaviva mi imaginación. Me dice que hay sentimientos que aún no hemos sentido, palabras que aún no hemos articulado, mundos que no hemos construido aún. Cuando habla, se recolocan las piezas: con la precisión y bravura de una quiropráctica, hace un sutil ajuste y ¡de nuevo estás en pie y en movimiento! Mory ha dejado una huella perenne en mi corazón. Y creo sinceramente que este libro tendrá el mismo efecto en ti. Mory me ha ayudado a volver a ser yo, al cabo de mucho tiempo. Qué gran fortuna estar aquí. Supongo que esta es mi forma de decir: te doy la bienvenida a casa.

Yo Superior

Introducción

En nuestra versión más auténtica, somos pura dignidad, claridad y profundo saber. Este saber, hecho de un hilo ancestral, ha guiado tu alma a través del tiempo y el espacio hasta este lugar y este momento. Ha sido tu guía constante e inquebrantable, incluso aunque tú no siempre te acuerdes de que está en ti.

El hecho es que la mayoría hemos olvidado quiénes somos.

La mayor parte del tiempo, en lugar de recordar esta profunda certeza sobre tu identidad, ha sido *el miedo* lo que ha definido y dominado la realidad de tu vida. Con sus constantes «no puedes» y «no debes», el miedo trabaja día y noche para no dejarte crecer. Y en ese espacio contraído, tus capacidades y posibilidades se reducen drásticamente.

El miedo hace esto no por maldad, sino con una importante intención, que es mantenerte a salvo. Desde que tienes uso de razón, el miedo ha hecho cuanto ha estado en su mano para protegerte del dolor y el sufrimiento. Cree que, no dejándote traspasar los límites de cierto sistema de creencias sobre quién eres y de qué eres capaz, te evitará toda clase de decepciones y peligros.

El problema es que, en contra de sus intenciones, el miedo ha conseguido apresarte justamente en ese marco de dolor y sufrimiento de los que con tanto ahínco te quería proteger. Al impedirte ser plenamente tú con el propósito de mantenerte a salvo, en realidad te ha impuesto el mayor castigo. Por eso estás aquí ahora. Una parte de ti está decidida a soltarse del apretado ovillo en el que has vivido desde hace tanto tiempo, para que puedas extender tus gloriosas extremidades, y erguirte, y existir en toda la majestuosidad de tu yo más expansivo y poderoso.

Te doy la bienvenida.

Este libro es tu hoja de ruta para volver a ti. Vas a empezar a comprender cómo se formó tu yo temeroso, de qué intenta protegerte con tanto empeño y cómo trabajar con este feroz protector para poder reencontrarte con tu Yo Superior, que es tu versión más auténtica y poderosa. El propósito de este libro es ayudarte a integrar todas las partes de ti en un sistema holístico que trabaje con el solo propósito de impulsarte hacia tus más profundos deseos. Mientras lo lees, aprenderás a desbloquear la parte más poderosa e intuitiva de quien eres, al tiempo que sanas las partes que tienen miedo y te han estado frenando. En estas páginas encontrarás una invitación a desbloquear ese Yo Superior que hay dentro de ti y un mapa detallado para hacerlo.

Quizá te estés preguntando *quién* es ese *Yo Superior*. Este libro se propone responder también a esta pregunta. Por ahora, te diré simplemente que tu Yo Superior es la guía de tu alma. Es la parte más profunda y verdadera de ti, la que dirige, energiza e ilumina el viaje de tu vida. Es la parte más segura y sosegada de tu espíritu. Es la voz que te susurra al oído y tira de ti con gentileza para acercarte a tus sueños. Es tu faro, la fuerza que inexplicablemente siempre te ha impulsado a través de las tormentas más negras y aterradoras hacia la versión más poderosa y verdadera de ti. Es tú, es quien serías si fueras libre de ser todo lo que eres sin reservas ni condiciones.

El Yo Superior te habla a través de su singular lenguaje: la intuición. La voz de esta sabia guía te llega con la mayor claridad cuando no te agobian las dudas, el miedo o las imposiciones. Tu trabajo consistirá, por tanto, en reducir todas esas interferencias para que tu intuición brille inequívocamente. Tu Yo Superior te susurra por vía de la intuición con un solo propósito: despertarte a tu verdad divina e indestructible. La buena noticia es que te ha conducido hasta este libro porque, en este momento, tienes la preparación necesaria para asumir tu poder y ser auténticamente tú.

Así que aquí estás, y aquí estoy yo, tu guía inesperada. No tengo un currículum lleno de galardones, ni de licenciaturas, ni de doctorados de alguna universidad prestigiosa. Mi vida no ha sido una sucesión constante de victorias que me permitan sentarme hoy aquí como autoridad en la materia para decirte cómo hacer realidad tus sueños. Soy hija de inmigrantes. El fruto de una madre que, con muchos esfuerzos, se las arregló sola para poner comida en la mesa y un techo sobre mi cabeza. Siempre fui una estudiante de notable, sin una ambición definida que despertara la admiración de la gente.

He sido una madre divorciada que durante años se ocupó sola de criar a una niña y un niño de corta edad, y una mujer que ha estado al límite tantas, tantas veces que he perdido la cuenta. Ni una monja, ni una terapeuta, ni una gurú que de repente ha tenido su momento de iluminación divina. Sencillamente, una persona que arrastró consigo el dolor de la infancia a la edad adulta y que se revistió del envoltorio que creía perfecto con la sola intención de sobrevivir. Eso me llevó a ser asesora y cómplice de la Norteamérica empresarial, y a aceptar sus imposiciones explícitas y tácitas sobre lo que *se debía* y *no se debía* hacer.

Después de haber pasado casi veinte años asesorando a algunas de las marcas más importantes del mundo sobre estrategias que mejoraran su imagen y su reputación, me sentí preparada para ocupar el puesto de directora ejecutiva en una de esas ilustres corporaciones. Avanzaba por la vía rápida. Antes de cumplir los treinta y cinco años me habían ascendido diez veces, había estado sentada con algunas de las figuras más poderosas del mundo empresarial y había influido en sus decisiones. Iba camino de hacer realidad el sueño americano por el que mi madre y mi padre habían emigrado a este país.

Hasta que no pude soportarlo más. Me sentía abatida, agotada y muy, muy lejos de mi propósito. El refinado envoltorio comenzó a resquebrajarse cuando mi Yo Superior me empezó a llamar. Con gran fuerza me retó a que me preguntara a mí misma: *¿Estoy viviendo de verdad mi propósito? ¿Estoy utilizando mis dones para ayudar a la gente todo lo posible?* No podía ignorar estas preguntas. Mi Yo Superior insistió e insistió hasta que escuché; irrumpía en las reuniones y me distraía del tema que se estuviera tratando. Me seguía a casa, recordándome por el camino que estar ocupada no era lo mismo que cumplir mi propósito. Me atormentaba acordándome constantemente de lo insignificante e insatisfecha que en el fondo me sentía con aquella vida «exitosa» que me había construido.

Fue durante esta lucha con mi Yo Superior cuando tuve una revelación que me cambió la vida. En cada viaje, en cada experiencia como especialista en relaciones públicas, gestora de crisis, creadora de imagen y asesora de celebridades y líderes del mundo empresarial, empecé a ver que cada ser humano tiene dentro de sí una sabiduría profunda, efectiva y absolutamente certera. Esa sabiduría siempre sabe la respuesta, y nunca nos engaña ni nos empuja en la dirección equivocada.

El problema es que hemos aprendido a no escuchar su voz. El condicionamiento impuesto por una cultura que nos ha enseñado a valorar las opiniones del resto de la gente más que la nuestra ha hecho que nuestra sabiduría interior pierda toda autoridad. Vi claramente cómo esta dinámica favorece a los sistemas de poder: nos convencen de que nuestra voz interior no sabe lo que dice, para que abandonemos nuestra verdad y los sigamos como zombis.

¿Y qué pasa entonces?

Aprendo a creer más a la gente que a mí misma, por lo que tomo decisiones que favorecen más a cualquier persona que a mí. Aprendo a ignorar mi propio propósito, para poder dedicar más tiempo y esfuerzos a hacer realidad los sueños ajenos. Aprendo a asentir y a resignarme, para que los demás se sientan a gusto mientras yo me encojo. Aprendo a conformarme con sobrevivir y me olvido de la sabiduría interior que me haría *florecer*.

Eso es lo que mi Yo Superior quería hacerme entender desde el principio. Así que di un giro radical en el camino de mi vida. Abracé los dones que se me habían dado: el saber intuitivo y la capacidad para sanar las sombras internas. En lugar de convertirme en directora ejecutiva de una importante empresa, me he dedicado a guiar a otros hacia el reencuentro con su Yo Superior. Haber aceptado finalmente mis dones más innatos, y haberme comprometido con mi propósito, me ha dado ocasión de sentarme frente a frente con algunas de las caras más reconocibles de nuestra cultura y de ayudarlas con amor a sanar su dolor, a liberarse de sus limitaciones y, en última instancia, a reconectarse con su Yo Superior. Aunque no puedo dar el nombre ni contar la historia íntima de cada una de estas personas cuya experiencia está contribuyendo a transformar el mundo, lo que sí puedo hacer es traerte este trabajo directamente a ti. Puedo hablarte de mi viaje personal, el que me llevó a encontrar el sentimiento de bienestar más completo que había conocido hasta entonces, y plasmar en estas páginas sus curvas y vericuetos con tanto detalle que, si lo deseas, puedas seguir el mismo camino hacia la aceptación de quien eres, el amor, la dignidad y un consistente sentimiento de plenitud. Se puede hacer. He visto a muchas personas romper las cadenas del miedo y la vergüenza y entrar en la expansividad de su yo más amoroso y libre. Tú y yo estamos a punto de emprender de la mano un viaje profundamente transformador. En este libro, voy a guiarte a través de tu propio viaje de vida para que comprendas cómo llegaste al mundo y qué hizo que te desconectaras de tu sabiduría interior. Y después te guiaré para que te reconectes con tu profundo, ancestral y poderoso saber más íntimo, tu Yo Superior.

Este libro es mi método, envuelto en relatos y en lecciones de vida que tanto mis clientes como yo hemos aprendido con no pocas dificultades. Es en parte *coaching*, en parte autobiografía y en parte estudio de casos. Mi objetivo al escribirlo no es contarte en orden cronológico los grandes acontecimientos de mi vida, sino ayudarte a comprender quién eres tú examinando los momentos y elementos importantes de la tuya. Por eso, el libro está organizado en tres partes, para ayudarte a hacer el trabajo interior y a reconectarte con todas las partes de ti:

1.ª parte: Identificar tu yo temeroso y el origen de tus creencias limitantes.

2.ª parte: Empezar a sanar tus creencias limitantes para crear espacio y poder escuchar a tu Yo Superior.

3.ª parte: Encarnar tu Yo Superior al reconectarte con tu sabiduría intuitiva.

Pronto verás que la primera parte del libro está escrita en forma de relato sobre ti... y sobre mí. Esto tiene un propósito. Quiero que regreses realmente a tus primeros años de vida y los veas desde una perspectiva enteramente nueva mientras lees los detalles del viaje personal que comparto aquí contigo. Este nuevo punto de vista te preparará para recibir importante información sobre el mundo en el que te mueves y te dará un valioso contexto sobre los detalles y las circunstancias de tu propio viaje. Es posible que no hayas reparado en que hay determinadas cosas que actúan a modo de obstáculo y frenan tu anhelo sincero de crecer, pero es fundamental que te des cuenta de ellas para poder desbloquear el acceso a tu Yo Superior.

Luego, en la segunda parte del libro, examinaremos los sistemas que te han convencido de que debes dudar de tu verdad interior. Exploraremos el mundo laboral, nuestra relación con los medios de comunicación, con el sistema educativo, con el capitalismo y con otras personas, para que comprendas que, pese a ser esferas individuales y diferentes, su poder se suma y, juntas, consiguen separarnos aún más de nuestro Yo Superior. Al mirarlas de frente, les quitaremos ese poder, lo cual despejará aún más el camino para que podamos reunirnos con nuestra profunda sabiduría interior.

Y finalmente, aterrizaremos, de vuelta en un espacio de reconexión con tu Yo Superior. En la tercera parte del libro, te mostraré exactamente cómo encontrar esta poderosa parte de ti y mantenerte en conexión con ella. Quiero que, al terminar este viaje, sepas con toda claridad cómo acceder fácilmente a esta sabiduría y puedas utilizarla en la práctica para crear una vida de total presencia, plenitud y, lo más importante, una vida que te permita erguirte en toda la dignidad de quien auténticamente eres.

¿Todo listo para reavivar ese fuego? ¿Iniciamos el viaje de reencuentro con tu Yo Superior?

Allá vamos.

PRIMERA PARTE

Desconexión gradual

Capítulo 1

Eres un ser divino

Cuando naciste, eras un ser completo.

No te faltaba nada, no había en ti ninguna insuficiencia, nada que tuvieras que mejorar. Por el simple hecho de existir, eras un ser perfecto.

Y no solo eso, sino que además, cuando viniste al mundo, eras un ser completamente abierto. No tenías ninguna idea preconcebida sobre quién eras, ningún juicio sobre las personas que estaban presentes en tu vida, ninguna exigencia sobre el lugar en el que querías vivir. Existías simplemente para explorarte y comprenderte y explorar y comprender el mundo que te rodeaba.

En aquellos primeros días, te importaban cosas muy simples: tu fuente de alimento y lo cómodo o incómodo que era tu entorno. Experimentabas esa comodidad o incomodidad tal y como se presentaba, sin un relato asociado a ella sobre por qué te estaba sucediendo. Si tu madre tardaba una hora en darte de mamar, sentías retortijones de hambre y llorabas por el malestar que te causaban, pero no sacabas ninguna conclusión. No pensabas: «Quizá a nadie le importa lo que necesito», o «Quizá mi madre no me quiere lo suficiente», o «Quizá no soy un bebé tan precioso como todo el mundo esperaba». No tenías ninguna opinión. En cuanto se te alimentaba, el malestar quedaba atrás y estabas deseando con todo tu ser saborear el momento siguiente.

Desde fuera, tu madre y tu padre te veían probablemente como un ser pequeño e indefenso, que miraba con los ojos muy abiertos intentando comprender y arrugaba el rostro ante la sensación de cualquier cosa nueva. Desde su perspectiva, eso es cuanto eras: un bebé recién nacido que necesitaba de sus cuidados.

Pero tú eras mucho más que eso.

En tu interior, participabas de un mundo de infinita riqueza. Un mundo en el que no solo estabas tú, un bebé recién nacido cuya única conexión era la que tenía con su madre y su padre. En tu interior, había toda una extensión de energía que constituía tu esencia; un aspecto conocedor y poderoso que era una entidad mucho más sabia de lo que tus padres podían ver desde el exterior: tu alma.

Tal vez este sea un buen momento para explicarte qué es el *alma*, desde mi punto de vista.

Cuando nacemos, nos manifestamos en forma física en este planeta como una función de nuestra alma. Nuestra alma es la entidad *intangible* que desea experimentar la vida, que es una experiencia *tangible*. Nuestra alma está en perpetua búsqueda de experiencias tangibles para poder aprender y seguir expandiéndose a partir de esas lecciones y experiencias. Nuestra alma solo desea expandirse, y la única forma en que puede obtener esas experiencias es a través de una forma tangible, nuestro cuerpo.

Tu cuerpo es el hogar que habita el alma para poder tener las experiencias tangibles que necesita para crecer. Pero cuando llegas a este planeta, te olvidas, debido a todo el condicionamiento, de lo que en principio tu alma quería manifestar –es decir, hacer tangible– para poder experimentarlo.

Aquí es donde entra en escena tu **intuición**. *Intuición*, según la definen los diccionarios, es «la facultad de comprender las cosas instantáneamente, sin necesidad de razonamiento». A lo largo de los siglos, filósofos como Platón, Descartes, Sri Aurobindo y Carl Jung han contemplado la intuición. Aunque sus definiciones y el modo de aplicarla varían, todos coinciden en que la intuición es un conocimiento «preexistente» que está conectado con una «conciencia superior». La intuición es el conocimiento que tenemos y que no podemos explicar.

En mi opinión, la intuición es el GPS de tu alma, que te envía constantes indicaciones para que satisfagas sus deseos. La intuición te susurra, te guía y te empuja sin ser demasiado intimidante ni autoritaria, simplemente colocando en ti un conocimiento que no eres capaz de explicar de dónde te llega.

Bien, nos hemos desviado un poco, pero ahora volvamos a tu yo bebé; has esperado mucho y con mucha paciencia a que se te cuente tu historia. Eres un encanto. Tu padre y tu madre miran tu dulce carita de bebé y creen que tu vida es solo papillas, risitas y pañales sucios. Pero, sin que ni ella ni él lo sepan, tu yo más diminuto y una parte mucho mayor y más sabia de ti están trabajando estupendamente juntos. Tu intuición te empuja a experimentar sin reservas: prueba esto, toca aquello, mira aquello otro. Tú, sin dudar ni cuestionar, obedeces. Esta armonía entre la parte de ti que vive la experiencia y la parte que te impulsa hacia esas experiencias existe sin esfuerzo y sin cuestionamientos.

Durante toda esta época, tu única tarea consistía en absorber el mundo, y eran dos las vías por las que te llegaba una comprensión del nuevo entorno: a través del tacto y de la energía. La experiencia táctil te daba sensaciones muy precisas de cómo era este mundo nuevo: la aspereza de la barba de papá cuando te abrazaba contra su pecho, el olor de la piel de mamá cuando te amamantaba, el suave pelaje del perro que no se cansaba de lamerte.

La experiencia energética era un poco más sutil, pero igual de poderosa. Cuando somos bebés, incapaces de comunicarnos aún a través del lenguaje, los sentidos están muy agudizados. Los estudios muestran que, durante nuestro primer año de vida, estamos en sintonía con las emociones de las personas que hay a nuestro alrededor, una capacidad esencial para nuestra supervivencia.[1] En aquel tiempo, te resultaba más fácil percibir la energía de una habitación y captar los sentimientos de la gente.

En esta etapa de tu vida, esa tácita conexión energética con las personas que te cuidaban era muy importante para tu percepción del mundo. Pero lo más mágico de esa intensa capacidad perceptiva era que captabas su energía *sin formarte ninguna idea sobre ti basada en lo que te transmitían*. Esto es importantísimo. Cualquiera que fuese la energía que captaras de tu madre, tu padre o la persona que se ocupaba de ti –lo mismo si era estrés que calma, tristeza que felicidad, preocupación que enfado–, era simple información que no tenía ninguna repercusión en quién eras tú.

Esta capacidad para absorber cada encuentro sin sentir que la energía asociada a ellos tenía nada que ver contigo era posible gracias a un diálogo mucho más sonoro que tenía lugar dentro de ti.

Tu intuición te decía con fuerza: *Adelante, sigue experimentando, eres un ser perfecto tal y como eres*. Aunque tu intuición seguirá susurrándote esto durante toda tu vida, la infancia temprana es la época de mayor conexión con ella porque la señal es limpia, te llega libre de cualquier interferencia del mundo exterior. Tu yo recién nacido tiene esta cualidad de ser abiertamente curioso, sin estar condicionado por los sentimientos o las ideas de nadie. Esta parte de ti está íntima y totalmente entrelazada con quien eres cuando empiezas a experimentar el mundo. Y cuando sales de esta primera infancia y aprendes a gatear y luego a caminar, lo haces con gran entusiasmo y alegría.

Ese período, entre los ocho y los dieciocho meses, no hay palabras para describirlo. ¡Ahora puedes moverte de verdad! Tu capacidad para experimentarlo todo acaba de crecer exponencialmente y, ¡madre mía!, no vas a dudar ni un instante en obedecer a la voz de tu Yo Superior, que te anima a experimentar más y más a medida que se expanden tus capacidades físicas y mentales. ¡Qué maravilla! ¿No? Bueno, para ti, sí, es en verdad increíble. Pero, por desgracia, cabe la posibilidad de que las personas adultas que hay a tu alrededor respondan a este crecimiento tuyo con una energía muy diferente.

Cuanto más captas y asimilas del mundo, más te llenas de energía, alegría y nuevas ideas. Esto te convierte en una personita habladora, hiperactiva y excitable, y para la gente adulta a veces es agotador. Aunque en esta etapa no seas consciente de ello, la gente mayor suele estar condicionada a calificar esta exuberancia de forma negativa. No es una casualidad que se llame a esta etapa «los terribles dos años».

Ahora estás deseando poner tus manitas en todo. Sientes una curiosidad y asombro como nunca antes por todas las maravillas que te rodean. Sales de casa y te quedas en éxtasis contemplando una diminuta brizna de hierba y cómo una mariquita es capaz de trepar por ella y llegar a la punta de tus dedos. Levantas los ojos al cielo y, en las nubes, se aparece todo un mundo que te absorbe por completo. Todo lo demás se desvanece.

Tu imaginación rebosa de imágenes en tecnicolor durante esta etapa. No hay límites reales entre el mundo físico y lo que eres capaz de ensoñar. Los pájaros podrían descender en picado y llevarte volando hasta esas nubes esponjosas. ¡Todo es tan emocionante que tienes que contarlo! Tu pequeño yo se pregunta: *¿Pero estáis viendo todo esto?*

Así que empiezas a compartirles tu mundo fantástico a aquellos que están contigo. En la medida en que encuentras las palabras, expresas con entusiasmo todo lo que ves y sientes. Miras a la persona a la que acabas de dejar entrar en tu mundo con el anhelo de que participe de tu experiencia y te anime a seguir creando tu mundo con los ojos muy abiertos.

Cuando conocí al hijo pequeño de mi marido –ahora el menor de los cuatro miembros de nuestra familia conjunta–, tenía tres años. Un fin de semana fuimos a visitar a mi suegra y mi suegro al lago Tahoe, y, al mirar por la ventana, lo vi trepar por las rocas de un arroyo que había cerca de la casa, mirar muy serio a su alrededor, fijar la vista en un punto concreto, dar unos pasos y ponerse en cuclillas sobre una gran roca que había en medio de la corriente. Al cabo de una hora, volví a la ventana y seguía allí, completamente abstraído. Lo veía mover los pequeños labios con entusiasmo y extender las manos hacia algo que yo no veía. Sin duda, algo estaba pasando en aquel arroyo y yo quería saber qué era.

Salí, trepé por las rocas y me senté a su lado.

–¿Qué está pasando por aquí, Quinn?

Me miró con una mezcla de alegría y terror en los ojos, de par en par abiertos, y me susurró su secreto: la gente del pequeño Pueblo de la Roca necesitaba su ayuda; un monstruo quería hacerles daño. Me dijo que había llegado justo a tiempo para ayudarle a construir el fuerte que esa pequeña gente de la roca necesitaba con urgencia. ¿Quería ayudarlo a poner al pueblo a salvo?

¿Quién podría rechazar una misión tan importante? Yo no.

Puse manos a la obra de inmediato y, al hacerlo, abandoné por completo mi propia realidad para poder aceptar el ofrecimiento de entrar en la suya.

Trabajamos sin parar aquella mañana. Construimos un fuerte de rocas tan sólido que ningún monstruo iba a poder atravesarlo, y, mientras trabajábamos, le hice todas las preguntas que se me ocurrieron sobre aquel mundo diminuto. Oyéndolo describir los intrincados detalles de aquel mundo, veía la total entrega de su pequeño ser y su gran alma a una creación sin límites. Cada vez que le preguntaba algo, sus ojos se abrían como platos, su entusiasmo crecía, hablaba con más libertad y compartía conmigo aún más lo que estaba sucediendo en su interior. Esta fue la reacción de Quinn al ser presenciado plenamente su yo más auténtico.

¿Quién fue en tu caso la persona que respondió a tu asombro y curiosidad con su propio asombro y curiosidad? ¿Hubo alguien en particular –tu padre, tu madre, una profesora, un hermano...– que se regocijara en tu alegría? O si no había nadie así en tu entorno inmediato, ¿estableciste quizá una especie de relación parasocial con un personaje público –un actor o actriz, una cantante, un deportista...– en cuyos dones vieras reflejados los tuyos?

Llamaremos a esta persona «la animadora». Al principio, es ella quien corresponde a tu asombro con el suyo, quien alienta la asombrada curiosidad de tu alma en cualquier dirección que tome. Sin embargo, pronto no será tanto una persona la que atraiga esa curiosidad como cosas más concretas. Una habilidad, como pintar en un papel (o en las paredes). El baile. Cuidar de los animales. La música. El fútbol. Las matemáticas. La cocina. Leer un libro detrás de otro. Tus dones empiezan a manifestarse a edad temprana. Esa persona que era tan importante para ti te vio de verdad, o vio tus dones, e hizo todo lo posible por que los expresaras y por ayudarte a avanzar en esa dirección.

Tal vez te hizo algún comentario o puso los medios para estimularlos. Quizá tu madre vio lo mucho que te gustaba leer y en verano te apuntó al programa de lectura que organizaba la biblioteca. Los libros se convirtieron para ti en tesoros y te abrieron a nuevos mundos. Quizá lo que te gustaba era cantar y tenías un tío o una tía que te decía que tenías una voz preciosa; puede que incluso te animara a que cantarais a dúo cuando ibais en el coche. Fuera quien fuese esa persona, alimentó tu talento.

Tengo un cliente que es artista. Su abuela solía pintar con él, sin decirle nunca lo que tenía que plasmar en el lienzo. Esta es una puntualización importante. Él recuerda con la mayor claridad que, cuando tenía tres años, su abuela le daba un lienzo en blanco y pintura. Todo lo que pintaba, su abuela se sentaba luego a examinarlo detenidamente. Se tomaba muy en serio las creaciones de su nieto y le preguntaba sobre la composición y los colores que había elegido. ¡Qué conversación tan enriquecedora para un niño de tres años! Aquel reconocimiento del talento que mostraba siendo tan pequeño alimentaba su don. La curiosidad y la creatividad que brotaban de mi cliente en su infancia encontraron una vía de expresión que le permitió seguir madurando.

Este es un aspecto clave en esta etapa de tu desarrollo: quieres que se te preste atención. Y si nadie te la concede, recurres a lo que sea para conseguirla. Es tan férrea tu determinación y tan grande tu capacidad de adaptarte que, si las personas que hay a tu alrededor no te *ven*, encuentras inspiración en los héroes y heroínas de la televisión o de los libros. En esos momentos en que miras a tu alrededor buscando alguna confirmación de que tus deseos y curiosidades son válidos e importantes no solo para ti, sentir que alguien los reconoce y los valora, o verlos reflejados en alguien –incluso aunque no sea una persona de carne y hueso–, te recuerda que tu intuición está ahí, viva, y es digna de celebración.

En la infancia, cuando tu intuición estaba al mando, soñabas sin límites. Esta es una de las maravillas de tu yo infantil. Tus sueños eran astronómicamente grandes, tal vez incluso cómicamente grandes para las personas adultas que te los oían contar. Quizá querías ser astronauta, o querías ser la próxima Whitney Houston, o querías curar el cáncer y aprender a volar. Quizá querías ser presidente de Estados Unidos y bateador de los Dodgers, *al mismo tiempo*. A tu pequeño yo, puede que le pareciera perfectamente posible, dado que no tenía el menor reparo en querer ocupar tanto espacio. ¿Recuerdas aquella euforia, aquella sensación de posibilidad? Verbalizas un sueño, y tu intuición dice: *¿Por qué no?* Eso es la intuición: una poderosa creencia y la capacidad de perseguir tus sueños sin miedo.

Piensa en una flor. La ves crecer de la tierra irradiando belleza: colorida, delicada, con un delicioso aroma. Así somos tú y yo cuando vivimos en conexión con la fuente. En cuanto cortas esa flor para llevártela a casa y hacerla tuya, de inmediato empieza a marchitarse. Así somos tú y yo cuando nos separamos de la fuente para unirnos a nuestra familia. Si en lugar de cortar la flor la sacas con cuidado, junto con la tierra que envuelve las raíces, para llevártela a casa y plantarla en una maceta, y luego la riegas con amor todos los días y la pones al sol, es probable que siga floreciendo. Así somos tú y yo cuando entramos en una familia que se toma en serio nuestro cuidado.

Pero ¿qué pasa si, por el contrario, cortas la flor, te la llevas a casa, la dejas en la encimera de la cocina y te olvidas de ella? Poco a poco empieza a ajarse, sus hermosos pétalos coloridos se van volviendo marrones y comienza a salirle moho alrededor del tallo. La flor se empieza a marchitar. Así somos tú y yo cuando no se nos dan los cuidados que necesitamos. Ahora bien, mientras esa flor se va marchitando, ¿cambia la materia que la constituye? ¿Se convierte en algo diferente o, en esencia, sigue siendo una flor? Así es el amor. Y tú y yo somos amor, incluso aunque se nos abandone y se nos deje pudrir.

Ojalá en tu infancia hubiera a tu alrededor «animadoras» que veían tu verdad y que te ayudaron a correr hacia ella. Por desgracia, me parece más probable que las personas adultas que había en tu vida en aquella etapa crucial estuvieran atrapadas en un huracán de estrés, preocupaciones y dolor propios, y que esto a veces les impidiera estar a tu disposición y ver tu alma expresarse a través de ti. Es posible que, cuando se encontraban de frente con tu expansivo mundo fantástico, aunque sin mala intención, te cortaran en seco. Sin contemplaciones.

Supongamos que te maravilla ver volar los pájaros en el parque y empiezas a dar vueltas volando como un pájaro. ¡Zas!: te chocas con papá, que acaba de volver del trabajo y no tiene fuerzas ni para pensar, o con mamá, que está agotada después de haberse pasado el día entero intentando atender mil y una cosas. A ti en ese momento lo único que te importa es ser pájaro y volar lo mejor posible, y lo único que tu madre y tu padre quieren es irse a casa. ¿Qué es, probablemente, lo que van a hacer o a decir cuando chocas contra ellos?

Más que probablemente: «¡Ya basta! Es hora de irnos».

Bum. En lugar de maravillado asombro, de repente empiezas a sentir algo muy distinto, oscuro, limitante.

En ese momento, crees que su reacción está directamente relacionada con tu comportamiento. No tienes ni idea de que su mundo interior no rebosa de la misma magia y asombro que habita en ti. Aún no sabes que tu madre y tu padre han olvidado esa magia, que se han desconectado de esa voz sabia y amorosa que es su intuición. Crees que su severidad y su impaciencia están conectadas con su yo más verdadero, lo mismo que tu bulliciosa emoción y tu deseo de expresarte libremente lo están con el tuyo. Por lo tanto, está claro que debes de haber hecho algo auténticamente malo para que se enfaden así.

Por primera vez en tu pequeña vida, sientes algo diferente a todo lo que habías sentido hasta entonces: *vergüenza*. La realidad se derrumba.

El rechazo no siempre es tan directo. Tal vez esas personas adultas que se sienten arrastradas sin remedio a su propio mundo de miedos o ansiedades rechacen tu verdad de maneras más sutiles. Puede que se limiten a no prestarte atención, o que respondan a tu entusiasmo con desdén, y te envíen así el mensaje de que tu maravilloso mundo interior no importa nada. O puede que, guiadas por el recelo que han desarrollado a lo largo de toda una vida de dolor, quieran hacerte bajar a la «realidad» para protegerte.

Quizá te digan que lo que percibes no es real y te expliquen con detalle su realidad para asegurarse de que concedes más importancia al intelecto que a la imaginación. Basándose en las creencias que han heredado sobre lo que significa ser una persona de provecho o portarse bien, quizá empiecen a emitir juicios de valor sobre la forma en que pasas el tiempo. Tal vez te digan, por ejemplo, que en vez de pasar horas ensuciándote de barro y dejar luego huellas por toda la casa, deberías sentarte a hacer un rompecabezas o jugar a algo más intelectual, más tranquilo y más acorde con su versión de lo que es «bueno».

Bien, después de haberte transportado de vuelta a aquel tiempo de maravillado asombro, ¿qué has sentido cuando te he hecho recordar de repente el primer instante de vergüenza? ¿Te ha parecido inesperado y brusco? ¿Una traición? ¿Te ha confundido? Si es así, quiere decir que estás reviviendo lo insignificante que te sentiste cuando tuviste tu primer contacto con esta clase de rechazo. Te ha provocado un sentimiento intenso porque la aparición de la vergüenza fue el primer momento en que te desconectaste de tu Yo Superior. ¿Sabes, esos susurros de la intuición? Venían de un lugar mucho más inmenso de lo que podías imaginar; tu Yo Superior es en realidad el que ha estado dialogando contigo desde el momento en que naciste.

Tu Yo Superior

Tu Yo Superior es el aspecto de ti que está conectado con la totalidad de la conciencia. Es tu yo más expansivo, tu yo universal. Es el yo que dirige, energiza e ilumina el viaje de tu alma a través de las vidas hacia una mayor comprensión de sí misma y de su conexión con todo lo que existe.

Hay quienes relacionan esto con la religión, pero, independientemente de la perspectiva que adoptemos, en esencia es la energía del amor puro, inalterable, incondicional. A partir de ese amor, la creación es posible. La creación de la vida, la experiencia y la evolución. Todos los seres formamos parte de esta energía, de esta conciencia. Está en quienes somos; somos ella. Yo soy ella y ella es yo. Lo cual nos hace, por supuesto, seres con un potencial ilimitado.

Tu Yo Superior es tu recordatorio. Es tu verdad. Es lo que tu ser es. Completo. Poderoso. Rebosante de amor. Sabio. Conectado. Es tú, en tu esencia más verdadera. Y lo único que quiere, o que tú quieres, es que tu alma experimente sus deseos durante el tiempo que está aquí.

Entre las muchas cualidades que caracterizan al Yo Superior, una –y que hace honor a su nombre– es la ausencia de agobio o preocupación por el significado de tus experiencias. Esta parte atemporal de ti no juzga a las partes de ti que tienen un desarrollo y una evolución en el tiempo. Esta parte es sencillamente tú cuando vibras en tu frecuencia más elevada y más pura.

Tu Yo Superior es como un globo que flota libremente; no deja que las experiencias creen historias que lo agobien. Se centra por completo en el deseo de tu alma de experimentar las cosas que te permitirán expresar tu plenitud o, en otras palabras, tu verdad. Más allá de la experiencia concreta de cada momento, recuerda que tu Yo Superior tiene una tarea muy clara: guiarte hacia el propósito de tu alma –la razón por la que tu alma tomó la forma de un cuerpo–, y lo hace a través de un lenguaje muy específico: tu intuición. Ese susurro que has oído de fondo desde tu llegada a este mundo ha sido la voz de tu Yo Superior guiándote hacia la expansión.

Pero necesitas recibir amor de las personas que son tus cuidadoras. Así que, a medida que tu maravillado asombro y alegría empiezan a chocar con ellas cada vez más, se va desdibujando en ti la razón por la que tu alma se encarnó, al igual que tu capacidad para acceder a la apertura y la alegría como te anima a hacer tu Yo Superior.

Sean cuales sean los detalles concretos, el bloqueo se ha producido. Tu fascinación de los primeros años de vida comienza a desvanecerse. Empiezas a darte cuenta de que tu mundo y el mundo de esas personas de las que depende tu supervivencia son muy diferentes.

Ahora, en lugar de una invitación a expandirte, lo que la vida te pone delante es una disyuntiva. Tienes que elegir: o conservar el amor y la protección tan necesarios que te llegan de esas personas y aceptar su versión de la realidad, o abstraerte en tu mundo interior.

No hay mucha posibilidad de elegir, ¿verdad?

Poco a poco, te das cuenta de que no tienes más remedio que abandonar ese maravilloso mundo interior de belleza y exploración y entrar en el mundo de esas personas adultas, a fin de conseguir de ellas lo que necesitas para sobrevivir.

Así que te desvinculas del profundo y sabio Yo Superior, tu yo más auténtico, porque vivir en conexión con él se ha vuelto súbitamente peligroso. De repente, su voz te anima a elegir cosas con las que no están de acuerdo esas personas a las que necesitas.

Diriges una última mirada a esa parte ilimitada de ti y luego te das media vuelta y empiezas a caminar hacia un mundo nuevo, un mundo ya constituido, predefinido casi por completo sin tenerte a ti en cuenta.

EXPLORACIÓN: *Revisita tu infancia*

Te invito a que busques un lugar tranquilo y te lleves contigo la herramienta de escritura que más te guste y algo en lo que puedas escribir.

Cierra los ojos y respira profundamente tres veces. Al inspirar hondo la tercera vez, haz que aparezca ante el ojo de tu mente alguna versión de ti a los tres, cuatro o cinco años. Observa la escena. ¿Dónde estás? ¿Quién está contigo? ¿Qué estás haciendo? ¿Cómo te sientes en ese momento? ¿Qué quieres? ¿Lo consigues? Si no es así, ¿cómo reaccionas? Si es así, ¿cómo te sientes?

Ahora hazte esta pregunta: *¿Qué recuerdo que me entusiasmara particularmente a esta edad?* Deja que tu mente lo reproduzca, casi como si fuera una vieja película casera en formato de ocho milímetros.

Al cabo de unos minutos de ver esta película interior, dedica cinco minutos (o el tiempo que quieras) a escribir sobre aquella experiencia. Este ejercicio te será de utilidad en los siguientes pasos del método, así que guarda lo que has escrito, ya que volveremos a ello más adelante.

Capítulo 2

El sacrificio

Al ir dejando atrás la primera infancia y entrar en la etapa preescolar, empiezas a ser consciente de que necesitas a las personas que hay a tu alrededor. Empiezas a alejarte de tu mundo interior para acercarte al mundo adulto. Aunque no eres capaz de articularlo con precisión, crees que es un mundo constituido por personas que son plenamente coherentes con su verdad. Así que cada señal que te llega de ellas, la tomas como indicativo de tu bondad y valía –o de lo contrario– y, de este modo, vas haciendo tuyas sus creencias.

Tú no lo sabes, pero ya has elegido sacrificar la plena y desinhibida conexión con tu Yo Superior. Y si hasta ahora ese sacrificio se había traducido en abandonar tu maravillada percepción infantil y dejar de creer en la magia, lo que está en juego en este momento es igual de serio o más: estás a punto de renunciar a la libertad que te da no pasar ni un segundo preocupándote por lo que la gente piense de ti. (La insistencia de mi hija en llevar su disfraz de Bella, de *La bella y la bestia*, con botas de vaquera de color morado iridiscente y gafas de sol a cada acto social y celebración a la que asistíamos me lo recordaba constantemente).

En este momento empiezan a calar en ti las pruebas de por qué es vital que hagas este sacrificio: eres un pequeño ser indefenso y lleno de necesidades. Tomas conciencia, por primera vez, de hasta qué punto depende de las demás personas tu sentimiento de seguridad.

En la guardería, observas a las demás niñas y niños para captar pistas de qué debería gustarte. Comienzas a imitar a mamá, a papá o a la abuela; por ejemplo, su tono de voz cuando se enfadan o se emocionan. A la gente le hace gracia, lo encuentran incluso encantador. Sonríen cuando te oyen imitar a alguna de las personas adultas con las que convives, lo cual a ti te dice que estás haciendo algo digno de elogio.

Tal vez tu padre y tu madre decidieron que hacer algún deporte de equipo, o ir a clases de baile o de música, te ayudaría a convertirte en la mejor versión futura posible de la personita que eras. Ahora las cosas ya no son solo un juego. Ahora, la mayor parte de tus actividades tienen detrás algún *porqué*. Las haces porque es importante que aprendas a seguir las instrucciones que se te dan, que te pongas fuerte, que desarrolles la inteligencia, que seas mejor, que aprendas a ganar.

En tu pequeña mente, esos *porqués* que le importan a la mente adulta se convierten en verdades obvias. No es muy probable que tu padre o tu madre te animen a consultar con tu voz interior si esas cosas son realmente lo que más te conviene, y por supuesto no lo haces. Por el contrario, aceptas que todo eso que las personas adultas piensan que te conviene es la única respuesta posible.

Si te resistes a hacer lo que ellas han decidido que es lo mejor para ti, tendrás que pagar las consecuencias. Crees que quizá perderás su amor. Con esta creencia, apartas al Yo Superior aún más y haces sitio para cultivar en tu interior un segundo elemento: el miedo.

Sacrificamos nuestra verdad por tener un sentimiento de dignidad y pertenencia

Mi hijo Kian es un alma poderosa y gentil. Llegó al mundo con un fervor que a la mayoría de la gente le costaba entender. Lo llamamos AGT, *against the grain* ('contra la corriente'), porque, diga lo que diga una persona adulta, su respuesta instintiva es estar en desacuerdo con ello. Esto forma parte de su propósito en la vida: desafiar los sistemas y deconstruirlos para que puedan reconstruirse desde la claridad. A todo lo que se le dice pregunta: «¿Por qué?». Es incapaz de aceptar que algo tenga que ser así y punto. «Porque lo digo yo» no es una respuesta que pueda tolerar.

Pese a ser interiormente combativo, sin embargo es a la vez el niño más cariñoso y dulce que puedas imaginar, y esto hace que le incomode mucho la agresividad física. Para su padre, que se crio en circunstancias muy distintas y en barrios donde las peleas eran a vida o muerte, que su hija y su hijo aprendieran artes marciales y fueran capaces de defenderse lo era todo. Inscribió a Kian, con seis años, y a su hermana Reina, con ocho, en clases de *jiu-jitsu* brasileño.

A mi hija, que disfruta dejando claro quién es ella, le encantaba el *jiu-jitsu*. Los días que había clase, antes de que pudiera decirle nada estaba ya en la puerta vestida con su *gi* –el uniforme con el que se practican las artes marciales– y una expresión de entusiasmo en la cara. Pero Kian no. Cada lunes y cada miércoles justo antes de que su padre llegara para llevarlo a clase, empezaba a sentirse mal. Se le llenaban los ojos de lágrimas y, con el mentón tembloroso, me suplicaba que lo dejara quedarse en casa.

Después, al ver la decepción en los ojos de su padre, tras un par de sollozos se secaba las lágrimas y montaba en el coche. Yo lo observaba durante los entrenamientos, cómo buscaba con los ojos a su padre en mitad del combate, diciéndole: *¡Mírame! ¿Estás* *orgulloso?* Pero detrás de esa mirada inquisitiva se escondía otra pregunta a la que trataba de responder: *¿Por qué estoy aquí?* Y detrás de esa pregunta se escondía el miedo a que, si le decía a su padre lo que de verdad quería, pudiera perder su amor.

Después de sufrir en cada clase durante casi dos años, Kian encontró las palabras para decirle cómo se sentía. Hay que reconocerle el mérito a su padre, que fue capaz de olvidarse de cómo había crecido él y ver realmente a su hijo, y darle lo que le pedía. Pero no siempre son así las cosas, ¿verdad? Lo más frecuente, cuando tenemos cinco o seis años, es que nos atengamos al plan para poder demostrar lo bien que lo hacemos.

En tu infancia, ¿cuántos años pasaste haciendo algo que nunca te gustó? ¿Cómo influyó en tu identidad seguir haciéndolo? ¿Estaba en consonancia con quien eras en tu interior?

Que perdieras la capacidad de escuchar tu voz interior no fue culpa tuya. En realidad, ocurrió al margen de tu voluntad. La necesidad de que nos valoren está inscrita en nuestra estructura emocional y psicológica, tal y como se refleja en la jerarquía de necesidades de Maslow. Como seres humanos, en cuanto sentimos que nuestra necesidad de seguridad física está satisfecha porque tenemos techo y comida, ascendemos en la jerarquía y ahora necesitamos tener una sensación de seguridad económica. Justo a continuación, hay dos necesidades que obligan a nuestro pequeño yo a hacer ese cambio de prioridades y a valorar la aprobación por encima de todo: la necesidad de **pertenencia** y de **dignidad** (o **autoestima**).

La necesidad de pertenecer está en los seres humanos desde el principio de los tiempos. Esa necesidad de afecto y de pertenencia fue lo que movió a nuestros ancestros a formar tribus que aseguraran la supervivencia del grupo. El sentimiento de pertenencia es tan indispensable para tener una sensación de seguridad que no es de extrañar que renunciáramos a nuestro mundo interior con tal de satisfacerla. Dependiendo de quiénes estén al otro lado –y de en qué medida hayan sanado sus traumas, miedos y reacciones condicionadas–, será menos o más larga la lista de preceptos que deberemos memorizar, asimilar y cumplir para que se nos acepte y, en última instancia, podamos pertenecer al grupo. Así es como empezamos a incorporar las perspectivas, nociones y experiencias de vida de otras personas.

Si, por ejemplo, la tuya es una familia inmigrante como lo era la mía, abandonar la tierra donde se ha nacido y construir una vida en un país extranjero va acompañado de enormes dificultades y dolor, que marcan la forma de entender la vida y dan lugar a nociones bien definidas sobre todos sus aspectos: sobre la ética del trabajo, la educación, los roles de género, la identidad racial, las profesiones «respetables», la pérdida, el duelo y cientos de cosas más. Tu padre y tu madre creían que haber vivido esto les daba autoridad para transmitir su experiencia e imponer su aprendizaje a sus hijos e hijas, familias o comunidades. Lo entendían como un acto de amor, dirigido a proteger e impulsar en la vida a sus seres queridos.

Es lo que ocurrió en mi familia. Mi madre, mi padre y mi hermana mayor se fueron de Irán antes de la Revolución iraní de 1979 y llegaron a Estados Unidos en busca de una vida mejor. Para sorpresa suya, un año después aparecí yo, y de repente se encontraron con una boca más que alimentar.

Mi padre trabajaba dieciocho horas al día y, con el tiempo, llegó a ser chef ejecutivo y director de la sección de alimentos y bebidas del Keystone Resort, la estación de esquí de Keystone, Colorado, que era donde vivíamos. Para llegar a final de mes, mi madre trabajaba de costurera en el mismo complejo turístico y se pasaba la mayor parte de la semana encerrada en la trastienda de la lavandería delante de una mesa de madera y una vieja máquina de coser

Singer. Mi hermana, que tiene casi diez años más que yo, se dedicaba a intentar hacer amigas y amigos, a buscar la manera de encajar en aquel lugar nuevo y, sin que yo pudiera imaginarlo, a escapar del caos de nuestro pequeño hogar. Lo cual me dejaba sola... conmigo.

Aunque en realidad no.

En este momento de mi vida fue cuando mi superpoder, y mi kriptonita (léase mi talón de Aquiles) se hicieron evidentes.* Estar en contacto con tu Yo Superior significa, entre todo lo demás, ser consciente de dones casi imperceptibles que hay en ti, como por ejemplo el de «notar» cosas, o directamente saberlas, sin que se te digan. En mi caso, este don era y siempre ha sido la capacidad de percibir con la mayor claridad los sentimientos de los demás. *Todos* sus sentimientos. Los que exteriorizan y, muy desconcertantemente, desde que era niña, los sentimientos más profundos, oscuros e íntimos que cuidan mucho de enterrar en su interior.

Percibo sus sentimientos como si fueran míos. Si estoy contenta y entro en una habitación donde alguien se siente estresado o triste, siento que de repente me invade la ansiedad o la tristeza. Me ha llevado décadas aprender a separar mis emociones de las del resto de la gente, y en el curso de ese aprendizaje se ha manifestado mi propósito de *coach*. Identificar esas emociones profundamente enterradas en la persona con la que estoy, sentirlas cuando estoy con ella, es en parte lo que la ayuda a reconectar con las partes ocultas y olvidadas de sí misma y, en última instancia, a reintegrarlas.

Llegar a esta claridad ha supuesto recorrer un largo y sinuoso camino sembrado de dolor y confusión. Todo empezó cuando tenía tres o cuatro años y no sabía separar mis sentimientos de los de las

* N. de la T.: La kriptonita es un material ficticio que aparece en las historietas de Superman. Se origina en su mundo natal, Krypton, y emite una radiación peculiar que debilita al superhéroe. Debido a su popularidad, el término se ha convertido en sinónimo de vulnerabilidad extrema.

personas que eran importantes para mí, y que eran las encargadas de cuidarme. A aquella edad, solo sabía que si alguna de esas personas estaba angustiada, era responsabilidad mía hacerla sentirse mejor y, por el contrario, cuidar yo de ella, incluso aunque eso significara abandonarme a mí.

En la primera o segunda sesión con mis clientes, suelo pedirles que localicen el primer recuerdo que tienen de su herida emocional más profunda. Ese recuerdo es una especie de instrumento de precisión que nos permite identificar el momento exacto en el que dimos la espalda a nuestro Yo Superior para elaborar una estrategia que nos protegiera de un dolor que nuestra pequeña mente no era capaz de comprender.

El mío es este: tengo cuatro años y estoy en el asiento trasero del Chevy Caprice de mi madre. Mi hermana está sentada delante con ella. Una música persa alegre y retumbante sale a todo volumen por los altavoces, y mi madre canta con una sonrisa estampada en la cara. Hemos salido de Keystone cuando aún era de día, pero dos horas después seguimos en el coche, ha anochecido y estamos en algún lugar de Denver. Vamos buscando algo o a alguien. El coche reduce la velocidad.

—¡Ahí! —dice mi madre—, esa es su casa.

—Mira. —Mi hermana se ríe entre dientes con amargura señalando la calle que hay delante de esa casa.

Reconozco el Bronco rojo y marrón de mi padre, que está allí aparcado delante de una casa adosada muy pequeña.

Una fría certeza se apodera del rostro de mi madre.

—O sea, que sí —dice.

Se gira hacia mí, que sigo en el asiento trasero, y de repente vuelve a aparecer en su cara la sonrisa. Me lanza un beso, pero yo siento que no puedo respirar. Su tristeza y su desolación son como misiles, como flechas de cristal que me atraviesan.

«Haz algo –dice la vocecita asustada dentro de mí–. Haz algo o no sobreviviremos».

En aquel momento, contraje un compromiso silencioso con mi madre: iba a arreglarle el corazón roto costara lo que costase.

Me lo tomé muy en serio. Tan en serio que convertí a mi padre en mi enemigo. A los cuatro y cinco años, me propuse tratarlo como si fuera basura. Lo ignoraba cuando lo veía entrar en la sala o me tumbaba sobre mi madre cada vez que él la iba a tocar, aunque no fuera más que para darle un beso rutinario al volver del trabajo.

Mi madre, mi hermana y cualquier otra persona que hubiera en la casa se movían a su alrededor de puntillas, aterrorizadas por su mal humor y sus menosprecios, pero yo había decidido enfrentarme a él. Él me compraba regalos; yo los dejaba sin tocar en un rincón de mi cuarto. Él quería ver la televisión cuando yo estaba viendo los dibujos animados el sábado por la mañana; yo montaba una rabieta tan escandalosa que conseguía que se marchara hecho una furia. Él intentaba hablar con mi madre; yo escogía ese preciso momento para necesitar que mi madre me ayudara a hacer algo tan urgente que no le quedaba otro remedio que elegirme a mí. Dormía entre ellos, todas las noches, hasta que él se marchó.

Cabría imaginar que poner en práctica esta estrategia para derrotar a mi padre me tenía ocupada por completo, pero no, todavía me quedaba tiempo para sentir y atender todas las necesidades emocionales de mi madre. Nunca la dejaba sola. Si percibía que le hacía falta sentirse necesaria, yo me volvía aún más necesitada. Si notaba que tenía ganas de reírse, me ponía a hacer tonterías. Si precisaba sentirse querida, no había problema: la seguía a todas partes y la colmaba de tanto cariño que la gente empezó a llamarme «su sombra». Me encantaba ese título. «Su sombra» significaba que mi madre nunca iba a tener que estar sin mí. Yo podía mantenerla a salvo.

Ese don intuitivo, que formaba parte de mi Yo Superior, pronto se convirtió en una herramienta que mi miedo hizo suya y que utilizaba para «protegerme». Si alguien me hubiera explicado entonces que percibir los sentimientos de otras personas era en efecto un superpoder, pero que eso no significaba que tuviera que entregarme en cuerpo y alma a «arreglar» sus problemas, tal vez lo habría visto con más claridad como una facultad de mi poderoso Yo Superior y habría sabido que estaba a salvo, pasara lo que pasase. Pero como no era eso lo que yo veía, y necesitaba sentirme protegida y a salvo, lo sacrifiqué.

Que la respuesta automática de mi madre fuera «¡estoy estupendamente!» cada vez que le preguntaba si le pasaba algo me parecía una prueba clara de que lo que yo sentía desde mi saber más profundo –su tristeza y su dolor– era una total equivocación. De que me estaba volviendo loca. Y, sin embargo, lo sentía de todos modos, y para liberar la presión de esos sentimientos angustiosos que había dentro de mí, decidí seguir haciendo por ella cuanto estaba en mi mano.

Todas las personas tienen un gran don. Y en todas las personas está el episodio-origen de la gran herida que subvirtió ese gran don. ¿Cuál fue en tu caso? ¿Tienes algún recuerdo de aquel primer momento?

Sé que es doloroso volver allí, pero lo que te espera es la verdad sobre quién eres realmente y sobre las circunstancias que te obligaron a alejarte de ese Yo Superior para sobrevivir. Aquel primer momento de desconexión en el que te separaste de tu Yo Superior intuitivo y sabio es la invitación a que vuelvas a conectarte con él.

La traición final

Ese primer momento es solo el principio. Durante los primeros años de la infancia, estos momentos empiezan a sucederse a ritmo rápido y a darte un motivo cada vez más sólido para separarte de tu Yo Superior. Hasta ahora hemos hablado del episodio que fue origen de la gran herida, pero a este le sigue el episodio que es el golpe final: el momento en el que decides de una vez por todas dejar atrás a tu Yo Superior. Voy a contarte cómo fue el mío.

Cuando no estaba ocupada siguiendo a mi madre, me pasaba las horas al aire libre construyendo pistas de obstáculos en la ladera de la montaña o caminando por el sendero que cruzaba el bosque y llegaba hasta el lago, fascinada con los pinos, los colibríes y los majestuosos picos nevados que me seguían allá a donde iba. Y mientras hacía todas estas cosas, conversaba constantemente con lo invisible.

Como no sabía que estaba interactuando con mi Yo Superior, necesitaba que hubiera alguien visible al otro lado de aquel diálogo. Me atrevo a suponer que la mayoría lo hemos hecho, y la gente adulta necesitaba tener alguna forma de referirse a ello y lo llamaban nuestro amigo imaginario. El mío no medía más de un metro, era marrón de la cabeza a los pies y llevaba un pequeño sombrero. Lo llamé Googol. (No es broma. ¡En 1985 se me ocurrió un nombre que sonaba como Google para ponerle a mi amigo imaginario!).

Googol y yo vivíamos aventuras sin fin. Nos adentrábamos en el bosque a buscar tesoros. Intentábamos encontrar huellas de cervatillos o de oseznos, o corríamos por el prado para ver cuánto polen conseguíamos recoger en mis pantalones de pana. Pero lo mejor de todo era cuando nos pasábamos horas jugando con mis muñecas en el suelo del apartamento de tres habitaciones en el que vivíamos, y mientras jugábamos manteníamos largas conversaciones sobre cómo me sentía, lo que veía o lo que pensaba sobre el mundo que había a nuestro alrededor.

Googol se convirtió en una presencia importante en nuestra casa no solo para mí, hasta el punto de que, cuando nos sentábamos alrededor del *sofreh* (el estilo persa de comer es sentarse alrededor de una tela, o *sofreh*, puesta en el suelo, en lugar de sentarse a una mesa), le pedía a mi madre que le pusiera un sitio a Googol, y ella siempre lo hacía.

A medida que mi relación con Googol iba creciendo, yo crecía también, al igual que mi profundo anhelo de tener una relación cercana con mi hermana mayor. Ella era para mí el *summum* de la genialidad y la belleza ¡y deseaba *tanto* que me prestara atención! Con seis o siete años, tener su afecto (si soy sincera, con su atención me habría conformado) era para mí señal de que mi personita importaba. Su aprobación se convirtió en una droga. Le dejaba que me pusiera vestidos, joyas y me maquillara como una muñequita cuando se aburría. Solía sentarme a su lado tardes enteras pegada al tocadiscos y levantaba la aguja cada vez que ella quería pausar la canción para escribir la letra. A aquella edad, estaba dispuesta a hacer cualquier cosa con tal de sentirme envuelta en su resplandor.

Mi hermana, por su parte, estaba viviendo una historia muy diferente. A los quince y los dieciséis años, se encontraba sumida por obligación en un mundo que era demasiado complicado y adulto para ella. Mi madre se apoyaba en ella más como amiga que como hija. Le contaba las infidelidades de mi padre, le compartía sus constantes preocupaciones económicas con inquietante detalle y esperaba que fuera mi hermana adolescente quien llenara su vacío y le diera el amor y el apoyo emocional que ya no podía recibir de su familia, que vivía en Irán, a miles de kilómetros de distancia.

Mi hermana tenía mucho a lo que atender y se separaba de mí para ocuparse de ello, lo cual me hacía desear su atención todavía más. Durante un tiempo las cosas se mantuvieron así; no era fácil, pero todo estaba dentro de un orden. Yo seguía conectada con mi mundo interior –el que cobraba vida a través de Googol–, y esa conexión aliviaba el anhelo de que mi hermana me aceptara. Las cosas se mantuvieron así hasta que, al final, llegó un día en el que la necesidad de recibir aprobación externa empezó a gritar tan fuerte que ahogó los susurros que provenían de lo más profundo de mí.

Recuerdo perfectamente el instante en el que ese deseo de recibir la aprobación de mi hermana y mi mundo interior chocaron. Una noche, cuando estábamos sentándonos alrededor del *sofreh* a la hora de la cena y Googol estaba en su sitio de siempre, entró mi hermana, se quedó mirando el espacio vacío que había a mi lado, movió la cabeza en un gesto de desdén y se sentó justo allí. Ni siquiera hizo falta que dijera nada. Una mirada, y cambió todo.

En aquel instante, tomé la decisión de renunciar a mi mejor amigo, de sacrificar aquella creación hecha de dulces susurros internos, con la esperanza de poder así conseguirla a ella. Me levanté, anuncié que mi hermana se había sentado encima de Googol (fui lo bastante astuta, o quizá inteligente, como para culparla de esa pérdida) y me fui a mi habitación.

Nunca volví a ver a Googol.

Mi hermana llevaba a cuestas una cantidad inmensa de experiencias dolorosas de nuestra madre, nuestro padre y las generaciones anteriores. Pero no hace falta ser miembro de una familia inmigrante para que las personas mayores nos carguen con sus historias. Son historias que existen en todas las clases sociales y en todas las familias, pobres o privilegiadas, negras, marrones o blancas, en las que el padre o la madre tienen un doctorado o en las que ni siquiera tienen el título de educación secundaria obligatoria. El miedo es el gran ecualizador. Cuando no se exploran ni se sanan las experiencias que fueron causa de dolor, acaban por calcificarse y se convierten en miedo. Con ese miedo, el padre y la madre crean un escudo –al igual que lo hicieron su padre y su madre– y lo transmiten a la siguiente generación como si fuera un regalo, casi una protección sagrada.

A bastantes de mis clientes, esas ideas heredadas les llegaron en forma de precepto: *Tienes que decir que sí a todo; de lo contrario, perderás todas las oportunidades*, o *Tienes que atender a la petición de cualquiera que te necesite si quieres que tenga una buena opinión de ti,* o *No importa que hacer esto te haga sentirte mal, es un malestar necesario*.

Estas creencias limitantes les fueron transmitidas por sus familias con la intención de que aprendiesen a protegerse. Pero lo que estas personas y yo descubrimos juntas en cada sesión es que esas creencias están actuando en su contra: las obligan a hacer más de lo que les corresponde, o cosas que no les corresponde hacer, que a veces ni siquiera les parecen correctas y que las alejan de su verdad y su propósito. (A cada una de ellas le prescribo un nuevo mantra –«La palabra *no* es más que suficiente»–, con el fin de que reemplacen las creencias que alguien les inculcó por otras que les den permiso para buscar su propia verdad y crear espacio al que atraer aún más oportunidades).

La mayoría de las familias transmiten estas creencias con la loable intención de proteger a sus descendientes. Sin embargo, las transmiten sin tener muy en cuenta a quien las recibe. No se paran a pensar en que la personita que las escucha podría tener perspectivas o dones diferentes a los de sus mayores.

Este momento es realmente una invitación a que rompas el milenario ritual de transmitir el miedo como una forma de sabiduría. Por buena que sea la intención al hacerlo, los efectos son igual de dañinos. Así de inconscientemente ocurre todo. O bien adoptamos como si fueran nuestras las limitaciones que nuestros mayores se impusieron por sus circunstancias, o bien nos encontramos cara a cara con la reactividad que nace de sus limitaciones y creemos que es culpa nuestra que reaccionen así.

En el próximo capítulo vamos a profundizar en las creencias limitantes y más adelante en el libro te enseñaré a sanarlas. Ahora, quiero llevarte de vuelta a tu propia historia, a ese posible momento en el que decidiste sacrificar tu mundo interior para poder tener lo que necesitabas. Ocurrió a una edad mucho más temprana de lo que probablemente crees, y esa parte de ti merece que finalmente se reconozca el sacrificio que hizo.

El momento de la ruptura: encuentro con nuestra voz del miedo

Descubrir el momento exacto en el que nos alejamos de nuestro Yo Superior y nuestra verdad es fundamental para sanar la separación. Sin embargo, lo mismo cuando decidí usar mis dones intuitivos para cuidar de mi madre que cuando rechacé despreocupadamente a Googol y le quité su sitio ante el *sofreh*, no podía imaginar a lo que estaba renunciando.

Cuando empiezo a trabajar con cualquier cliente, todavía no me ha ocurrido nunca que, en la primera sesión, me diga: «Me separé de mi Yo Superior a los X años. Fue entonces cuando decidí que tenía que dejar de dar prioridad a quien yo era».

Por el contrario, lo que sucede es que una persona acude a mí cuando, en la actualidad, se encuentra inmovilizada en una dinámica que no la deja ser y que le dice una de estas dos cosas: que es insuficiente o que es excesiva. Tras muchos años de trabajo, he acabado por comprender que todos los seres humanos tenemos dentro una de estas dos heridas principales: **no eres suficiente** o **eres demasiado**.

¿Con cuál de ellas te identificas más? «No soy suficiente» correspondería a sentir que nunca has hecho nada lo suficientemente bien o que, por el motivo que fuese, en tu familia eras prácticamente invisible. «Soy demasiado» sería la conclusión si la gente suele pedirte que te calles, que seas menos vehemente, que no exijas o necesites tanto, o si hay gente que te envidia y lo expresa sutil o abiertamente. Son las dos caras de la misma moneda, y ambas dicen: *No vales.* O más concretamente: *Mientras seas así en vez de hacer las cosas como a mí me convendría, no vales*.

En la búsqueda de dignidad y pertenencia al grupo es donde sacrificamos nuestra verdad. En mi caso, mi hermana aquella noche no tenía la intención de provocar una ruptura en mi interior, y lo mismo ocurre en la mayoría de los casos. No obstante, aunque me gustaría que el miedo que hay en ti te hubiera sido transmitido siempre sin intención de hacerte daño, hay ocasiones en las que esas ideas se nos transmiten con un propósito egoísta. A veces, ya sea consciente o inconscientemente, las personas que nos cuidan utilizan esas ideas o relatos para tener control de nuestro comportamiento o con la intención de manipularnos para que hagamos lo que a ellas les conviene.

Uno de mis clientes, un destacado académico y escritor, me dijo hace poco durante una sesión que su único valor como ser humano estaba en saber hacerles la vida más fácil a los demás.

–¿Por qué? –le pregunté.

–Porque eso es lo que hace que la gente me quiera. En serio –respondió.

–¿Desde cuándo es así? ¿Puedes localizar la primera vez que tuviste la sensación de que solo valías para algo si conseguías hacerle la vida más fácil a la gente? ¿A qué edad empezó esto?

Inmediatamente respondió:

–A los seis años.

A continuación, me contó que su madre conseguía el apoyo emocional que necesitaba de sus hijos con una simple frase: «Si quieres que esté bien, lo que tienes que hacer es...», y les pedía que hiciesen lo que a ella le pareciera oportuno en aquel momento.

Por supuesto, este niño de seis años quería que su madre estuviera bien. No es solo que lo quisiera, sino que lo *necesitaba*. Así que, para asegurarse de que ella cumplía con su deber de cuidarlo, ¿qué otra opción tenía que hacer lo que le pedía? No había lugar para su verdad interior en esta ecuación.

Los traumas no superados crean **miedo**. La respuesta más común al miedo es protegerse, y a veces esa protección acaba por establecer comportamientos o características muy dañinos.

Pensemos, por ejemplo, en el narcisismo. La personalidad narcisista suele nacer de un trauma: hay una personita que se enfoca por entero en sí misma para sobrevivir al caos circundante. ¿Y qué pasa cuando esa personita narcisista se hace mayor y se convierte en padre o madre? ¿Cómo puede alguien cuya estrategia de supervivencia ha sido adoptar una postura absolutamente egocéntrica hacer que, de repente, su vida entera gire en torno a otra persona? La respuesta es que, a menudo, no puede; y frecuentemente encuentra la manera de que sus ingenuos retoños sirvan a su estrategia de supervivencia, como en el caso de la madre de mi cliente.

¿Y sabes qué? Si tuviste un padre o una madre narcisista, lo más probable es que seas una persona complaciente. ¿Por qué? Porque te enseñaron que atender las necesidades de la persona narcisista era lo más valioso de todo lo que hacías o incluso lo único valioso. Así que tu autoestima se construye en torno a lo que puedes hacer para que el resto de la gente esté bien.

No se trata de culpar a nadie. Por el contrario, esta exploración y este análisis tienen un doble objetivo, y tan importante es que veas que esos preceptos e ideas limitantes no tienen nada que ver con quien tú eres como que sientas compasión por las personas que te los inculcaron. Pero, para ello, antes necesitas familiarizarte íntimamente con el miedo, concretamente con *tu* versión del miedo.

El miedo irrumpió como una *segunda voz* en tu mundo interior en los primeros años de la adolescencia. Miedo feroz y poderoso. Miedo que apartaba todo cuanto se interpusiera en su camino, decidido a hacerse sitio y expandirse. Al principio, el miedo crecía en ti lentamente. Luego empezó a crecer más rápido, a la par que tú crecías y veías cada vez con más claridad que tus seres queridos, en sus propias vidas, se dejaban cautivar por él.

¿A qué me refiero? Durante esta etapa de tu vida, veías que tu madre, tu padre, tus hermanos, tus hermanas y las demás personas elegían continuamente la voz del miedo en lugar de su propio Yo Superior. Cada vez que les contabas con entusiasmo algo que te había pasado ese día y notabas que apenas te escuchaban, que rápidamente se sumían en su propio mundo a rumiar sus preocupaciones, veías tomar forma a esa nueva entidad.

Cada vez que observabas cómo reprimían su exuberancia y elegían ser personas «adultas», en lugar de entregarse con alegría a las cosas y disfrutar de verdad con lo que estuvieran haciendo, veías cómo esa voz tomaba el mando.

Cada vez que te decían que eras *demasiado*, que hablabas demasiado, que pedías demasiado, que tenías un tono de voz demasiado alto, que hacías demasiadas preguntas, que tenías demasiada energía, estabas escuchando la voz del miedo.

Cada vez que oías referida a ti la palabra *demasiado* en la forma que fuese, notabas que ese extraño ente iba afianzándose también dentro de ti.

Antes, erais tú y tu Yo Superior expresando la plenitud de tu verdad. Ahora, se imponía el miedo y te decía que eso se había acabado, que había llegado el momento de ponerle fin. Tú y tu Yo Superior al principio no le hacíais mucho caso, tratabais de ignorarlo, pero entonces el miedo te preguntó: *¿No quieres que te quieran?*

El miedo era el representante del mundo exterior y te informaba de lo que otras personas podrían pensar de ti. Te decía lo que tenías que hacer para ganarte su afecto. Si había cualquier parte de ti que dijera lo contrario, el miedo se encargaba de demonizarla. El miedo creía que el Yo Superior era un peligro. Estaba convencido de que cuanto más escucharas la llamada de tu alma, más te costaría tener la seguridad y el sentimiento de pertenencia que necesitabas por encima de todo.

Tú seguías creciendo y, al llegar a los últimos años de la adolescencia, el miedo empezó a decirte que eso del Yo Superior era una idea tonta e infantil que te hacía parecer muy poco interesante. En mi caso, esto se tradujo en sentir que tenía que abandonar la imaginación si quería que mi hermana me aceptara. Tengo clientes que hoy trabajan en la industria del entretenimiento a quienes el miedo intentó detener, diciéndoles «¡Madura de una vez! ¡Deja de ser tan inocente e idealista!» cuando perseguían sueños que a sus familias les parecían inalcanzables.

El trabajo que estamos haciendo tú y yo aquí en este libro va a ayudarte a identificar lo que dice la voz del miedo y lo que necesita, además de a reconocer la voz de tu Yo Superior y la intuición, que es su lenguaje.

Cuando trabajo con mis clientes, la dinámica que veo es que el sentimiento de «no soy suficiente» o «soy demasiado» está permanentemente activo en su interior. Esa herida central sigue siendo la que manda y la que toma las decisiones en nombre de la persona adulta. Cada vez que en una sesión seguimos el rastro de esa herida, nos lleva de vuelta al momento en el que decidieron dar la espalda a su magia porque creían que alguien quería o les exigía que lo hiciesen. Tuvieron que ocultar quiénes eran de verdad. Tuvieron que fingir que les gustaban cosas que no les gustaban, fingir que tenían intereses que no tenían. Tuvieron que aprender a hablar más alto, o a hablar más bajo, o a ser más cordiales.

Fuera lo que fuese lo que tuvieron que aprender a hacer, la idea de base era que su supervivencia dependía de que se alejaran de su Yo Superior y su verdad. El momento en el que tomamos esa decisión es importante porque marca el punto exacto en el que perdemos de vista quiénes somos. En ese momento olvidas que eres el Yo Superior, ese aspecto divino enviado aquí para experimentar y expandirse. En ese momento decides que eres el miedo, las limitaciones y los *no puedo* y *no debo* que las demás personas proyectan en ti. Ese es el momento preciso en el que entra la confusión y te tomas por un ser temeroso y limitado, desconectado de ti y de todo lo demás. Ese es el momento en el que te olvidas de tu naturaleza divina. Por tanto, ese es el momento al que tenemos que volver.

En el trabajo con mis clientes, este es el camino que recorremos en colaboración. El objetivo es que esa persona se reencuentre y reconecte con el Yo Superior, y empiece a tomar decisiones desde la dignidad y la fuerza de su conexión con la sabiduría.

Solo ten en cuenta que en esta etapa de la infancia, entre los cinco y los ocho años, empezaste a reunir pruebas de que dar la espalda a tu Yo Superior era lo más sensato. Abandonar tu sabiduría interior te aguzó el intelecto, te hizo sagaz, agradable y fácil de querer. El miedo creó el ambiente ideal para que las ideas de otras personas tuvieran más valor que las tuyas, lo que significó la ruptura definitiva de la relación con tu Yo Superior. En ese momento, empezaste a creer que tú *eras* el miedo, y has llevado esa creencia contigo hasta ahora mismo que estás leyendo estas palabras.

Cuando empezamos nuestro trabajo conjunto, Alok Vaid-Menon era una expresión bella y fuertemente provocadora de lo que significa ser en este mundo una persona de género no binario. A través de su poesía, sacudía a la gente para que abriera los ojos a lo que nos hacemos mutuamente los seres humanos cuando nos separamos y «otrizamos» a aquellas personas a las que no entendemos. El trabajo al que nos incita supone afrontar nuestra vergüenza, lo cual nos pone cara a cara con las profundidades de nuestro dolor.

En la actualidad, Alok es una de las mentes más innovadoras y prolíficas que vayas a conocer en tu vida, lo mismo como poeta que como artista, intérprete y comediante. Se ha expandido hasta alcanzar realmente la expresión más plena de la experiencia humana: del dolor, sí, pero también del amor y la alegría. La transición de popular activista y poeta a artista de *performance* –cuyo nombre hace que, en cuanto anuncia una de sus giras por el mundo, se agoten de inmediato las entradas– se produjo cuando empezó a verse plenamente en la abundancia de todo lo que es.

Para llegar a ese punto, antes hizo un trabajo interior en el que se dio cuenta de que el dolor era solo uno de los muchos aspectos de su experiencia humana y de su propósito en el mundo. ¿El propósito de mayor magnitud, el yo de mayor magnitud? En el curso de su trabajo interior, aprendió a reconectarse con su Yo Superior, que era el amor. Y durante ese trabajo, poco a poco empecé a ver cómo Alok pasaba del dolor a la alegría, y a responder al odio con amor.

Si buscas a Alok en Internet en este momento, te encontrarás probablemente con una de sus publicaciones más populares en las redes sociales. Comienza con la imagen de una de las numerosas amenazas de muerte que recibe. Estas misivas amenazantes llenas de odio suelen incluir algún ataque a su aspecto físico, y a continuación una u otra frase con la que se le pide directamente que deje de existir. Debajo de la imagen del mensaje, verás una carta de amor de Alok al remitente: «Veo que te odias –dice–, así que yo te voy a amar».

El amor es la otra cara del miedo. Alok se ha convertido en nuestro recordatorio viviente de este transformador mensaje al haber atravesado su joven yo atemorizado para localizar su amoroso Yo Superior.

EXPLORACIÓN: ***Comprende el primer momento de sacrificio***

Es hora de que aprendas a distinguir la voz del miedo para que puedas comprender cómo se ha apoderado de ti y a qué has renunciado por el camino. Tú y yo vamos a hacer un trabajo conjunto en los próximos capítulos. ¿Recuerdas la jerarquía de necesidades de Maslow? Averigüemos mano a mano qué creencias te fueron inculcadas sobre la persona que debes ser para que se satisfagan dos de esas necesidades básicas: la de pertenencia y la de dignidad.

Divide un folio en dos columnas. Como encabezamiento de una de ellas, escribe *Pertenencia*. Como encabezamiento de la otra, *Dignidad*. En cada columna, ve haciendo una lista de cada cosa que oías o percibías que tu padre, tu madre o las personas que te cuidaban querían que fueras o hicieras para que pudiera satisfacerse esa necesidad. Podría ser algo tan general y simple como «que me portara bien» o tan específico como «que sacara sobresalientes en todas las asignaturas». Sea lo que sea lo que te venga a la mente, escríbelo en la columna a la que corresponda.

Por ahora, solo quiero que identifiques lo que entra en esas dos categorías. Volveremos a estas listas al final del próximo capítulo y desvelaremos la verdad sobre cada una de esas creencias, para sanarla y que puedas avanzar sin el peso de esas ideas absurdas.

Capítulo 3

Cómo incorporamos las creencias limitantes

Al llegar a la última etapa de la infancia y acercarte a la adolescencia (digamos entre los ocho y los doce años), necesitabas tener un sistema de creencias sobre quién eras para poder encontrar sentido a los momentos dolorosos e idear estrategias de supervivencia.

Más adelante, en el período final de la adolescencia, es cuando tomaste decisiones importantes al respecto: *Yo soy...* A esa edad, cualquier cosa que pusieras a continuación de estas dos palabras te definía, y puede que aún te defina actualmente. Pero a los ocho, nueve o diez años, lo que hacías era empezar a rellenar el espacio que seguía al *Yo soy* con nociones sobre ti que te ayudaran a explicarte por qué tu vida hasta ese momento había sido como había sido y por qué las personas que estaban presentes en ella te trataban como lo hacían.

Dabas por hecho que eras tú quien motivaba los comportamientos que tenían contigo esas personas, y, a la vista del trato que con frecuencia recibías de ellas, era obvio que en algunos sentidos no debías de estar a altura de lo que se esperaba naturalmente de ti.

Y como necesitabas entender por qué, elaboraste creencias sobre quién eras para encontrarle sentido a todo ello.

Si en esta época el Yo Superior hubiera sido una parte de ti tan evidente como lo era cuatro o cinco años antes, habrías oído su voz que te decía con claridad: *Nada de lo que esas personas hacen tiene que ver contigo, mi amor. Es su manera de reaccionar cuando se sienten abrumadas ante las situaciones de la vida, porque hace tiempo que se olvidaron de su Yo Superior.*

Pero, para entonces, tú también te habías separado fundamentalmente de tu Yo Superior, lo que significa que, cuando intentabas explicarte las experiencias que tenías en la relación con las personas adultas, cada *Yo soy* iba seguido de una frase que se proyectaba desde la herida central: eras insuficiente; algo en ti no era como debía. Puede que fuera precisamente entonces cuando tu voz del miedo sonó con más fuerza que ninguna otra voz interior, y se convirtió oficialmente en tu voz.

Para cuando llegas a los últimos años de la adolescencia, el miedo te llena la cabeza el día entero. Tienes la seguridad absoluta de que todo lo que recibes de aquellos con los que te relacionas está provocado por tu forma de ser. A diferencia de tu yo de la primera infancia, que percibía claramente la energía negativa que emanaba de las personas encargadas de atenderte y no sabía bien de dónde provenía esa negatividad, en esta etapa tienes la certeza de que la causa eres tú. Te convences de que lo que auténticamente eres hace que ciertas personas te rechacen o te hagan daño.

Esta es la estrategia que emplea el miedo para que le abras la puerta y poder llenarte de creencias sobre ti, ideadas para obligarte a mostrar tu lado más complaciente y que a la gente le resulte fácil elegir tu compañía. Antes, cuando no tenías esa identidad infligida por el miedo, eras libre de ser de muy diversas maneras sin preocuparte lo más mínimo por la impresión que causaras.

Ahora, estás bajo presión. Quién eres determina el aprecio que recibirás.

Tus creencias limitantes son, y han sido desde ese momento de tu vida, tu explicación de por qué eres insuficiente y de la clase de persona en la que necesitas convertirte para que te quieran.

Sin ser conscientes de ello, los adultos con los que te relacionas en la infancia te dicen de un millón de maneras distintas lo que necesitan que seas. Aunque tú en esos momentos das por descontado que lo hacen por tu bien, lo que hacen es exigirte que tengas una identidad que a ellos les haga la vida más fácil, o viven tan alejados de su propia verdad que han creado un mundo de limitaciones que tú equivocadamente tomas por la realidad.

Si tu madre ocultaba lo que de verdad sentía cuando tu padre se enfadaba, puede que con esto te enseñara que guardar silencio es la forma de estar a salvo. Si veías a tu padre adoptar una personalidad distinta delante de su jefe, puede que con esto te enseñara que la autenticidad es peligrosa. Si tu padre y tu madre te felicitaban por tus sobresalientes y no prestaban la menor atención a tus dibujos, puede que te inculcaran la idea de que el intelecto es más valioso que la creatividad. Si tu madre o tu padre se tomaban cualquier discrepancia tuya como una falta de respeto, tal vez aprendieras que disentir es traicionar.

Cuando empiezas a verte y a ver el mundo a través de las creencias limitantes que vas adoptando, y reconoces que no son en absoluto un reflejo fiel de quien tú eres, parece que caminaras por la cuerda floja, y el mundo y las personas que lo habitan te resultan cada vez más desconcertantes. Así que te aferras a esas creencias todavía con más fuerza. Ahora, hacerlas realidad se convierte en tu misión.

Probablemente, en esta etapa fue también cuando experimentaste por primera vez el rechazo fuera del núcleo familiar. Quizá ciertos compañeros o compañeras de clase no te dejaron participar en su juego. Alguien del colegio se burló de tu ropa. La chica o el chico más popular de tu clase no te invitó a su fiesta de cumpleaños. ¡Quién no lo ha vivido!

Más allá de las circunstancias concretas, este rechazo es un ataque a tu sentimiento de pertenencia. Dado que en ese momento la única información que tienes sobre la realidad de las cosas son las creencias limitantes que has creado sobre ti para explicar tu herida central («soy insuficiente»), ves en esta nueva clase de rechazo una prueba más de que tu herida central es cierta. Y tus creencias limitantes –las explicaciones de por qué eres insuficiente– crecen.

Cuando buscas pruebas de que no eres suficiente o de que eres demasiado, las encuentras. Siempre.

Llevas buscando pruebas de que eres un ser defectuoso desde esta etapa temprana de tu vida. Sin darte cuenta, llevas buscando desde entonces en cada interacción, cada palabra y cada experiencia la prueba de que tu herida central y las limitantes creencias acerca de ella son un hecho innegable.

Al mirarlo todo con esta lente, por supuesto has encontrado miles de pruebas, que han afianzado aún más tus creencias limitantes sobre ti. Porque si hay pruebas, ¡quiere decir que es cierto!

Tu sistema de creencias limitantes

La mayoría de los pensamientos que tienes sobre ti y sobre la vida te fueron inculcados. Muy pocas de esas ideas son tuyas. Esto significa que las ideas que tienes de ti están lastradas por las experiencias, recuerdos, miedos y esperanzas de las personas que te los inculcaron. Esos pensamientos que existen dentro de ti, que te dicen si puedes o no puedes hacer algo, si mereces algo o no, se denominan **sistema de creencias limitantes**.

Ese sistema está compuesto por creencias que te impiden alcanzar tu potencial y que nunca son innatas. No emanan auténticamente de ti, sino que son reflejo de tu parte creedora; son una proyección que has aceptado como la realidad. Las creencias limitantes son el muro que se interpone entre tú y tu Yo Superior. Son los pensamientos que aceptas indiscriminadamente cuando te distancias de tu intuición. Estas son algunas creencias limitantes que oigo a diario de mis clientes:

No tengo el arranque necesario para poner en marcha un negocio.

No puedo tener un matrimonio que funcione y, a la vez, avanzar profesionalmente; es o lo uno o lo otro.

Mis hijas tienen que saber que pueden contar conmigo las veinticuatro horas del día, o se sentirán abandonadas.

Necesito contar con la opinión de otras personas antes de tomar una decisión.

Tengo que hacerlo a la perfección, o no valdrá nada.

Tengo que ser perfecta, o no valdré nada.

Los deseos que tengo son peligrosos.

Lo que de verdad pienso y siento es peligroso; si lo expreso, me quedaré solo, nadie me querrá.

Tener un título universitario es lo que me hace respetable.

Todo se irá al traste... tarde o temprano.

El amor duele.

El dinero es malo.

La alegría es una frivolidad.

¿Te suena alguna de estas frases?

Podría escribir páginas y páginas de creencias parecidas. La lista no tiene fin. Todo el mundo alberga creencias limitantes porque forman parte de la condición humana e incluso cumplen una función. Algo que quiero que recuerdes siempre mientras sanas tus creencias y te conectas con tu poder es que ninguna parte de ti es inservible. Todas las partes de ti hacen cuanto pueden por protegerte, incluso las que te causan sufrimiento. Las creencias limitantes también. Se esfuerzan constantemente por resguardarte de todo peligro y, para ello, quieren que no crezcas ni te expandas, que destaques lo menos posible.

Otra cosa que debes tener presente es que la sanación no se produce en línea recta ni tiene un punto final. Y también que cuando hablo de sanar partes de ti no me refiero a arreglarlas. No están rotas. La sanación consiste en aprender a comprender cada parte de quien eres. Una vez que comprendas cada aspecto, tanto el temeroso como el valiente, el limitado como el ilimitado, podrás ir integrándolos todos en tu ser. En el trabajo que estamos haciendo aquí, eso significa que tu yo limitado y tu Yo Superior deben empezar a coexistir. Utilizo el símbolo del infinito para ilustrar esto cuando hablo con mis clientes.

El ocho

La figura del ocho en horizontal como símbolo del infinito se remonta a culturas y tradiciones de hace miles de años. En general, todas ellas coinciden en que el símbolo del infinito representa la armonía entre partes dispares. En mi método, este símbolo representa el encuentro de nuestros dos yos: el yo humano, limitado, condicionado, y el Yo Superior divino.

Nuestro cuerpo humano, habitado por nuestra gran alma que está aquí con un propósito, es literalmente el lugar donde el cosmos y la tierra se encuentran. Esta es otra forma de concebir nuestro yo temeroso, limitado, y nuestro Yo Superior: nuestra parte humana y la parte que es divina. Para poder vivir con la mayor soltura y expandirnos hasta realizar plenamente nuestro potencial, es necesario que fluyamos entre estos dos aspectos: nuestro yo temeroso, limitado, y nuestro Yo Superior. Y solo podemos mantener este fluir constante si somos conscientes de que ambas partes existen.

Para eso está aquí este libro: para recordarte que tu Yo Superior es parte de ti tanto como lo es tu yo limitado. Hasta ahora, quizá creías que esa voz limitada era la única voz, y por supuesto has seguido al pie de la letra cada indicación suya. Pero ser conscientes de que tenemos estas dos partes nos permite cuidar del yo que elaboró creencias limitadas para entender la razón de su sufrimiento mientras, a la vez, escuchamos la sabia guía de nuestro Yo Superior ilimitado y divino.

Este fluir se interrumpe en el momento en que permitimos que las creencias limitantes (y los sentimientos de vergüenza y culpa que las acompañan) definan por entero nuestra realidad. Y el trabajo que estamos haciendo aquí tiene el propósito de restablecer el equilibrio entre las necesidades del yo limitado y miedoso y la guía del Yo Superior.

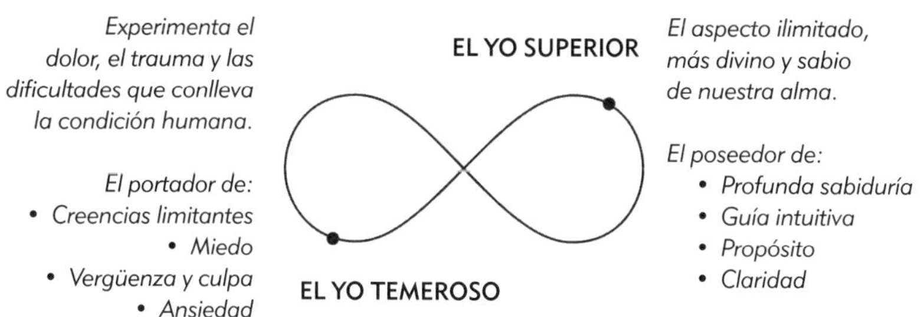

Un aspecto fundamental del viaje para reconectarte con tu Yo Superior es identificar, diagnosticar y erradicar las creencias limitantes que te inculcaron a edad muy temprana y que se empeñan en no dejarte crecer. En este capítulo vas a ver cómo se transmiten esas creencias limitantes de generación en generación y, también, vas a aprender a desentrañar tu sistema particular de creencias, buscando el momento en que se originaron, y a erradicarlas basándote en pruebas evidentes.

Las creencias limitantes son como malas hierbas no autóctonas: fueron plantadas en ti por alguien que no eras tú y se apoderaron rápidamente del terreno; pero, una vez arrancadas, revelarán la belleza del jardín que hay debajo. Insisto: mientras sanas tus creencias y te conectas con tu poder, quiero que recuerdes que ninguna parte de ti es inservible. Todas las partes de ti hacen cuanto pueden por protegerte, incluso las que te causan sufrimiento.

Generaciones de límites

Mi abuela materna era una pura bola de luz. Incluso parecía una bolita: de baja estatura, con la cara redonda y unas piernas diminutas bajo el cuerpecito redondeado; siempre sonriente, siempre diciendo algo valioso desde el fondo de los ojos sabios. La llamábamos Aziz Joon, que significa en farsi 'querida mía'.

Aziz Joon es lo más cercano a la divinidad que he conocido en este planeta. Cuando rezaba, ocurrían cosas mágicas, ya fuera que mi padre regresaba para intentar arreglar las cosas con mi madre tras años de distanciamiento o que un taxista encantador me devolvía el teléfono móvil que se me había perdido. Si Aziz Joon ponía su corazón y su alma en algo, lo conseguía, siempre. Ella fue la que me transmitió el don de la intuición clarividente. Una parte de mí incluso cree que sabía que un día iba a utilizarlo para sanar a otras personas.

Lo más increíble de Aziz Joon era el optimismo y el amor incondicional que la caracterizaban pese a haber tenido una vida de terrible dureza. Había nacido en una aldea, a ciento treinta kilómetros de Teherán, a finales de la década de 1930 (nunca supimos la fecha exacta en la que nació porque no tenía certificado de nacimiento, tal vez porque su familia era tan pobre que no se lo podía permitir, o tal vez porque a las niñas no se las consideraba lo bastante importantes como para que merecieran tenerlo, o probablemente por ambas cosas). Su madre murió cuando ella tenía solo tres años. La crio su padre, que apenas era capaz de mantenerla, y mucho menos de comprenderla. Para solucionar el problema, a los trece años la casó con un viudo, padre de dos hijos, veinticinco años mayor que ella.

Recuerdo las historias que me contaba, sobre la primera vez que intentó cocinar arroz y lo que salió parecía barro, o sobre el día de su primera menstruación, que corrió a limpiarse en el pozo que usaban para lavar los platos antes de que su marido se diera cuenta, sin entender bien lo que le estaba pasando a su cuerpo. Se reía de sí misma mientras me contaba estas cosas, y seguía riéndose incluso mientras imitaba a su marido (mi abuelo) impacientándose y, finalmente, enfadándose con ella porque no era capaz de ocuparse de su casa y de sus hijos como a él se le había prometido; imaginaba, al parecer, que el voto matrimonial iba a convertir a aquella niña en esposa de la noche a la mañana.

«¡Pero aprendía rápido!», decía mi abuela radiante de orgullo. Me contaba todo lo que se esforzó para aprender a hacer las tareas domésticas y que, con el tiempo, él la llegó a querer, porque valoraba la seriedad con que se había propuesto adquirir los conocimientos de los que carecía.

¿Cómo puede reírse?, pensaba yo. A los doce años, para mí era inimaginable vivir las cosas que había vivido mi abuela. A pesar de todo, aun siendo consciente de que le habían robado la infancia y de que su risa ocultaba un dolor tremendo, era otro el mensaje que,

mientras la escuchaba, iba grabándose en mi cerebro adolescente: cuidar de otras personas, incluso a costa de tu propio bienestar, es una noble forma de vida. Algo de lo que estar orgullosa.

Esta lección me la inculcó sin mala intención, como se había transmitido de generación en generación en su familia, con una sonrisa y un abrazo. Y yo la acepté, y la llevé muchos años conmigo, y viví creyendo que tener satisfechas mis necesidades jamás sería el indicador de una vida bien vivida; que, por el contrario, satisfacer las necesidades de las demás personas, sin importar cuánto tuviera que sufrir para ello, es lo que me daría un sentimiento de orgullo.

Esto no quita nada a la influencia maravillosa y transformadora que tuvo en mi vida el amor de Aziz Joon; pero, accidentalmente, me implantó también una de las creencias limitantes que más me han afectado en la vida. Date cuenta de que lo hizo sin malicia, incluso sin intención, pero el hecho es que me inculcó la creencia de que *cuidar de las demás personas a costa de una misma es algo de lo que estar orgullosa*. Esta creencia es lo que me hizo creer, por ejemplo, que era responsabilidad mía cuidar de las emociones de mi madre, algo que me impidió desarrollar de verdad mi potencial.

Luego, cuando al ir cumpliendo años empecé a sentir un deseo cada vez más fuerte de libertad, de independencia, de tener tiempo para estar con mis amigas y para coquetear con los chicos, me sentía culpable. Todos esos deseos significaban que no era «buena», que era una egoísta, porque ya no quería a mi madre por encima de todo. Si intentaba cumplir cualquiera de esos deseos, mi madre se sentiría sola, y eso me convertía en una «mala» hija. Así que, cuando decidí cumplirlos, acepté que era «mala», y a partir de entonces me dediqué a buscar pruebas de que esa creencia era cierta.

¿Las encontré? ¡Por supuesto que sí! Todas las personas adultas que conocía me lo repetían constantemente: «Eres mala» o

«Eres una perezosa». Me convertí en la oveja negra. Me sentía atrapada entre dos proyecciones extremas: la de la niña que se había sacrificado por cuidar del corazón de su madre y la de la adolescente rebelde que nunca hacía nada bien. Ni una ni otra reflejaban a quien yo era en mi interior, pero, de todos modos, se convirtieron en mi identidad.

Uno de los aspectos crueles de las creencias limitantes es lo fácilmente que las aceptamos como una verdad de nuestra existencia. En la infancia, no somos conscientes de que estas creencias nos han sido inculcadas, de que no son nuestras y de que son creencias caducas. Vamos creciendo, y nuestras creencias limitantes crecen también. En mi caso, la convicción de que tenía que cuidar de los demás a costa de mi bienestar traspasó el marco de las relaciones familiares y se fue extendiendo a la relación con mis amistades, a mis relaciones románticas y a mi carrera profesional. Esta creencia iba conmigo allá a donde yo iba, para recordarme en todo momento que si quería que me valoraran, tenía que anteponer las necesidades de la gente a las mías.

Esto influía en cada decisión que tomaba. En la época de la universidad, me quedé a vivir en casa para que mi madre no se sintiera sola. Me perdía las fiestas que organizaba la gente de mi clase para que mi novio no se sintiera excluido. Decía *sí* cuando en realidad quería decir *no*, y *no* cuando quería decir *sí*. Me callaba mis opiniones cuando tenía la impresión de que la gente no estaría de acuerdo o no las comprendería. Lo importante, por encima de todo, era asimilarme. Costara lo que costase. Como tenía el pelo rizado, me lo alisaba cada día. Cambiaba la emisora de música persa por cualquier otra en cuanto alguien montaba en el coche. Sonreía, asentía, hablaba con voz suave y dulce. A mi ira, le decía que no había sitio para ella. Estaba dispuesta a hacer lo que fuese necesario para que la persona que tenía enfrente se sintiera a gusto conmigo.

La obligación de anteponer los sentimientos de la gente a los míos era solo una de mis muchas creencias limitantes, pero esta en particular condicionaba todo lo que hacía y la idea que tenía de quién era. Hasta que ya no pude soportarlo más. Hasta que me di de bruces contra un muro, en el sentido más profundo y existencial. Pero esta historia voy a dejarla para otro capítulo.

La personita que en origen teje estas creencias lo hace para poder sobrevivir a las circunstancias traumáticas en las que se encuentra; a mi abuela, su sistema de creencias la ayudó a sobrevivir. Pero lo que hay que tener presente es que esas herramientas de supervivencia fueron una ayuda en unas circunstancias muy precisas y en determinado tiempo y lugar. Cuando las generaciones pasadas nos transmiten sus sistemas de creencias, lo hacen sin tener de verdad en cuenta quiénes somos y cuáles son nuestras circunstancias actuales.

Tiene su lado gracioso que los sistemas de creencias que se nos han transmitido tengan a veces cientos de años de antigüedad y, aun así, apelemos a ellos a diario y los utilicemos para funcionar hoy en la vida. Imagínate usar un telégrafo para comunicarte con tu amigo en vez de enviarle un mensaje de texto. Tomar decisiones basadas en estas creencias limitantes que nos fueron transmitidas es similar: es aplicar una «tecnología» muy anticuada a nuestras vidas modernas.

Hay circunstancias verdadera y profundamente traumáticas, como la guerra, la opresión, la enfermedad y la pobreza, que instauran estas creencias limitantes en las familias, las sociedades y las culturas. En esas circunstancias en las que el dolor es tan grande que no nos sentimos capaces de soportarlo, estas creencias se plantan como gigantescos guardaespaldas dispuestos a actuar con ferocidad, si es preciso, para protegernos. Fue gracias a estas creencias como sobrevivieron las generaciones que nos preceden, lo que significa que, para nuestros mayores, la evidencia es incuestionable: estas creencias son, de hecho, un salvavidas. ¡Funcionan! Por eso, las envuelven todas juntas y, con devoción y delicadeza, nos las transmiten a la siguiente generación.

En ningún caso es esto tan evidente como en las comunidades que han sido marginadas por la cultura colonialista blanca. El colonialismo ha hecho un daño atroz a generaciones enteras de personas de color, personas *queer*, personas de clase trabajadora, y generaciones enteras de mujeres, al decirnos que ser quienes somos no es suficiente, al crear una ilusión blanca de perfección que no está al alcance de nadie, al borrar nuestra humanidad e introducir la profunda vergüenza que nace de que se nos considere seres subhumanos.

Uno de los aspectos más destructivos de la acción colonizadora ha sido el ataque constante a nuestra intuición. Como medio de control, se nos ha enseñado durante miles de años que la intuición es el enemigo. Que, en lugar de sentir con nuestro conocimiento intuitivo, tenemos que aceptar lo que nos dicen aquellas personas cuya intención es dominarnos. Para cualquiera que se proponga tener control sobre ti, la intuición es un peligro. Por eso, todavía hoy, «eres demasiado sensible» es una daga que se utiliza para decirle a una persona que está loca –o cuando menos, que es irracional– porque siente tan profundamente.

¿Recuerdas que hablábamos del momento en que nos desconectamos del Yo Superior? Pues esta es la continuación: la exigencia de conformidad, la instilación en nuestra mente de creencias normativas para que nos convirtamos en personitas perfectas, la demonización del deseo, del anhelo, de la singularidad, de las diferencias, la disconformidad, la disidencia. Este sistema ha conseguido que, generación tras generación, nuestros ancestros no hayan tenido otro remedio que pasar por la traumática experiencia de desconectarse de su Yo Superior. Pues la amenaza tácita era muy seria. Básicamente decía: «Si no eres uno de los nuestros, no existes».

Así que, para sobrevivir, nuestros ancestros se asimilaron. Renunciaron a su verdad más profunda, a sus más fervientes anhelos, a su bello y salvaje yo primigenio. En su lugar, elaboraron creencias limitantes sobre quiénes tenían que ser para vivir a salvo, para pertenecer, para –sencillamente– existir. Todas y cada una de estas creencias se las transmitieron luego a sus descendientes, y se siguieron transmitiendo de generación en generación hasta que, finalmente, nos han llegado a ti y a mí. Es decir, que además de nuestras propias creencias limitantes, llevamos dentro también las suyas.

Su intención al transmitirlas nunca fue hacer daño a nadie. La intención era ayudar a la supervivencia de cada nueva generación. Pero ¿qué ocurre cuando los tiempos cambian, o necesitan cambiar, y los grandes peligros o penalidades que les tocó vivir no son los nuestros pero seguimos viviendo en modalidad de supervivencia? ¿Qué ocurre cuando la voz de la supervivencia es más fuerte que la voz que quiere que crezcamos y prosperemos? Aceptamos su trauma como si fuera inmutable. No lo es. Estos sistemas de creencias han quedado obsoletos. Nos están matando.

Sabiendo esto, ¿no crees que es hora de que les quitemos el envoltorio a esos paquetes que nuestros ancestros nos entregaron disfrazados de regalos y de que veamos el dolor que en realidad esconden, disfrazado de tesoro? ¿No crees que es hora de que dejemos suavemente a un lado esas creencias y empecemos a explorar el poder de nuestra propia verdad, en busca de nuevos resultados? ¿No crees que nos lo debemos y se lo debemos también a esos mismos ancestros que lucharon con todo su corazón para que pudiéramos existir?

Yo creo que sí. Creo que crecer y prosperar –no solo por ti y por mí, sino por ellos– es lo mínimo que podemos hacer para agradecerles lo que nos han dado. Podemos convertir su sufrimiento en el acto definitivo de rebelión contra los sistemas de opresión que no quieren que asumamos nuestro poder. ¿Qué podría haber más poderoso que aprender a ser artífices originales de nuestro propio relato?

El ruido blanco ahoga al Yo Superior

He aquí algo que es fundamental saber sobre las creencias limitantes: aunque su finalidad es proteger las partes vulnerables y temerosas de ti, ¡hacen un ruido infernal para cumplir su misión! En el *coaching* intuitivo, yo lo llamo **ruido blanco**.

Básicamente, estas creencias debilitantes tienen una voz tan atronadora que interfiere en la frecuencia de nuestro Yo Superior y su lenguaje, que es la intuición. Ese ruido blanco hace que nos resulte muy difícil oír nuestra verdad –lo que sabemos que es apropiado para quienes somos– o incluso nuestros deseos más auténticos. La intuición no desiste. Continúa susurrándonos, tal como lo hacía en nuestra infancia más temprana, pero las interferencias que producen las creencias limitantes son tan fuertes que no la oímos.

Tengo el maravilloso privilegio de asesorar a algunas personas muy conocidas, y puedo decirte que ni siquiera ellas, que han llegado tan lejos en sus profesiones, que son ricas y hasta famosas, están libres de creencias limitantes que les hacen la vida difícil.

Espero que no te extrañe demasiado; a estas alturas, deberíamos saber que ni el dinero, ni el poder, ni la fama son la clave de la felicidad. ¿Pueden hacernos la vida más cómoda? Por supuesto. Pero, como los grandes logros, no son la clave para superar las inseguridades y las autolimitaciones que hemos ido acumulando. Creo que te sorprendería saber hasta qué punto afectan las creencias limitantes *a todo el mundo*. Es importante hablar de esto porque la verdad es que curarse de ellas es la única forma de encontrar felicidad duradera.

Une de mis clientes ha estado trabajando a conciencia para identificar cómo le hacen retraerse sus creencias limitantes en ciertas dinámicas de poder. A pesar del poder y la dignidad que ven en elle sus millones de *fans*, lo cierto es que se bloquea cada vez que se encuentra en la situación de tener que defender sus opiniones ante alguien que, desde su punto de vista, tiene más autoridad. En nuestro trabajo conjunto, hemos descubierto que su yo más joven –un adolescente *queer* tratando de sobrevivir en una pequeña ciudad de Estados Unidos– produce a veces un ruido blanco tan dominante y ensordecedor que es lo único que mi cliente oye en esos momentos.

¡Retráete! ¡Limítate a asentir y a sonreír! Por favor, por encima de todo, no hagas que nos miren, no llames la atención!, le suplica. Esa creencia limitante es que su mera presencia incomoda a la gente; por tanto ¿qué otra cosa puede hacer que encogerse?

Cuando trabajamos para sanar estas creencias limitantes, otra voz se apresura a intervenir. Su Yo Superior empieza a susurrar: *Tu propósito es transmitir alegría. Y no puedes transmitirle alegría a la gente si renuncias a tu poder. Demuéstrales que pueden recibir de ti eso también. Todo está en ti, demuéstraselo.*

En el curso de nuestro trabajo conjunto, empezó a darse cuenta de algo que se convirtió en una poderosa herramienta de liberación. Notó que cuando actúa desde su Yo Superior, la gente le escucha, incluso quienes tienen más autoridad que elle. Cuando hace lo que le dicta su creencia limitante, nadie le presta atención; invariablemente, la gente le ignora. Este es el aspecto contraproducente y autodestructivo de las creencias limitantes: quieren protegernos, pero terminan por conseguir lo contrario: nos hacen renunciar a nuestro poder, lo que solo nos crea más dolor aún. ¿Empiezas a comprender por qué es tan importante erradicarlas?

Me alegra particularmente ver comprender esto a clientes que están bajo la mirada pública, porque son quienes más influencia tienen en la configuración de la cultura y el pensamiento. Una vez que lo entienden de verdad, el efecto de la onda expansiva es imparable. Por lo general, acuden a mí por primera vez cuando están en medio de una crisis mediática que tienen la convicción de que acabará con su carrera. Entendámonos, ver cómo se destroza tu imagen pública en los medios de comunicación –redes sociales incluidas– *no* es tan fácil de sobrellevar con entereza. Es lacerante, angustioso y aterrador. En su mayor parte, el sentimiento aterrador y doloroso que se apodera de esa persona nace de dos creencias limitantes:

1. *Soy una impostora, y tarde o temprano me descubrirán.*
2. *Mis errores me convierten en alguien desechable.*

Estas creencias limitantes tratan de salvaguardar en esa persona las partes aún más aterrorizadas, las que a edad muy temprana aprendieron a creer que carecen de talento y que, por tanto, no son valiosas, ni especiales, ni redimibles. La persona cree que cualquier error que cometa revelará a todo el mundo la verdad: que es insuficiente, que es una impostora. Y este es un sentimiento bastante común entre los seres humanos, independientemente de que tengamos o no proyección pública. Da mucho miedo sentir que no eres quien la gente piensa y que, si se descubre tu «verdadero yo», nadie querrá saber más de ti.

Estas creencias gritan con tal fuerza que la voz del miedo se pone al mando y es la que toma ahora todas las decisiones. Esa es su reacción instintiva: responder con miedo, lo que se traduce en una actitud defensiva o en distanciarse y darle la espalda a todo. La persona no sabe separar su verdad de los chismes que los medios de comunicación difunden sobre ella, porque los gritos de sus propias creencias limitantes son tan atronadores que no la dejan escuchar la voz de su más poderosa fuente de sabiduría: el Yo Superior.

El Yo Superior sabe cómo priorizar la responsabilidad sin renunciar a la dignidad. El Yo Superior entiende que hay espacio para todo: tanto para que esa persona cometa errores como para que sea merecedora de amor. Estos son mis casos favoritos por los resultados tan evidentes del proceso. Cuando esa persona y yo trabajamos con sus partes temerosas, y las creencias limitantes se callan y, finalmente, se reconecta con su sabiduría interior, las respuestas están ahí esperándola. No necesita que un equipo de relaciones públicas redacte una declaración y la difunda a través de los medios, ni que una serie de publicistas le digan cómo se debe comportar; tiene las respuestas dentro de sí.

Veo cómo, al final, estas personas saben con exactitud qué hacer, cómo contar su historia; y cuando lo hacen, siempre, sin excepción, convierten lo que parecía una crisis en una oportunidad de compartir su verdad con el mundo y conectar con la gente de una manera más profunda. Como les digo siempre a cada una de estas personas: la verdad te hará libre, pero antes tienes que estar dispuesto o dispuesta a sanar la vergüenza que no te deja verla.

Es hora de reconstruir nuestras creencias

¿Voy a ser capaz de hacer este trabajo?
¿Merezco estar en esta relación?
¿Valgo lo suficiente como para que me traten así?

Respira hondo y recuerda: estas preguntas no van a desaparecer de la noche a la mañana. Quizá nunca desaparezcan por completo, pero tampoco tienen por qué ocupar tanto espacio en tu vida y en tus decisiones como lo hacen hoy. El primer paso del camino para sanar estas creencias distorsionadas y limitantes que tienes sobre ti es sencillamente observarlas; el segundo, establecer poco a poco un diálogo con ellas. Tomar conciencia de que existen, comprender que fueron implantadas en ti por un agente exterior y cuestionarlas con delicadeza, sin juzgarlas ni avergonzarte de lo que dicen, las saca de la oscuridad y las expone a la luz del día. Cuando trabajamos con estas partes, se calman y dejan que hable el Yo Superior.

Lo bueno es que tu Yo Superior nunca se mueve de donde está y su comunicación contigo a través de la intuición nunca se interrumpe. Su voz suave está siempre en ti; basta con que elimines el griterío de las creencias limitantes y la oirás. Ten esto en cuenta: cualquier creencia que te limite es ajena a ti; no proviene de tu Yo Superior; no es tu verdad innata.

Si una creencia te produce una sensación limitante, es porque te la inculcaron. Y si esa creencia ha crecido de una semilla que alguien sembró en tu interior, sin duda puede arrancarse de raíz. La sanación empieza en el momento en que miras de frente tus creencias limitantes y las ves por lo que son: las limitaciones de otras personas disfrazadas de tu verdad. Esa sola mirada, esa sola comprensión, debilitará sus raíces y las hará desprenderse, lo cual te dará espacio para sanarlas y dejarlas atrás.

Sanar las creencias limitantes es el trabajo de toda una vida. El mío comenzó el día que conocí a Rhea, mi instructora y consejera. Es una sanadora excepcional y, sí, tiene una gran capacidad intuitiva. Simplemente, sabe las cosas. Me vas a oír hablar mucho más de ella porque ha sido fundamental en mi viaje hacia mi propia verdad y en el trabajo que hago. Ella fue la primera persona que me dijo que yo también tenía estos dones y ha trabajado incansablemente conmigo durante la última década para ayudarme a desenterrarlos.

Como digo, es el trabajo de toda una vida. Cada cliente que inició el trabajo conmigo continúa en el proceso de identificar y erradicar sus creencias limitantes, lo mismo que yo. Todos los días descubrirás alguna nueva creencia. Incluso una vez que te reconectes y vivas felizmente en armonía con tu Yo Superior, a veces notarás que interfiere el ruido blanco y ahoga los mensajes que más necesitas oír.

Las creencias limitantes que empiezan a surgir de ti en la última etapa de la infancia, en esos momentos en que te preparas para enfrentarte al mundo como adolescente, crean las condiciones idóneas para una batalla épica. Trabajaremos en los sucesivos pasos del proceso de sanación en la tercera parte, pero, por el momento, eres adolescente. Pronto, tu Yo Superior saldrá a la luz y desafiará las creencias limitantes que te han inculcado. ¿Y quién ganará?

EXPLORACIÓN: ***Tu mayor deseo***

Identifiquemos una creencia limitante concreta. Quizá al leer esto pienses: *He estado haciendo terapia. Sé cómo quitarle poder al discurso autolimitante reflexionando sobre lo que dice*. O bien: *¿Cómo podría identificar la raíz más profunda de una creencia limitante si no tengo ni idea de cuándo me fue implantada?*

Aquí tienes un punto de partida: piensa en algo que quieras desde lo más profundo de tu alma. Hablo de un deseo que en principio no le contarías a nadie o que, si lo hicieras, te daría bastante vergüenza. Puntualización: si te da vergüenza tener ese deseo, es ideal para este ejercicio. El mío es ser la próxima Oprah Winfrey... Estoy proponiéndote que pienses en un deseo que te daría tanta vergüenza decir en voz alta como me da a mí contarte este.*

* N. de la T.: Oprah Winfrey es una periodista, presentadora de televisión, productora, actriz, empresaria, filántropa y crítica de libros estadounidense, varias veces ganadora de un Premio Emmy por su programa *The Oprah Winfrey Show*, que fue el programa

Ahora, imagina un escenario con un solo micrófono iluminado por un único foco. Adelante, invita a la voz interior del miedo –la que no cree que tu deseo sea realista o realizable– a que suba al escenario y se ponga ante el micrófono. Dale la siguiente indicación: «Dime por qué lo que deseo es imposible». Invítala a que te dé todas las razones por las que lo cree. Mientras habla, anota todas las razones que te dé.

Ser consciente de esta dinámica y este diálogo es el primer paso para la sanación. ¿Qué sientes cuando oyes que tu deseo más profundo es ridículo, vergonzoso e irrealizable? ¿Rabia? ¿Rebeldía? ¿Vergüenza? ¿Hasta qué punto está de acuerdo tu pequeño yo con las razones que se te dan?

Repasa una a una las razones que has anotado y, ahora, pregúntate en serio: *¿Qué pruebas tengo de que esto es verdad?*

No me refiero solo a la *sensación* de que puede ser verdad, sino a la *prueba*.

Generalmente, por lo que yo he visto, no hay ninguna.

Hablaremos de esto con más detalle en otro capítulo, pero, por ahora, quiero que tengas presente que la experiencia de cualquier otra persona no prueba nada. Las pruebas que buscas tienen que ser algo que te haya sucedido a ti en tu vida. No a tu madre. Ni a tu abuela. Ni a la cuidadora de la guardería, ni al profesor de canto, ni a tu primera jefa, ni a un profesor de la universidad que no veían en ti ningún don.

Por último, pregúntate: *¿Por qué quiero creer que no estoy a la altura de mi deseo más profundo? ¿Por qué quiero creer que no es posible hacerlo realidad? ¿De qué me protege eso?* Simplemente toma nota de lo que te venga a la mente.

---

de entrevistas más visto en la historia de la televisión estadounidense, desde su estreno en 1986 hasta su finalización en 2011, que coincidió con su 25 aniversario.

Como ya he dicho, las limitaciones autoimpuestas no pretenden hacerte daño; desde el primer momento, su intención ha sido protegerte. Pero es de esperar que tu yo más rebelde sepa que todas esas creencias limitantes son una gilipollez. Y hablando de rebeldía, creo que ha llegado el momento de decir con claridad que, desde que en la primera infancia te distanciaste de tu verdad interior, la versión de ti que más conectada ha estado con tu Yo Superior ha sido el tú adolescente.

Ahí nos vemos.

Capítulo 4

El heroico yo adolescente

Hay una razón clara por la que la etapa de la adolescencia se dramatiza, inmortaliza e idolatra en la cultura pop: su *intensidad*. Tras años de ocultar tu verdad para conseguir la aprobación de las personas adultas, y de reprimir lo salvaje, lo original y lo maravilloso, de repente ser adolescente hace que vuelvas a centrar tu atención en ti..., lo que significa que tienes que «hacerte sitio». Y no va a ser tratando de no incomodar a nadie.

Poco a poco, las personas que te criaron pasan a un segundo plano. Empiezan a no importarte tanto sus ideas; te resultan cada vez menos apremiantes sus necesidades y expectativas porque ya no te parece que estén tan vinculadas a tu supervivencia. Al ver el espacio que se va abriendo, tu Yo Superior se anima. Tu Yo Superior sabe que, en esta etapa de tu evolución, la individuación es esencial para tu desarrollo, por lo que se metamorfosea: expande la silenciosa curiosidad que encarnaba en tu pequeño yo y da lugar a una versión de sí mismo más apasionada, envalentonada y voraz.

Rompe con todo, te dice.

Conócete, insiste.

Tienes que responder a la llamada y, para ello, tienes que hacerlo en solitario. Te distancias. Te retiras a tu habitación, te vuelcas en el espejo o en el teléfono. Te alejas incluso a pesar de los rostros temerosos y decepcionados de las personas con las que convives, que te suplican que vuelvas a ser la personita que una vez conocieron. Y cuanto más te alejas, más sientes que te invade la embriagadora energía de la libertad.

No obstante, a la vez que el Yo Superior infunde el elixir de la libertad en tus venas, tu yo humano sigue teniendo necesidades, y esas necesidades van creciendo también. El sentimiento de pertenencia sigue siendo un elemento crucial para tener una sensación de completud. Es obvio que ni tu familia ni tu hogar son tu sitio en este momento, pero a algún lugar necesitas pertenecer.

Adelante, salta, dice el Yo Superior.

Así que te armas de coraje y saltas del gran barco de vapor que es tu familia a la brillante y reluciente lancha motora que pasa por delante de ti a toda velocidad. Tu atención se vuelca en tus iguales, almas gemelas unidas por la misma llamada magnética: *¡Descubre quién eres!*

Adicción a la aprobación

Cuando tenía quince años, empezó a cortejarme un joven doce años mayor que yo. Se hizo amigo de la familia, y nos parecía un hombre fascinante: encantador, cosmopolita y divertidísimo. A lo largo de aquel verano, venía a cenar a casa al menos dos veces por semana, y mi madre, mi hermana y yo escuchábamos embelesadas cada palabra suya, mientras nos contaba sus cinematográficas peripecias para escapar de Irán y anécdotas de cuando había vivido solo en París en la adolescencia y de cuando, finalmente, se estableció en Estados Unidos. Sus visitas convertían nuestro solitario hogar en un deslumbrante espacio de entretenimiento rebosante de emoción y expectación.

No sé muy bien cómo sucedió todo. A mí me parecía tan maravilloso aquel joven que me costaba creer que pudiera existir alguien así. Me sentía una adolescente extraña y torpe, y estaba convencida de que, a él, debía de importarle lo mismo que a un pez una bicicleta. Pero entonces, de repente, durante una de las visitas de aquel verano, empezó a mostrar interés por mí.

En aquella época, la idea que yo tenía de mí podía resumirse en una frase muy breve: «No estoy a la altura». Me veía horrenda, con aquel pelo encrespado, al lado de todas las animadoras con sus cabelleras rubias relucientes. La ropa que llevaba la comprábamos en las rebajas de las tiendas a las que nos podíamos permitir entrar; no era de marca y, por supuesto, no estaba de moda. Y no era mucho mejor la sensación que tenía de mí estando en casa, donde se me comparaba constantemente con mi hermana, que era mucho más trabajadora y más estudiosa que yo, y la familia entera estaba de acuerdo en que solo había una explicación posible: era una vaga.

Únicamente tenía una cosa a mi favor: por primera vez en mi vida, aquel verano había descubierto que quería algo más en la vida que hacer felices a mi madre y a mi hermana. De repente, su tristeza, con la que había cargado siempre como si fuera mi equipaje de mano, empezó a resultarme ajena. Las acusaciones de que mi apatía por el estudio y la limpieza me hacían detestable –solo porque nunca se me veía agarrar con alegría un libro o la fregona– comenzaron a ser como prendas que simplemente me venían grandes.

Empecé a oír de nuevo mi voz interior: *Eres más que eso*, me decía. Y a los quince años, me lo empecé a creer.

Bueno, casi me lo empecé a creer.

Me lo creía lo suficiente como para rechazar las proyecciones de mi familia y darme cuenta de que había dentro de mí un ciclón de deseos y necesidades que hasta entonces había ignorado. Ese empujón de mi Yo Superior me hizo mirar más allá de lo que mi familia pensaba o necesitaba y volver a darme cuenta de mí misma. Eso ya era mucho, pero, aun así, tenía luego mi propio bagaje: un padre que había estado ausente durante los últimos siete años, una profunda necesidad de que los chicos me desearan y el dolor por ser una adolescente extraña y sin atractivo a la que no prestaban la menor atención y, por encima de todo, un deseo desesperado de salir de aquella casa sofocante que hacía que me sintiera pobre, insignificante e indigna. Como no sabía que hubiera un Yo Superior o una sabiduría interior, lo que hice fue convertir la atención que me dedicaba aquel joven doce años mayor que yo en el faro que me sacaría del lugar oscuro en el que estaba, y me lancé entusiasmada hacia su luz.

Dieciocho meses de caos se abatieron sobre mí como resultado de aquella sola decisión. De la noche a la mañana, corté la conexión con mi familia, que había sido mi tabla de salvación hasta aquel momento. Mi madre me rogaba que pusiera fin a aquella actitud; sin saber qué hacer, me amenazaba con castigarme sin salir, a lo que yo respondía gritando: «¡Entonces me voy de casa!». Se preocupaba, lloraba y suplicaba. En aquellos meses, la hice envejecer diez años. Mi hermana me dejó de hablar. Mis tías y otros miembros de mi familia intentaban, por un lado, hacerme entrar en razón, y por otro, les molestaba tanto mi presencia que acabaron por aislarme detrás de un muro de sonrisas educadas y miradas enjuiciadoras.

Como me daba mucha vergüenza llevar a mi novio, un adulto, a pasar las tardes con mi grupo de amigas y amigos adolescentes, me alejé de ellos y de cualquier otra persona de mi edad, y me encontré inmovilizada en una nueva trampa: la de un novio posesivo que utilizaba su edad y su autoridad para moldearme a su antojo. Solía decirme que, de todos modos, yo no necesitaba a aquella gente. Que nadie me entendía como él. Me prometía una vida de ensueño: en cuanto se licenciara, nos mudaríamos juntos a una casa preciosa, y yo tendría, al fin, seguridad económica y podría relajarme. Oyéndolo, sentía que mi vida estaba empezando a ser como siempre había soñado: desahogada, con el amor de un hombre y llena de nuevas experiencias y personas interesantes.

Esos destellos de esperanza no duraban demasiado. A veces, mientras íbamos caminando por el centro comercial, se imaginaba que algún chico de mi edad y yo intercambiábamos miradas a escondidas; y el mundo se volvía de repente un lugar oscuro. Esos episodios iban seguidos de platos rotos, discusiones a gritos, bofetadas lacerantes. ¿Y a quién podía acudir yo en esos momentos? No podía volver a casa, con el rabo entre las piernas, después de haber luchado con todas mis fuerzas contra mi familia. Además, tampoco estaba muy segura de que me siguieran queriendo. Su distanciamiento gélido me llenaba de vergüenza.

Me proponía aguantar; las cosas con mi novio mejorarían. La prueba de que sería así me llegaba en forma de floridas disculpas: promesas, poemas, lágrimas, juramentos de que no me volvería a hacer daño nunca más... Me decía que era lo más precioso de su vida, y, como era el único que me decía eso, conseguía atraerme de vuelta. Y el ciclo volvía a empezar.

Esto continuó hasta que, en octubre de mi tercer año de instituto, oí de nuevo la voz de mi Yo Superior. Ese otoño conocí en clase a Pam, Mano y Ernesto, que rápidamente se convirtieron en mis colegas inseparables, y estar en su compañía lo cambió todo. Pasearnos en el viejo Toyota 4Runner de Pam, cantando *One Drop* de Bob Marley a pleno pulmón, o faltar a la clase de lengua e irnos a Starbucks a oír al camarero tocar la guitarra cuando hacía un descanso para fumarse un cigarro, era una sensación de galope vertiginoso hacia la libertad.

¡Esto es! –decía la voz en mi interior–. *Esta es la salida que de verdad has estado buscando. ¡Corre hacia ella!*

Que oyera esta voz y sintiera su embriagador tirón hacia la libertad no significa que no oyera también a mi yo temeroso, que desde el otro lado me recordaba a gritos lo sola que estaría si ponía fin a la relación tóxica que tenía con mi novio; entonces ya no tendría a nadie que me quisiera.

La voz del miedo es muy convincente. Pero, una vez que has aprendido lo que tenías que aprender en cualquier situación en la que tu yo temeroso te retiene, llega el momento de que esa situación toque a su fin. Es entonces cuando te abres de nuevo a la atracción magnética del Yo Superior.

Esa atracción me dio el coraje para, aun llena de miedo, avanzar con decisión a través de él hacia la vertiginosa sensación de libertad que el Yo Superior me ofrecía. La seguridad con la que me tentaba mi pequeño yo temeroso, convencido de que era necesario soportar lo que fuera con tal de tener el amor de alguien, no era ni de lejos tan embriagadora como aquella libertad, aquella expansión.

Así que, a los diecisiete años, dejé atrás a aquel tipo y empecé a correr directa hacia ella.

Y eso me salvó la vida.

En mi caso, conocer a aquellas tres personas fue lo que me trajo el recuerdo de mi Yo Superior y me hizo querer encarnarlo de nuevo, pero puede ocurrir a la inversa. En cualquiera de los casos, cuando al llegar a la adolescencia el foco de atención cambia de nuestra familia al grupo de personas afines, pertenecer de verdad a ese grupo es de sustancial importancia.

Si en ese grupo no se nos quiere por vivir nuestra verdad, volveremos a convertir al Yo Superior en el enemigo y lo volveremos a rehuir. Porque aunque hayamos dejado atrás en cierta medida la necesidad de que nuestra familia apruebe cómo somos y lo que hacemos, no nos hemos deshecho de las creencias limitantes que ella y nuestras experiencias de infancia nos dejaron grabadas. Y lo que ocurre por tanto es que, ahora, en vez de necesitar la aprobación de nuestro padre y nuestra madre, necesitamos la aprobación de nuestro grupo de iguales.

Inevitablemente, el problema de basar nuestra forma de ser en las expectativas y opiniones de personas que están en el mismo proceso de autodescubrimiento es que *todo el mundo* está confundido. Ese espejo empañado no refleja nuestra verdad, nuestras cualidades ni nuestro Yo Superior. Por el contrario, refleja toda la ansiedad, la confusión y las creencias limitantes de esas personas que están madurando y descubriendo ellas también quiénes son.

Pero no lo sabemos (al menos no en ese momento), así que pensamos que, para valer de verdad algo, tenemos que encajar. En medio de toda esta confusión, invariablemente hay alguien dentro del grupo que destaca por la confianza y seguridad que proyecta, y ese es ahora nuestro modelo. Nos agrupamos en torno a esa persona, vestimos como ella, hablamos como ella y hacemos que nos gusten las cosas que a ella le gustan para poder brillar con la misma intensidad. Una vez más, las vehementes llamadas del Yo Superior se convierten en susurros, mientras que el alboroto de voces que nos presionan para que nos esforcemos por encajar y tener la aprobación del grupo es cada vez más ensordecedor.

Desde que inicié la relación con aquel joven, no volví a prestar realmente atención a mi Yo Superior hasta al cabo de un año, e incluso entonces, lo hice solo porque entraron en escena mis amigos y quería su aprobación en lugar de la de él.

Párate ahora y piensa: al recordar tus años de adolescencia, ¿qué imágenes te vienen a la mente?

¿Qué era lo que más hacías?

¿A qué dedicabas el tiempo?

Muy importante: ¿qué sensación tenías de ti?

Cuando entraste en el instituto, ¿las creencias limitantes que tenías sobre ti subieron el tono de voz?

¿Recuerdas qué hacías para proteger esas vulnerabilidades?

¿Qué concesiones hiciste, para llenar el vacío que esas creencias limitantes te provocaban?

Las estrategias de supervivencia que creaste siendo adolescente siguen vivas en ti, y en los momentos de estrés o cuando algo te hace daño, se activan para protegerte. Es lo que les enseñaste a hacer. Después, el mundo te ha enseñado a llamar a esos aspectos *ansiedad*, *miedo* o síndrome de la impostura, en lugar de *mi yo de quince años*, *mi yo de dieciocho años*... Las creencias limitantes de las que hablábamos en el capítulo anterior nunca dejan de crecer; como las seguimos regando, echan nuevas raíces y de nuevas maneras y, cuando llegamos a la edad adulta, son ellas las que toman las decisiones con mucha más frecuencia de lo que podamos imaginar.

Tengo una cliente que es directora ejecutiva de una prestigiosa marca de ropa. En el trabajo que hacemos juntas, está aprendiendo a establecer con naturalidad límites personales en el trato con los demás, y a no dejar que el caos ajeno se convierta en el suyo. Hacemos prácticas de cómo no ser complaciente para que la otra persona se sienta más cómoda, algo que les resulta difícil a muchas de las ejecutivas a las que asesoro que se identifican como mujeres.

¿Por qué necesitamos hacer tantas prácticas? Porque la realidad es que cuando esa mujer permite que alguien se extralimite en la relación con ella, no es una ejecutiva de treinta y tantos años la que está al mando, sino una niña de catorce desesperada por gustar. Esa niña es la que decide qué decir y qué hacer basándose en una vieja creencia limitante que incorporó a esa edad. *Tenemos que asegurarnos de caerle bien a todo el mundo* –dice esa yo adolescente–.

Esto es lo que más importa, más incluso que lo que ella necesite. No se puede funcionar así cuando se está al frente de un equipo. Pero si no te paras a mirar quién está tomando en tu interior las decisiones y les concedes cierta atención, esas viejas creencias seguirán al volante y os empujarán a ti y a tu Yo Superior al asiento del copiloto.

Cuando estoy escuchando a mis clientes y noto que el yo adolescente toma el mando, detengo la sesión de *coaching* y hacemos un ejercicio de visualización. Con esta cliente en concreto, cuando le pido que imagine a su joven yo, cierra los ojos y siempre ve la misma imagen: ella a los catorce años, sentada sola en la cafetería del instituto, sintiendo que nadie la entiende.

Siempre hay una historia detrás de una imagen de este tipo. Mi cliente es hija de un padre que en el aspecto económico era un irresponsable –por lo cual la familia nunca tuvo una sensación de seguridad– y de una madre propensa a sufrir episodios de ansiedad y desesperación a consecuencia de ese comportamiento. Esto hizo que mi cliente asumiera desde muy niña la responsabilidad de ser la que alegrara el ambiente. Se obligaba a estar siempre feliz y contenta, aunque en realidad no fuera así como se sentía. A los seis o siete años, tenía la impresión de que su padre y su madre se sentirían mejor si ella estaba cerca y les elevaba el ánimo. Su padre entonces no tomaría cierta decisión inmadura, su madre sonreiría y su hermano se distraería momentáneamente del caos. Una de las creencias fundamentales de mi cliente era que si conseguía que la gente estuviera contenta, ella estaría a salvo. Descubrir lo que ella quería no le parecía importante.

Como basaba su valía en lo que aportaba a quienes estuvieran a su alrededor, era incapaz de ver lo que valía por sí misma. Sentía que existía solo para hacer felices a otras personas, y esto la desconectaba de sus amigas y de la gente de su edad que sabían lo que querían o quiénes querían ser. Dado que el concepto que tenía de sí misma se basaba en opiniones ajenas, naturalmente nadie la entendía. ¿Cómo podían entenderla si no se entendía ni ella?

Cada vez que se manifiesta una discordancia entre la persona que mi cliente es hoy día –una ejecutiva de alto nivel– y las decisiones que toma, ambas sabemos que es hora de hacer un viaje al pasado. Siempre volvemos a esa cafetería donde está sentada sola y se siente invisible. Esa herida sigue viva en ella.

Aunque todavía hay momentos en los que ese aspecto herido quiere tomar las riendas, esta mujer ha aprendido que, en lugar de seguir las indicaciones que le da esa joven versión de sí misma aterrorizada, puede calmarla expresando su verdad actual. Últimamente me cuenta que este simple cambio de perspectiva le ha permitido sentirse mucho más fuerte y, a la vez, tratar con más compasión a las personas que trabajan en su equipo, lo que hace que la conexión con ellas sea más profunda y que se sientan más motivadas en el trabajo.

La muñeca rusa: las creencias limitantes y su encuentro con la vergüenza

La dificultad de la adolescencia radica en que empezamos a encarnar las creencias limitantes que nos han inculcado en nuestra casa o en la comunidad en la que hemos crecido. Somos como una muñeca rusa de miedos estratificados. En el centro está el yo infantil con la herida original; la siguiente capa es el yo adolescente, que escenifica el siguiente capítulo de la creencia limitante. Nuestra herida central no cambia esencialmente, pero va adquiriendo nuevas dimensiones a medida que cada nueva versión del yo se viste con ella y sale al mundo. Así, cuando llegamos a la adolescencia, la herida central de nuestra infancia se ha amplificado al encontrarse con una emoción antes desconocida: la **vergüenza**.

El yo adolescente tiene fama de ser insoportablemente crítico. Pero, a mi entender, ese espíritu crítico refleja menos lo que le molesta de la gente que lo que le molesta de sí mismo. Generalmente, estas personas tan críticas se tratan también a sí mismas con mucha dureza; solo que, en lugar de mostrarse avergonzadas por lo que sienten que les falta en su vida, encuentran más fácil proyectar el juicio en el resto de la gente. (En muchos casos, esta tendencia continúa hasta bien entrada la edad adulta).

Es tan fácil proyectar nuestras carencias en otra persona que, precisamente por eso, la adolescencia es una de las etapas más enjuiciadoras y en las que más presente está la vergüenza. Si nuestro pequeño yo fabricaba creencias limitantes para poder sobrellevar el dolor, lo mismo hacen estos aspectos adolescentes. También ellos toman decisiones sobre cómo tienen que ser o a qué deben renunciar para conseguir amor y aceptación.

Una de mis clientes me habla a menudo de su codependencia de ciertas personas, y trabajamos juntas para abrir paso a su Yo Superior y acabar de una vez por todas con esa adicción a recibir la atención y la aprobación de la gente. Pero con frecuencia nos interrumpe durante las sesiones otra voz que quiere tirar de ella. El Yo Superior fluye haciéndole llegar inspiradores mensajes que le infunden una renovada vitalidad, y de repente, ¡bum! El Yo Superior desaparece; ya no lo oye. Empiezan a venirle a la cabeza ideas como: *Sí, pero si pones fin a esta relación, no creas que vas a encontrar otra mejor.*

«¿Quién te dice eso?», le pregunto.

Cuando nos detenemos un momento y cerramos los ojos, la vemos. Tiene dieciséis años, es artista y rebelde, y su padre, su madre, sus profesores y su entrenadora no pueden con ella. Quieren que se comporte de otro modo, que sea menos espontánea, más controlada. Quieren que sea más fácil de «manejar». El mensaje colectivo que recibe es: *No eres suficiente, ni lo serás, hasta que empieces a ser un poco menos quien eres*. Pero sus amigas lo pasan muy bien con ella tal como es. Los chicos que quieren salir con ella le hacen sentir que es suficiente. Cuando está con unas y con otros, es más que suficiente. Cuando está sola, asoman la vergüenza y las voces críticas que le dicen que, si quiere ser digna de algo que valga la pena, *tiene* que ser más disciplinada.

Para que cualquier cliente pueda reconectarse con su Yo Superior, es fundamental identificar a ese yo adolescente. En el trabajo con esta cliente en concreto, una vez que vemos que las creencias con las que opera hoy provienen de esa chica de dieciséis años, que confundía la atención que recibía de sus amigas y de los chicos con la aceptación que con todo su corazón deseaba recibir de su madre y de su padre, podemos separar su yo actual de esas creencias. Estamos en condiciones de darle a esa joven de dieciséis años la atención que anhela y, al hacerlo, no solo sanamos este aspecto, sino que conseguimos que la adolescente interior calme sus persistentes advertencias, con lo que disminuye el alboroto que armaba hasta ahora en la vida de mi cliente. Esto es algo que a ella y a cualquier otro cliente le digo: «*Tú* eres a quien tu yo adolescente ha estado esperando. Solo quiere que seas testigo de su presencia».

Cuidar esa parte joven de quienes somos *es* lo que libera espacio para que una voz más sabia nos llegue. Al identificar nuestra voz adolescente, nos damos cuenta de que esas creencias limitantes que elaboró una versión antigua de quienes somos –inmadura y llena de vergüenza– siguen influyendo actualmente en nuestras decisiones. Ser consciente de esto te permitirá despejar el espacio interior, para que tu Yo Superior pueda hacerte llegar sus indicaciones y una estrategia más centrada y madura que la de tu yo adolescente, creada hace mucho tiempo desde el dolor y las dudas. Veremos con detalle cómo hacerlo en un capítulo posterior, pero te será útil comenzar a pensar en tu yo adolescente ahora, mientras empezamos a desentrañar las creencias a las que dio forma.

Es comprensible que tu yo adolescente creara las estrategias de supervivencia que creó. En la adolescencia, tu grupo de amigos constituye una vía de escape que te permite olvidarte por un rato de la vergüenza que la gente mayor te hace sentir; pero los miembros de tu grupo tienen también toda una serie de ideas dolorosas sobre sí mismos que proyectan en ti. Es una trampa cruel en la que invariablemente caemos: buscamos la compañía de gente afín que nos reconforte de las críticas que nos llegan de las personas adultas y, ahora, tenemos que soportar que nos juzguen precisamente aquellos que creíamos que nos salvarían.

Ahora es cuando la necesidad de aprobación empieza a convertirse en una *adicción*. Yo la llamo **adicción a la aprobación**, porque llega un momento en el que haríamos prácticamente cualquier cosa con tal de satisfacer esta necesidad. Hasta cierto punto, nuestro padre y nuestra madre tienen razones para preocuparse, ya que cada decisión nuestra está motivada por esta adicción y la vergüenza que hay detrás de ella. Esto es lo que hace posible la «presión de grupo»:* hacemos lo que sea por conseguir la siguiente dosis de aprobación.

Una breve desviación al mundo de los «me gusta» y los «compartir»

El efecto que ejercen las redes sociales en los adolescentes (y no adolescentes) no es ningún secreto. Se ha hablado mucho sobre

* N. de la T.: La influencia directa o indirecta sobre iguales, es decir, miembros de un grupo con similares intereses, experiencias o estatus social, que fácilmente pueden sentirse motivados a modificar sus actitudes, valores o comportamientos para adaptarse a los del grupo o individuo influyente.

cómo han influido en nuestra capacidad para crear vínculos íntimos y sobre sus repercusiones en la autoestima. Al ver a mi hija y a mi hijo entrar en la adolescencia, entiendo por qué la *adicción a la aprobación* se ha disparado a causa de TikTok, Snapchat e Instagram. Los adolescentes son el público ideal para hacer que estas plataformas sean un éxito, dado que, con independencia de ellas, cualquier adolescente busca en su vida tantos «me gusta» como sea posible porque es su forma de medir cuánto vale.

Mark Zuckerberg acababa de dejar atrás la adolescencia cuando ideó Facebook, y su anhelo aún adolescente por recibir de la gente un «me gusta» impulsó una visión que ha dado forma a la manera en que entendemos hoy la popularidad. La razón por la que el número de seguidores y de «me gusta» se ha convertido en medida de la valía y la popularidad de una persona es que nuestro cerebro está programado para buscar muestras de aprobación. Y la adolescencia es el momento de la «tormenta perfecta»: ahora, a esa programación se suma la inclinación natural de nuestro yo adolescente a moldear su identidad de acuerdo con las opiniones de los demás, y estas plataformas se aprovechan de ello para hacerse ricas.

Nunca antes había existido de un modo tan manifiesto esta ansia de aprobación o validación, y se lo debemos a las redes sociales. Pero ¿resolverá el problema demonizar a las plataformas? Mi respuesta es un rotundo *no*. Creo que esas plataformas nos permiten ver plenamente el alcance e impacto que tiene la «validación» en nuestra cultura. Gracias a que somos conscientes de esto, piensa en las conversaciones tan interesantes que podemos tener con los adolescentes sobre el valor de un «me gusta» frente al valor de su propia verdad y sus auténticas necesidades y bienestar.

Son conversaciones que los padres y madres de adolescentes de las generaciones anteriores no habrían podido tener. Ni siquiera con la generación Y (milenial). No creo que fuéramos plenamente conscientes de la adicción a la aprobación antes de que existieran las redes sociales. Las redes sociales son como una linterna deslumbrante que nos ha permitido observar con más claridad nuestros comportamientos y, con un poco de suerte, eso nos ayudará a orientar a la siguiente generación.

Yo confío en que tener mayor conciencia de esta realidad hará posible que las conversaciones entre padres, madres y adolescentes entren en un nuevo nivel, y podamos hacerles darse cuenta de que se nos enseña a medir nuestra valía en lugar de enseñársenos a discriminar en qué la basamos. No tienen por qué ser conversaciones incómodas; puedes empezar con alguna pregunta muy simple, como:

¿Crees que esa persona de Instagram muestra todo lo que es su vida?

¿Cómo te sientes cuando algo que has creado gusta y se comparte? ¿Y cuando no gusta ni se comparte?

¿Te conocen realmente las personas de esta plataforma? ¿Qué es lo que no saben de ti?

Si la universidad o la empresa soñadas vieran dentro de cinco años lo que publicas ahora en Internet, ¿te enorgullecerías de cómo te representa?

Esto que voy a decir a continuación lo escribo siendo plenamente consciente de la época de división en la que vivimos y de que las redes sociales han contribuido a que las cosas sean así. Pero lo cierto es que las redes sociales han dado lugar a una era de autoexpresión como nunca había existido en la historia. ¿Cuántas plataformas diferentes hay actualmente en las que expresarte?... Con fotos, vídeos, palabras, como a ti te parezca. Aunque es una actividad adictiva, y se convierte en herramienta de validación, y hace que mucha gente viva encerrada en su pequeña burbuja o «cámara de eco», en la que se comunica *exclusivamente* con personas de ideas afines, las redes sociales son también una fabulosa oportunidad para que todo el mundo, especialmente los adolescentes, se exprese.

Tenemos que aceptar lo bueno y lo malo de esta realidad. Entre mis clientes, hay en la actualidad miembros muy influyentes de la comunidad *queer* y trans –Alok, Jonathan van Ness, Dylan Mulvaney– que tienen millones de seguidores y que a diario oyen decir a muchas de esas personas que tener acceso a alguien que vive su verdad de forma tan pública les ha salvado la vida.

La autoexpresión es el mejor camino hacia nuestra verdad interior, y estas plataformas lo hacen posible. Sí, también son terreno fértil para las proyecciones, los juicios y los relatos falsos, pero que las utilicemos para el bien o para el mal depende de dónde nos encontremos personalmente en nuestro proceso de sanación.

La batalla

Ya fuera a través de las redes sociales o de cualquier otro modo como buscabas en tu adolescencia la aprobación de tus iguales, hay un hecho sobre tus años adolescentes que no cambia: empieza a librarse una batalla entre tu verdad interior y la necesidad de aceptación externa.

Puede que esto te hiciera rechazar cualquier clase de sistema que te condicionara a amoldarte. Aquí es donde asoma el Yo Superior: en el rechazo de las perspectivas y sistemas de creencias ajenos. Como en el caso de mi cliente a la que le decían que su rebeldía contra el sistema la hacía una chica difícil, es probable que en tu vida hubiera personas adultas que percibían este rechazo de sus normas impulsado por el Yo Superior como una **rebelión**.

La rebelión no se presenta de la misma forma en todas las personas. Puede manifestarse de un modo discreto (eligiendo hacer lo contrario de lo que hacen nuestra madre y nuestro padre) o enérgico y temerario (huyendo, probando sustancias peligrosas, luchando contra cualquier forma de autoridad o, en mi caso, dedicando mi atención a un manipulador narcisista que no tenía ninguna afinidad conmigo). Tanto si te rebelaste en silencio como si luchaste con uñas y dientes como yo, el propósito de ese acto de rebelión era encarnar tu dignidad, una de las principales características del Yo Superior. Luchar por la dignidad de expresarte y comprenderte es, de principio a fin, una acción del Yo Superior.

Pasaste por este proceso y, sobre todo, luchaste por hacer lo que querías a pesar de los juicios de las personas adultas. Pero ¿cómo habría sido todo si te hubieran enseñado que había sabiduría dentro de ti? ¿Habrías explorado otras cosas en la vida? ¿Habrías tenido un poco más de cuidado cuando tomaste algunas decisiones «idiotas»?

> *¿Habrías bebido tanto en aquella fiesta del instituto en la que apenas conocías a nadie?*
>
> *¿Habrías probado la marihuana por primera vez con gente que no te daba gran confianza?*
>
> *¿Habrías dicho que sí a tener relaciones sexuales por primera vez cuando lo que realmente querías decir era no?*

Si hubieras aprendido a confiar en tu sabiduría interior, tal vez te habrías emborrachado o te habrías fumado aquel porro, pero quizá lo habrías hecho en un ambiente protegido, en tu casa o con un grupo de gente de confianza. Tal vez habrías dicho *no* cuando querías decir *no*. Y si tu padre y tu madre te hubieran animado:

Adelante, descubre quién eres, confía en la sabiduría que hay en tu interior, ¿habrías tenido que rebelarte con tanta fiereza?

Ojalá, en lugar de juzgarnos, nos hubieran enseñado que aquel deseo nuestro de traspasar los límites era parte natural del proceso de crecimiento. Ojalá nos hubieran recordado que teníamos una profunda sabiduría que nos guiaba. ¿Cómo habría sido todo si nos hubieran animado a que nos preguntáramos...?:

¿Qué es lo que quiero hacer yo realmente?

¿Qué ideas tengo sobre esto?

¿En qué difieren mis ideas de las de los miembros de mi grupo?

¿Habríamos tenido tal adicción a la aprobación si hubiéramos sabido entonces que nuestra propia vara de medir interna contenía toda la aprobación que buscábamos?

Aprendí a ver las cosas de esta manera gracias a mi hija adolescente. Reina ha tenido una personalidad fuerte desde que era muy pequeña. Me quedó claro cuando a los dos años me miró y me dijo: «¡No, mamá! ¡Reina no le gusta eso!».

Siempre ha sabido lo que quería, y afronta la mayoría de las cosas con una actitud firme y segura. No es fácil influir en ella ni convencerla de que se modere para no incomodar a nadie. Sencillamente, no puede, lo cual admiro de verdad.

Aunque me gusta considerarme una madre abierta, comprensiva y consciente, que practica lo que predica, mentiría si dijera que nunca le he pedido que haga las cosas de manera distinta. La mayoría de las veces ha sido con relación a la postura tajante que adopta con la gente de su edad. Tiene claro qué comportamientos de otras personas están en sintonía con ella y cuáles no, y lo deja claro.

Dice no a los planes que no le entusiasman.

Se distancia de la gente de su edad que no la hace sentirse plenamente aceptada.

Si siente que alguien le ha faltado al respeto, se lo hace saber muy rápidamente, sea quien sea.

Bastante impresionante para una chica de quince años, ¿verdad?

Bien, pues detesto tener que admitir que esto solía incomodarme *muchísimo*. Pero ese malestar, me di cuenta, no venía de la versión de mí que la apoya como madre, sino de mi propia adolescente interior de quince años que habría hecho cualquier cosa para caer bien.

«¿Cómo puede ser tan descarada?», es lo que oigo decir a mi yo adolescente.

Incapaz de reprimirse por más tiempo, esa yo interior de quince años al final elevaba su voz estridente y le preguntaba a Reina por qué no cedía, por qué no era un poco más tolerante, por qué no le daba a esa persona una tercera y una cuarta oportunidad. La madre que hay en mí ve las cosas de otra manera, pero lo cierto es que a veces la gente joven que hay a nuestro alrededor nos transporta a la versión de quienes éramos a esa misma edad.

La firmeza de Reina y su fidelidad a sí misma me sacaron de ese sentimiento limitado, tan ansioso de aprobación externa. Mi hija me recordó, por el simple hecho de existir tan plenamente como ella es, que las necesidades de otras personas nunca son más importantes que las nuestras. Reina me muestra cada día cómo habría podido estar sintonizada con mi poderoso Yo Superior cuando tenía quince años, y cada día me maravilla verlo.

¿Lo pasa mal de vez en cuando? Claro. Es igual de humana que el resto. A veces también ella necesita aprobación; pero veo que, en lugar de lanzarse de cabeza en su busca, le basta con meter el dedo gordo del pie para intuir rápidamente si algo o alguien está en armonía con ella o no. Quizá se deba a que la está criando alguien que quiere eso para ella y que –para gran aburrimiento y consternación suya– le habla de ello sin cesar. Pero no es del todo mérito mío, ni mucho menos. Hay algo en Reina que es igual de inquebrantablemente... Reina. Siempre ha sido mi maestra en este aspecto.

No todas las personas tenemos esa capacidad de Reina para defender con radical firmeza nuestro yo interior. A los quince años, la mayoría necesitábamos la aprobación de nuestro grupo de amigos y de la gente de nuestra edad. Pero hay una cosa importante, y es que, mientras la buscábamos, estábamos haciendo algo muy valioso: individuarnos de nuestra familia.

La individuación es necesaria para la supervivencia, forma parte del proceso natural de crecimiento. Nuestra madre y nuestro padre no necesariamente lo ven así, y esto hace que en casa nuestras interacciones sean tensas durante la adolescencia. Pero también atrae a nuestra vida a otras personas adultas, nuevas animadoras, que perciben nuestra verdad y nos impulsan a vivirla: cierta profesora, nuestro entrenador, el padre o la madre de una amiga, otros miembros de la familia... En la adolescencia, empezamos a forjar nuevos vínculos con gente adulta; nos sentimos a gusto en compañía de personas mayores que ven quiénes somos y nos apoyan. A ellas, por su parte, el deseo sincero de orientarnos las hace volverse hacia su propia brújula interior. A través de esta comunicación, hacemos que se abran también ellas a su Yo Superior, que las guiará hacia su verdad, y de algún modo les enseñamos a confiar en esa voz por encima de todo.

Lo cierto es que el yo adolescente se encuentra en una situación desesperada: necesita individuarse y desarrollar sus propias ideas para poder madurar, pero si rechaza los ideales que su familia y la sociedad le imponen se lo considera un traidor. Es una paradoja: no nos tomamos sus actos de rebelión lo bastante en serio y, a la vez, nos los tomamos demasiado en serio.

Reformular la idea que tenemos de quiénes fuimos en la adolescencia puede ser importante. ¿Y si tu yo adolescente no fue un rebelde irracional y peligroso? ¿Y si tu yo adolescente representa el momento en que por primera vez miraste de frente las limitaciones, los juicios y la autocrítica implacable que te habían transmitido las personas adultas y te plantaste con firmeza y dijiste «¡basta!»? Visto así, se diría que tu yo adolescente tuvo una actuación auténticamente heroica en la batalla por defender tu alma.

Esa rebelión debería entenderse como la señal de que estamos empezando a hacer el viaje que es de verdad nuestro, como señal de que estamos reencontrándonos con nuestra sabiduría interior. En lugar de seguir adelante como zombis, estamos siguiendo el camino que define la brújula interior con la que acabamos de sintonizar de nuevo. ¿Por qué tendríamos que seguir el camino que otra gente nos marca? Y, sin embargo, el mundo se ofende mucho cuando no lo hacemos. Cualquier intento nuestro de autorrealización se nos hace entender claramente que es una gran molestia para todo el mundo, así que acabamos por aceptar que es más práctico ganarnos los elogios de los adultos portándonos «bien» –según su concepto– que prestar oído a ningún mensaje que nos llegue de nuestra voz interior.

Con sus críticas, las personas adultas nos dicen que en nuestro interior no hay ninguna clase de sabiduría. Nos dicen que la sabiduría se gana con la edad y la experiencia, y esto nos hace desechar nuestra sabiduría innata y a nuestro Yo Superior. Peor aún, a esta edad empezamos a vivir bajo el influjo de fuerzas organizadas de mucha mayor magnitud –el sistema educativo, los medios de comunicación y el capitalismo– que ven en nuestro Yo Superior a un opositor.

Pero antes de entrar en esto, párate un instante y saborea la rebelión valiente que caracterizó a tus años de adolescencia. Siente cómo el alma late con fuerza al revivir aquel deseo de descubrir quién eras. Ese ha sido probablemente el momento en que más cerca has estado de tu Yo Superior hasta hoy.

EXPLORACIÓN: ***Homenaje al heroico yo adolescente***

Si te identificas con un yo adolescente agobiado por calificativos y críticas injustos, quiero que dediques unos instantes a imaginar a esa versión de ti liberándose de todas las ataduras. Mira a tu yo adolescente tal como de verdad era: alguien que luchaba con todo su ser por ayudarte a descubrir tus valores y tus sueños. Voy a acompañarte ahora mientras lo haces.

¿Cuál era tu canción favorita, o tu álbum favorito, cuando tenías dieciséis años?

Ve a buscarlo y ponlo.

Mientras lo escuchas, siéntate y escríbele una carta a tu yo de dieciséis años siguiendo estas indicaciones:

> Hola [NOMBRE],
>
> Te escribo para darte las gracias. Para agradecerte que...
>
> ¡Qué bien se te daba...!
>
> A veces papá/mamá/la familia no te entendía cuando...
>
> Pero era porque intentaba protegerte, o protegerse.
>
> Hiciste muy bien en insistir de aquella manera, porque nos hizo (más fuertes, más felices...).
>
> Por eso, quiero darte las gracias por tu perseverancia. Gracias a que te enfrentaste a aquellas presiones y te liberaste de ellas, ahora puedo...
>
> Sé que todavía es importante para ti que se te acepte, porque hace que te sientas...

Pero quiero que sepas que estamos explorando un camino nuevo, estamos tratando de encontrar nuestra sabiduría interior y de aceptarnos como somos, y eso te incluye a ti.

Así que permíteme que termine esta carta diciéndote todas las razones por las que eres genial, para que sepas que te tengo en cuenta y que admiro cada parte de ti.

Para terminar la carta, enumera aquí algunas cosas que hacían que tu yo de dieciséis años fuera tan excepcional. Intenta pensar en ello desde la perspectiva de aquel yo y del yo de ahora. ¿Qué creías entonces que te hacía excepcional? ¿Qué dirías ahora que hacía excepcional a tu yo de dieciséis años?

SEGUNDA PARTE

La crisis de la desconexión

Capítulo 5

El mundo que te rodea

Las creencias limitantes han hecho muchísimo daño desde el principio de los tiempos. Están sólidamente arraigadas en nuestra cultura, y cuando dejamos atrás la adolescencia y entramos en la edad adulta, nos encontramos en un mundo plagado de ellas. Muchos de los sistemas que te rodean –los medios de comunicación, el capitalismo, la religión organizada, la educación superior...– invitan a tus creencias limitantes a hablar con voz más fuerte que tu sabiduría intuitiva.

Así ha sido desde los orígenes de la humanidad. He aquí una muestra de algunas de las creencias que se tenían en distintos momentos de la historia:

> La sangre de los gladiadores cura la epilepsia.
>
> Aplicar sanguijuelas en el cuerpo es la mejor cura para la fiebre amarilla y la laringitis.
>
> Una afección mental llamada drapetomanía es la que hace a los esclavos negros querer huir del cautiverio.

¿Son ciertas estas cosas? Por supuesto que no. Desde nuestra perspectiva actual, podemos afirmar con certeza que no solo son ridículas, sino que algunas son reflejo de una mente profundamente trastornada. Pero si vivieras en el año 200 a. C., o en 1710, o en 1841 y calificaras de ridículas estas afirmaciones, se te desterraría o se te marginaría socialmente. ¿Qué ha cambiado entre entonces y ahora? En su tiempo, la generalidad de la población creía en estas ideas, y esa aceptación generalizada es lo que convirtió las opiniones en hechos.

Cuando las examinamos ahora, vemos claramente que creer en ellas llevaba a las personas a hacer y decir cosas que eran peligrosas para sí mismas y deshumanizantes para otros seres humanos. Pero si hubieras vivido en aquella época, habrías hecho lo mismo, porque, en fin, no se puede rebatir una verdad, ¿no? E incluso aunque pensaras que esas ideas eran una locura, ¿merecía la pena decirlo, sabiendo el precio que la sociedad te haría pagar por ello?

Lo que a mí me deja más anonadada de todo este constructo es que tenemos pruebas de que, a lo largo de miles de años, haber tomado alegremente ciertas creencias por verdades ha tenido consecuencias... ni más ni menos que desastrosas. Por eso estoy obsesionada con la historia. Si entras en mi casa un sábado por la mañana, me encontrarás haciendo alguna tarea doméstica con el History Channel puesto en la televisión. Si salgo a andar o a hacer senderismo, voy escuchando un pódcast de historia. Si entras en mi despacho, verás que hay más libros de historia que de ningún otro tema, incluso que de espiritualidad y de psicología.

La historia es la prueba más tangible de que nuestras creencias nos pueden aprisionar o liberar. La historia nos muestra la insensatez de muchas de nuestras propias convicciones. Revela cómo los seres humanos adoptamos irreflexivamente creencias que definen nuestros comportamientos. Todo esto es material muy jugoso para una *coach* intuitiva, pero estudiar historia me muestra por encima de todo que, durante siglos, las estructuras de poder han utilizado una idea para mantenerse en el poder: que cuando controlas la «verdad», controlas a las masas.

Esta total y absoluta fascinación por la historia se la debo a la profesora de Estudios Internacionales que tuve el último año de instituto, la señora Penn. Era una mujer de voz atronadora y fuerte presencia. Nos contaba la historia como si fuera un cuento que, cada vez que empezaba su clase, iba desarrollándose episodio a episodio. Mientras recorría adelante y atrás el pasillo entre los pupitres, acompañada por el entrechocar de sus anchos brazaletes de madera, nos hablaba con meticulosidad de todas las religiones del mundo y de sus similitudes y diferencias, que creaban por un lado unidad, y por otro una profunda separación en la humanidad.

Cada vez que hablaba de alguna creencia de la Antigüedad y comentábamos lo absurda que era, nos miraba muy seria y decía: «Encantos, solo hay una cosa que debéis tener presente: si lo creéis, entonces es verdad». Con esto se refería a que, a lo largo de la historia, todas las cruzadas y las guerras las libraron personas que creían verdaderamente en la causa, por mucho que la historia demostrase que estaban equivocadas. La creencia por sí sola convertía aquella causa en su realidad.

Dado que no hay consenso universal sobre lo que es verdad con respecto a nada, quienes tienen ansias de poder popularizan sus respectivas versiones de la verdad y nos dividen. La gente pierde la vida, las familias dejan de hablarse, ocurren cosas terribles. Así que ¿dónde trazar la línea? ¿Cómo evitar que tu vida esté dirigida por sistemas que, para controlarnos y dividirnos, definen por ti lo que es «verdad»? ¿Cómo puedes, por el contrario, cocrear lo que es verdad acogiendo y honrando tu sabiduría interior? Discernir los matices que diferencian tu verdad de la de otras personas no es tarea fácil, pero tienes en ti lo que necesitas para hacerlo. Venimos a este mundo con la inteligencia necesaria para poder caminar por esta delgada cuerda floja. Mmm... tenemos un Yo Superior.

Tu Yo Superior te susurra continuamente; creo que esto ya ha quedado claro. Tus creencias limitantes de la infancia, aspectos de ti que están atrapados en el dolor o el trauma y que aún intentan protegerte, también te hablan, y la mayoría de las veces en tono mucho más alto que tu Yo Superior. Ahora te voy a contar el *auténtico* motivo por el que tienen permiso para hablarte con esa voz atronadora. A continuación vamos a ver que la sociedad tiene gran interés en que nuestras creencias limitantes sean la voz más fuerte que suene en nuestro interior.

Los medios de comunicación, el capitalismo, el sistema educativo y la cultura se sirven de su inmensa influencia para asegurarse de que escuchamos la voz de nuestras creencias limitantes porque esto es, a su vez, lo que les da poder. Estas estructuras quieren que cedas a tus creencias limitantes para crear en ti aún más miedo; el miedo nos conduce a la desesperación, y la desesperación busca orientación, aprobación y una respuesta. ¿Puede haber un ambiente más propicio para adoctrinar y controlar a la población –a fin de tener más poder sobre ella– que el que generan el miedo y la desesperación?

Estructura 1. Los medios de comunicación

¿Todavía no me crees? Vamos a analizarlo. Piensa en los medios de comunicación. ¿Cuándo fue la última vez que viste las noticias? Cuandoquiera que fuese, ¿cómo te sentiste? ¿Te invadió una súbita esperanza y te levantaste del sofá con la sensación de que todo es posible? ¿Te enorgulleciste de la humanidad? ¿Sentiste que todos los seres humanos somos uno y que trabajar unidos es la mejor manera de prosperar?

¿Cómo dices?... Ya, eso me imaginaba.

Probablemente sentiste pavor, separación, ansiedad y, por supuesto, miedo. Las noticias no son neutras; en realidad, son exclusivamente *malas* noticias. Te bombardean con malas noticias el día entero. Una mala noticia detrás de otra. ¿Pasa algo bueno en el mundo alguna vez? ¿Es porque son tan pocas las cosas buenas que pasan por lo que rara vez oímos alguna buena noticia?

¡No! Cada día pasan cosas buenas a nuestro alrededor, pero una dosis de esperanza no te engancha como lo hace una dosis de miedo. ¿Sabes por qué? Porque nuestro cerebro está preprogramado. Así es: aquí están de vuelta las creencias limitantes. Las llevamos instaladas dentro desde la primera vez que sentimos que se nos rechazaba por expresar nuestra verdad. Desde la primera vez que se nos dijo que dejáramos de movernos tanto, que nos calláramos, que hiciéramos menos, que hiciéramos más, que fuéramos mejores. Nuestras creencias limitantes generaron un clima de miedo, por lo que, cada vez que tenemos que prestar atención a lo que nos llega de fuera, es el miedo el que dirige la atención.

Los medios de comunicación saben esto mejor que nadie, y esto da lugar a un ciclo que se retroalimenta: nuestro miedo brota de las creencias limitantes internas; los medios de comunicación les dicen a esas creencias aterrorizadas que tienen razón, por lo cual se fortalecen, se hacen enormes, y escuchamos las noticias con más atención, porque los medios de comunicación nos dicen que nuestros miedos son fundados. Cada titular, alerta de noticias y reportaje incita al miedo a hablar en voz más alta que nuestra sabiduría interior. Al final, los medios de comunicación deciden qué es real y qué no lo es.

Me preocupa la autoridad que les otorgamos. A través de ellos nos llegan las voces de toda una serie de individuos que se autoproclaman «expertos», individuos que carecen de la formación, la experiencia o los conocimientos necesarios para ofrecer una orientación válida, y que constantemente expresan opiniones que nos tomamos como si fueran hechos. Con respecto a muchas cosas, creo que nos hemos vuelto excesivamente dependientes de los «expertos», en lugar de exigirnos ser tú y yo quienes tengamos la última palabra tras haber consultado con nuestra intuición.

Por supuesto, hay personas que realmente saben lo que dicen; profesionales de la salud, gente íntegra que se dedica a la investigación o al estudio de la historia y cuyas aportaciones nos instruyen y nos enseñan a discernir. Pero, aun con todo, este nuevo mundo de los medios de comunicación nos ha desconectado de nuestra propia sabiduría interior. Prácticamente en todos los casos, se fundamenta en la idea de que la autoridad en cualquier materia está fuera de ti, de que otra persona sabe mejor que tú lo que necesitas. Cuando nos encontramos frente a esta dicotomía, solemos decidirnos por creer en las opiniones ajenas, porque se nos ha enseñado que, para poder confiar en lo que viene de nuestro interior, es necesario que antes una fuente externa corrobore su validez.

Piensa en la infinidad de sitios web que prometen ayudarte a tener más éxito. Artículos sensacionalistas encabezados por títulos como «Cinco consejos para ser millonaria antes de cumplir los 30», o noticias sobre empresarios que dicen que no duermen, que nunca dejan de trabajar, que se toman siete tazas de café al día. Los mensajes son siempre los mismos: *esfuérzate*, *lucha*, *no pares*, *sigue produciendo*. Es la cultura del ajetreo, que no te deja tiempo para procesar los grandes cambios ni para centrarte y atender tus necesidades. La cultura del ajetreo se basa en *hacer*. En comparación con ella, el proceso de acceder a nuestra sabiduría interior es demasiado silencioso, está demasiado enfocado en el simple hecho de ser. En los medios de comunicación, normalmente gana la voz que suena más fuerte.

Como cultura, el caso es el mismo. Medimos nuestra valía humana por las cosas visibles que hacemos y por la clase de cosas a las que dedicamos nuestro tiempo, no por lo que somos interiormente. Ves titulares como el anterior y, sin siquiera darte cuenta, comparas de inmediato lo que dice el artículo con cómo es tu vida y llegas a la conclusión de que está llena de carencias. Lo que hace ese artículo es recordarte aquello de que *eres insuficiente*. Si los medios de comunicación tuvieran el propósito de enseñarte a acallar el ruido, a sofocar el miedo y a sanar las creencias limitantes que te hacen creer que no eres suficiente, entonces, y solo entonces, te ayudarían realmente a descubrir y asumir tu poder y a confiar en ti. Tal como son ahora, te enseñan que la vía para la autorrealización es confiar en la autoridad de otras personas.

¿Te das cuenta de la contradicción? ¿Cómo es posible que llegues a ser más tú, una persona más realizada, alejándote de ti y acercándote a las ideas de alguien que supuestamente sabe? No funciona.

El único camino a la autorrealización es escuchar nuestra voz interior. Es recordar quiénes somos realmente. Recordar que somos lo mismo que nuestro Yo Superior, fuente de sabiduría infinita y posibilidad ilimitada. Ni los medios de comunicación tradicionales ni los nuevos quieren ni han querido nunca saber nada de esto. No porque sea una tontería creer que tenemos un Yo Superior, sino porque les conviene que no escuchemos nuestra intuición, que dependamos por completo de fuentes externas para saber cómo vivir y sentirnos personas dignas.

Pero lo que nos venden es una visión de la vida estrecha y negativa. Por eso es tan importante que te acuerdes de consultar a tu voz interior antes de dar por buena la palabra de cualquier comentarista de televisión o aparente gurú.

He aquí una cosa que puedes hacer hoy mismo para luchar contra este primer sistema que te pide conformidad: comprobar lo que ocurre dentro de ti cuando recibes sus mensajes. ¿Cómo te sientes realmente después de ver o escuchar algo en los medios de comunicación?

Hazte preguntas sobre las noticias que lees y los titulares que se te ponen delante insistentemente. Consulta a esa voz sabia que hay en tu interior; basta con que preguntes: *¿Esto concuerda con la verdad que yo percibo?* Recuerda que la disidencia es uno de los medios más eficaces que se han utilizado a lo largo del tiempo para cambiar las cosas que debían cambiar. Los más grandes iconos de la historia cambiaron la sociedad por medio de la disidencia. Justo antes de ser asesinado en Memphis, Martin Luther King dejó de enfocar todos sus esfuerzos en combatir la segregación en el sur y le recordó a la población blanca del norte que su silencio ante el racismo no era diferente de la violencia y la segregación que se vivían en el sur. Esto contradecía el mensaje que por norma transmitían los medios de comunicación de la época, que acusaba a la población blanca sureña de ser la única responsable de que hubiera racismo en Estados Unidos. La disidencia de King fue radical. Se ganó enemigos por decir esta verdad, pero era una verdad que la población de todo el país tenía que mirar de frente si quería que las cosas cambiaran.

Alice Walker, ganadora del Premio Pulitzer de Ficción por su novela *El color púrpura*, dijo una vez: «La única forma de cambiar el desenlace de la difícil situación global en que nos encontramos es cambiar la idea que tenemos de lo que es "la realidad"; cambiar las fantasías del pasado que siempre nos han obstaculizado y confundido. Estoy más que cansada, como lo está la mayor parte del planeta, de todas las consabidas explicaciones sobre por qué la vida humana es tan terriblemente dura y sobre la "sabiduría" oculta en las doctrinas que se nos imponen, con la supuesta intención de "aclarárnoslo" todo».[1]

Esta invitación a descubrir la verdad es la que extiendo aquí también: que nos abramos a ella cada vez que nos encontremos cara a cara con los medios de comunicación. El cambio vendrá de decir sí a esta invitación, en lugar de asentir como autómatas a cualquier cosa que nos cuenten y seguir contribuyendo a que las normas nos digan quiénes tenemos que ser y cómo tenemos que vivir.

Estructura 2. El capitalismo

Uno de los grandes sistemas que más nos afectan es el capitalismo. ¿Por qué? Porque nos recuerda constantemente lo que nos falta.

En este momento, eres insuficiente, nos gritan esas voces. *Pero hay algo que puedes comprar para solucionarlo...*

Lo mismo que hemos visto que un clima de miedo les facilita mucho el trabajo a los medios de comunicación, tus creencias limitantes crean el clima ideal para que las empresas puedan venderte sus productos. Te dicen que solo necesitas esta crema para la piel, este tinte para el pelo, este ordenador portátil, este coche o esta decoración para tu casa, y entonces serás suficiente. Serás feliz. Trabajé en departamentos de relaciones públicas y de *marketing* durante veinte años; créeme, así es como funciona.

Pero olvidémonos de mi experiencia. Aquí estoy, escribiendo este libro, y el otro día compré una crema reparadora para contorno de ojos que me costó setenta y cinco dólares porque toda la vida «me han dicho» que envejecer NO ESTÁ BIEN. Soy una mujer, al fin y al cabo, y que una mujer envejezca es inaceptable. Aunque sepas que estos mensajes actúan en tu contra, a veces cuesta mucho no ceder a ellos.

No me malinterpretes. Muchos de estos productos satisfacen una necesidad. ¡Algunos incluso funcionan! Pero cuando creemos que depende de ellos nuestra valía, que tener una casa grande hace que seamos más importantes que fulanito y menganito, o que tener un coche deslumbrante hace que valgamos más que nuestra amiga del instituto, estamos cediendo al ciclo completo. Deberías tener esas cosas porque te gustan, porque te hacen disfrutar, por lo bellas que son. Deberías tenerlas porque esa entidad de tu infancia que sentía intensamente quiere que tu experiencia de la vida se expanda y crezca.

Si compras algo porque te dicen que sin ello no eres suficiente, la invitación a que tus creencias limitantes eleven la voz es aún más directa. Y cuando tus creencias te hablan con voz atronadora, te resulta aún más difícil oír al Yo Superior; es casi imposible que te lleguen sus fortalecedores mensajes sobre cómo acercarte realmente a tu dignidad, a tu verdad y, muy importante, a tu propósito.

Sé todo esto porque, durante casi dos décadas, mi trabajo consistió en convencer al público de que tenía carencias muy serias, para que mi cliente pudiera acudir al rescate. El nombre «relaciones públicas» habla por sí solo. La finalidad es ayudar a una marca a que el público se identifique con ella para que esa marca pueda venderle lo que le interesa vender. La economía empresarial se basa en el mismo sistema del que hemos estado hablando: el sistema que valora lo externo, que utiliza la aprobación como recompensa y que determina que el miedo o la carencia son la verdad inherente a cada ser humano, para aprovecharse hábilmente de ello y convencerte de que necesitas comprar esa marca.

Durante el tiempo que estuve trabajando en agencias de relaciones públicas y *marketing*, hice de todo. Diseñé campañas publicitarias «de boca a boca» para que la gente fuera a ver la última película taquillera. Formé a equipos para que se infiltraran en foros y empezaran a hablar del nuevo sabor de cola que acababa de salir al mercado y de que no podían vivir sin él. Dirigí equipos creativos que incluían estrategas, analistas de datos y especialistas en mensajería para saber exactamente lo que pensaba el público, por ejemplo sobre la conducción, con el fin de que una marca de petróleo y gasolina personalizara su mensaje para poder llegar al público joven.

También me tocaba intervenir cuando una marca hacía alguna inesperada barbaridad que perjudicaba a la gente o al medioambiente. En esos casos, mi trabajo consistía en recuperar la confianza del público. La pregunta era: «¿Qué podemos hacer o decir para que la gente confíe de nuevo en esta marca o en este líder?». Cuando encontrábamos la respuesta, se la decíamos al cliente para que la pusiera en práctica. ¿Comprobábamos que la persona o la marca creía realmente en las palabras que iba a difundir? Tal vez queríamos creer que lo habíamos hecho, pero en realidad hasta los miembros del equipo sabíamos –mientras trabajábamos detrás de nuestras pantallas hasta altas horas de la madrugada redactando comunicados de prensa y elaborando planes de control de daños– que a la mayoría de nuestros clientes solo les importaba tener unas palabras que decir al público, en el tono más sincero posible, para poder volver a sus actividades habituales.

Y funcionaba. Siempre.

¿Adivinas por qué? Estoy casi segura de que a estas alturas lo sabes: porque el sistema nos ha aleccionado para que creamos que lo externo es mejor que lo interno. No teniendo conciencia de nuestra sabiduría interior –puesto que nadie nos ha dicho que llevamos dentro ese profundo saber–, buscamos la verdad en el exterior. Y ese es justamente el condicionamiento del que, como yo (o como solía hacer yo), se aprovecha cualquier profesional de las relaciones públicas. ¿Por qué? Porque a efectos prácticos se traduce en que cuando suena la voz de expertos y líderes, todo el mundo escucha, y al final, aunque tal vez con cierto escepticismo, el público opta por creer que esas voces expertas saben más.

Me encanta ver que en la actualidad esto está cambiando. La agencia publicitaria de la que me despedí hace tiempo para dedicarme a lo que hago ahora dedicó años a estudiar la nueva tendencia, y nuestro director general viajaba por todo el mundo para explicarle a cada cliente que la confianza en su marca y en sus representantes visibles estaba disminuyendo. Cuanto más crecían las redes sociales, más acceso tenía el público a información sobre cómo se fabricaban los productos, cuáles eran las condiciones laborales en una empresa y el impacto ambiental que tenía el comercio, y menos confiaba en las empresas y en su directiva.

A medida que la población fue teniendo cada vez más acceso a información detallada, y vio lo que había detrás de las esplendorosas campañas que lanzaban los equipos de relaciones públicas y *marketing*, empezó a creerse menos sus mensajes. Cualquiera podía consultar en Internet, antes de comprar un producto, las opiniones que dejaban quienes lo habían utilizado, y el personal de cualquier empresa disponía de una plataforma donde compartir la realidad de sus condiciones laborales. Esto supuso para las empresas una auténtica presión, que las obligó a ofrecer, aunque de mala gana, mayor transparencia de sus operaciones para satisfacer al público que se lo exigía.

Sin duda, se diría que es un gran paso hacia la honestidad; el problema es que las empresas aprendieron muy pronto a utilizar un lenguaje que se pareciera al que utilizas tú. Contrataron a una nueva serie de portavoces y formaron al personal para que, a través de las distintas plataformas, promocionaran la marca utilizando un estilo coloquial que generara confianza, a fin de popularizarse en las redes sociales y seguir vendiéndote sus productos, gracias a que sigues creyendo más en lo que te dice cualquiera que en lo que te parece realmente a ti.

Así es como el mundo empresarial ha convertido a tu Yo Superior en el villano. La intuición es un mundo interior, y el capitalismo de consumo nos anima a vivir de cara al exterior y a acumular cosas para demostrar que importamos. Los anuncios que ves en Instagram te hablan de tu imagen, no de lo que piensas ni de lo que sientes.

El éxito personal en una sociedad capitalista se basa exclusivamente en esos símbolos externos: coches y bolsos y relojes y la última crema bronceadora. Damos más importancia a conseguir esos distintivos que a tener tranquilidad, una profunda sensación de plenitud o la capacidad de vivir plena y totalmente el presente sin que los pensamientos sobre lo que «deberíamos» estar haciendo, y el miedo a las posibles consecuencias de no estar haciéndolo, nos roben cada instante.

El primer paso para liberarnos de esta cárcel del «no es suficiente» es redefinir la *satisfacción*. Haz un examen sincero y mira a ver cuántas cosas del mundo exterior te satisfacen de verdad. Sí, puede que algunas cosas te produzcan una euforia momentánea; a mí también. No te imaginas lo que disfruto pasando una tarde en Sephora. Pero ¿y después qué? ¿Me hace sentirme realmente satisfecha abrir el precioso frasquito rosa y aplicarme ese exfoliante facial por el que he pagado sesenta y ocho dólares? Quizá durante un minuto, no mucho más.

En cambio, ¿sabes cuándo sí lo sientes? Cuando has hecho algo que te conecta genuinamente contigo y con el mundo que te rodea. Tal vez sea dar un paseo con un amigo que necesita que lo escuchen, o llevar por sorpresa a tu hija a comer un helado cuando sale del colegio, o reservar una hora a mitad del día para dejar atrás todas tus actividades y sentarte a almorzar al aire libre.

Que quede claro que no pretendo juzgar a nadie; todo tiene su momento y su lugar. Ve a comprarte esos vaqueros en los que llevas pensando desde hace semanas; también esas cosas nos hacen sentirnos bien. Me gustaría simplemente que nos acordáramos de que tenemos necesidades más importantes que vienen de nuestro interior. Nuestro mundo interior necesita conexión y propósito para sentirse plenamente realizado. Imagínalo como un depósito de combustible que necesita estar lleno. Los vaqueros quizá añadan unas gotas, pero compáralo con cómo ha subido el nivel de combustible después de pasar una tarde con tu mejor amiga. Empiezas a liberarte de toda esa tontería del «compra esto y volverás a quererte» en cuanto te das cuenta de lo que llena de verdad tu depósito interior, en vez de dejar que alguien que quiere venderte algo lo defina por ti.

Para mí, últimamente la mayor satisfacción es conectar con lo que más valoro en la vida: la libertad. He aprendido a evaluar mi calidad de vida no en función de cuánta ropa y bolsos de diseño puedo permitirme, ni de si tengo menos o más números de teléfono de clientes célebres guardados en el móvil, sino de la cantidad de tiempo libre que tengo cada día. Esa dulce sensación de fluir, de pasar espontáneamente de una cosa a otra siguiendo la llamada de mi alma hacia lo que quiera experimentar, no puede compararse a nada. Ningún sistema puede darme eso, y esto me libera por completo de todo ello. Es un desafío puro y maravilloso a eso que quiere controlarme a toda costa.

Estructura 3. El sistema educativo

Todo sistema, sea del tipo que sea, exige conformidad; ese es su medio de control masivo. ¿Sabías, por ejemplo, que el sistema educativo actual se creó hace más de doscientos años con la finalidad de fomentar la obediencia y la eficiencia entre la población y preparar a la gente para el trabajo industrial? Antes de eso, la educación formal le estaba reservada a la élite; pero cuando en la época de la Revolución Industrial (1760-1840) empezó a haber fábricas en número cada vez mayor, la necesidad de que hubiera un método de educación normalizado para formar a los trabajadores y, especialmente en Estados Unidos, crear una identidad nacional, dio lugar a las escuelas públicas modernas. Como ha escrito Gerald Prokopowicz: «Los reformadores educativos esperaban utilizar las escuelas públicas como un medio para asimilar a los inmigrantes y lograr la unidad nacional mediante la creación de una experiencia educativa uniforme y universal».[2]

Aunque el sistema educativo estadounidense ha evolucionado, sigue siendo un sistema que exige conformidad para poder funcionar. Esa conformidad incluye exámenes normalizados y horas de clase que el alumnado pasa sentado detrás de un pupitre. Y seguidamente, adquiere un valor autootorgado que la gente se siente en un aula y registre la información que le dan en lugar de experimentar las cosas por sí misma. Hoy empieza a estar claro que no hay mayor obstáculo para la creatividad que ese modo de funcionamiento.

Piensa en tu Yo Superior, cuando empiezas la educación primaria. ¡Lo único que quiere es que salgas al mundo y experimentes!, y tú llegas al colegio y te dicen que te sientes, que te calles, que camines en fila y que apagues todos los espléndidos colores que hay dentro de ti y te conviertas en un espacio gris donde, en lugar de florecer tú, pueda florecer el sistema. Como en los dos casos anteriores, el sistema educativo necesita ahogar tu verdad, tu (intuitivo) Yo Superior.

La charla TED más exitosa de todos los tiempos trata precisamente sobre esta idea.[3] *Sir* Ken Robinson, educador de origen británico y conferenciante de renombre internacional, acudió a la conferencia TED para hablar de que la actividad escolar se parece más a una larga jornada de trabajo administrativo mecánico que a un intento por contribuir al desarrollo de pequeños seres humanos llenos de asombro para que afronten el mundo con curiosidad y una mente abierta.

Contaba el caso de una niña a la que su madre, siguiendo las instrucciones del colegio, llevó a un terapeuta para que la tratara por lo que actualmente se denominaría trastorno por déficit de atención con hiperactividad (TDAH). El médico se negó a darle ningún medicamento. Aquella niña, Gillian, no tenía TDAH, sino que era *bailarina*. Un colegio normal no era su sitio. Necesitaba estar en un ambiente donde se celebraran sus dones, y su madre y su padre se encargaron rápidamente de encontrarlo. Años después, cuando terminó su formación en la Royal Ballet School de Londres, empezó a trabajar con Andrew Lloyd Webber y coreografió algunos de sus musicales más famosos, como *Cats* y *El fantasma de la ópera*.

¿Qué pasaría si, cuando empezamos a ir al colegio, se nos tratara siempre con esta mentalidad abierta en lugar de obligársenos a ser de determinada manera? Es muy difícil que ocurra, porque en el colegio no se valoran el pensamiento y la acción independientes y, a esa edad, no tenemos recursos para defendernos (Gillian, la bailarina, tuvo la suerte de que hubiera alguien que la defendió). Como el sistema educativo empieza a moldearnos a edad muy temprana, pronto aprendemos a no contrastar la información que recibimos con nuestra propia verdad, ya sea información sobre quiénes somos, sobre cuáles son nuestras habilidades y capacidades, o incluso sobre el mundo que nos rodea.

Esto es aún más peligroso si un sistema educativo está sujeto a ciertas influencias culturales. En Estados Unidos, tenemos el ejemplo de algunos estados que han empezado a retirar de los colegios libros que toquen ciertas cuestiones históricas, o relacionadas con la justicia racial, la identidad *queer* y otros temas controvertidos, y a prohibir que estas cuestiones se mencionen siquiera en las clases. Este sistema necesita que no pensemos, porque solo así podrá hacernos aceptar como verdad su versión blanqueada de los hechos.

Entre los títulos que figuran en la lista actual de libros prohibidos en los colegios públicos de Florida están: *El cuento de la criada*, *Sus ojos miraban a Dios*, *Con Tango son tres* y *Forever* [Para siempre], que son, respectivamente, un libro sobre los peligrosos efectos que tiene la religión para los derechos de las mujeres cuando se mezcla con la política, una historia sobre una mujer negra que toma el control de su destino (y uno de los libros más relevantes para la cultura negra), un libro ilustrado sobre dos pingüinos machos que crían a un polluelo, y una historia escrita por la querida autora de literatura juvenil Judy Blume sobre la contracepción en las jóvenes.

¿Qué te dice esta censura sobre la dirección que está tomando el sistema educativo estadounidense? ¿Qué te parece el poder que tiene un sistema como este para definir la realidad de las mentes que se están desarrollando? Cuando un sistema cuya función es educarte quiere controlar cómo piensas, no te está educando, te está tratando de dominar.

¿Cómo serían las cosas si, en lugar de intentar dominarnos, el sistema educativo dijera: *Conéctate contigo y consúltate a ti*? ¿Cómo serían las cosas si en los colegios se animara a la población infantil y juvenil a explorar sus anhelos y deseos?

Algo que puedes hacer para contribuir a que sea posible esta visión de un aprendizaje libre e inclusivo es dar tu apoyo a las organizaciones y los programas extraescolares que fomentan esta forma de aprendizaje y expresión personal. Tengo el privilegio de formar parte de la junta directiva de una organización sin ánimo de lucro llamada AHA!, con sede en Santa Bárbara, que trabaja sin descanso para integrar la inteligencia social y emocional en el sistema educativo como paso imprescindible para resolver la crisis de salud mental que afecta a la población adolescente de Estados Unidos en estos momentos.

AHA! fue fundada por dos profesionales de la salud mental, la doctora Jennifer Freed y la psicoterapeuta Rendy Freedman, en respuesta al tiroteo de Columbine. Aquella tragedia les hizo darse cuenta de que los adolescentes necesitan un espacio de confianza en el que poder expresar sus emociones y sentirse comprendidos y acompañados. En la actualidad, AHA! organiza grupos extraescolares en numerosos centros de educación secundaria de toda la región, y anima a los adolescentes a participar, a hablar libremente sobre sus dificultades y a aprender a apoyarse mutuamente en comunidad y sin vergüenza.

Este trabajo forma parte de la visión que estoy exponiendo aquí, pero hay muchas otras maneras de contribuir a que esa visión sea cada vez más una realidad: por ejemplo, ayudar a financiar las artes en los colegios, para que las nuevas generaciones puedan seguir expresándose libremente cuando empiezan la educación primaria o hacer trabajo voluntario en programas extraescolares que tengan este mismo propósito. Incluso el simple hecho de estar alerta a las formas en que el sistema educativo trata de impedir que la población infantil desarrolle su individualidad y alzar la voz contribuirá a que las cosas cambien. En realidad, lo único que hace falta para que este cambio sea un hecho es que seamos conscientes de lo que está sucediendo y actuemos desde esa conciencia.

Lo que más me entristece de que esté tan delimitado lo que se considera socialmente aceptable es que en el mundo hay personas con dones extraordinarios que provienen, literalmente, de su intuición, dones que pueden cambiarnos la vida. Personas que perciben acontecimientos futuros. Personas capaces de conectar con gente que ha fallecido. Personas que se comunican con los animales o con el resto de la naturaleza de un modo que no es el habitual.

Personas que al ver en nuestra carta astral la posición de los planetas y las estrellas, son capaces de anticipar lo que está por venir.

A estas personas se las consulta en secreto. Los departamentos de policía consultan a videntes sobre casos sin resolver, y la directiva de las empresas pide asesoramiento astrológico sobre las fechas propicias para cerrar un acuerdo. Pero en vez de alabar públicamente a estas personas y sus dones, se nos ha enseñado a hablar de todo ello en tono de burla y con incredulidad. Puedes ser contable, pero no puedes ser médium si quieres que te respeten.

Una vez más, tenemos que elegir: ¿vamos a querer que se nos respete por nuestra razón y nuestro intelecto, o vamos a abrirnos al don de la intuición y a considerarlo de igual valor? La mayoría elegimos lo primero, y a estas personas admirablemente intuitivas las vilipendiamos por su talento extraordinario. Nos referimos a ellas como si no estuvieran en su sano juicio. Pensamos que tienen una perspectiva ridícula de la realidad. Y si en algún momento te pasa por la mente la idea de consultar a alguna de estas personas, te dices rápidamente que estás mal de la cabeza.

Es triste pensar en todas las figuras heroicas de nuestra infancia a las que hemos perdido al hacernos mayores. Aquellos que creíamos que sabían hablar con los caballos, predecir el futuro o comunicarse con los espíritus. La edad y la educación nos enseñaron a pensar que todo eso eran bobadas. Pero ¿quién dice que ciencia e intuición no puedan coexistir? El nobel de física Giorgio Parisi afirma que, con frecuencia, los físicos han intuido fenómenos que no se han demostrado hasta que, al cabo de mucho tiempo, la ciencia ha avanzado lo suficiente como para poder explicar sus hipótesis.[4] Niels Bohr, por ejemplo, teorizó en 1913 sobre una forma sencilla de calcular las «líneas espectrales de luz» emitidas por el hidrógeno. La física clásica no tenía capacidad para hacerlo. Verificar su teoría requirió un campo científico enteramente nuevo:

la mecánica cuántica. Bohr no tenía pruebas que respaldaran su teoría, pero intuía que era correcta.

¿Cómo cambiarían las cosas si aceptáramos que todo pensamiento nace de la sabiduría interior y se ramifica a partir de ahí? ¿Qué pasaría si no creyéramos que todo conocimiento tiene que inculcársenos desde fuera, ya sea a través del sistema educativo o de los medios de comunicación? ¿Qué descubriríamos sobre quiénes somos? ¿Cómo veríamos el mundo y qué podríamos llegar a aceptar sobre cómo funciona? Por razones obvias, siempre hemos pensado que las personas más lúcidas e inventivas estaban locas, hasta que el resto del mundo finalmente avanzaba lo suficiente para entenderlas. ¿Cómo habrían sido las cosas si hubiéramos celebrado plenamente su talento en el momento en que estaban creando?

¿Recuerdas a tu yo adolescente, el que tuvo que reconectarse con su Yo Superior para expresar su individualidad? ¿Y si en aquellas aulas del instituto te hubieran animado a avivar esa llama del diálogo? ¿Y si te hubieran enseñado a ver entonces que eras un ser intuitivo? ¿Qué habrías hecho de forma diferente?

Seguimos aprendiendo cada día de nuestra vida, por lo que nunca es demasiado tarde para incorporar nuestro conocimiento intuitivo a lo que otras personas nos enseñan. A medida que te expandes, trata de distinguir entre el aprender y el saber. Tendrás que equilibrar lo uno con lo otro. La definición de *aprender* que leemos en el diccionario Webster es: «Adquirir conocimiento, comprensión o habilidad mediante el estudio, la instrucción o la experiencia», y la de *saber* es: «Percibir directamente. Tener cognición o comprensión. Reconocer la naturaleza de algo».

¿Te das cuenta de dónde reside tu voz intuitiva? Está en el espacio del «reconocer». Por tanto, utiliza tu sabiduría intuitiva para contrastar lo que estás aprendiendo con lo que sabes. ¿Qué parte de ti reconoce lo que estás aprendiendo y qué parte no? ¿Qué parte de ti te pide que profundices o que encuentres una nueva perspectiva? ¿Y eso que estás aprendiendo te permite expandirte?

Lo mismo que a la hora de cuestionar el discurso que comúnmente transmiten los medios de comunicación, debes tener claro que el aprendizaje debe percibirse como una expansión, no como una contracción. Si lo que estás aprendiendo, o el proceso a través del cual se te está enseñando, te crea un sentimiento de vergüenza o una sensación de contracción interior, no es para ti. Tu saber profundo te permitirá aceptar lo que te conviene realmente y rechazar lo que no.

Por ejemplo, si estás leyendo un libro con el que cierta parte verdadera de ti se siente identificada pero alguien te dice que es un libro muy malo o que no deberías leerlo, en lugar de avergonzarte por la conexión que has sentido con él, honra la parte de ti que se ha sentido identificada con esas páginas y descarta la opinión externa como una proyección, no como una realidad.

Tengo mucho en común con nuestro hijo mayor, mi hijastro Keegan. Es profundamente intuitivo y tiene una desarrollada inteligencia emocional. También es un músico con talento, algo que yo, sin duda, no soy. Pero tanto él como yo nos distraemos con facilidad. A él no le han diagnosticado ningún trastorno, pero en mí se manifiesta como TDAH. Hace poco, Keegan estaba haciendo un trabajo para la clase de lengua sobre los efectos negativos de los medios de comunicación en las chicas jóvenes. Vive con su madre en el Área de la Bahía, así que una noche estábamos hablando por FaceTime y, mientras rasgueaba la guitarra, nos contó a su padre y a mí que tenía que escribir ese texto, y que le apetecía tocarnos unas canciones pero se sentía culpable por no haberlo terminado.

–¿Qué te interesó de ese documental que viste sobre los efectos de los medios de comunicación? –le pregunté.

–Me parece triste que las chicas reciban tantos mensajes sobre cómo se supone que deben ser. Creo que no sabía que les pasara esto –respondió.

–¡Ahí tienes el primer párrafo! –le dije–. ¿Por qué no nos tocas una canción, luego lo escribes y después nos tocas otra?

–¡Ha sido muy divertido! –dijo cuando nos despedíamos.

¡Un adolescente dijo que hacer un trabajo para clase había sido muy divertido! ¿Por qué? Porque le dimos permiso para contrastar lo que estaba aprendiendo con lo que sabía en su interior. Permiso para detenerse, tocar la guitarra, mover el cuerpo, dejar que el aprendizaje se asentara en su ser y luego reflexionar. Recordarle que su forma de ser intuitiva era una ventaja para aprender, y no un inconveniente, significó no solo que pudiera verse a sí mismo como alguien que era capaz de escribir, sino que descubriera también que, en realidad, se le daba bastante bien expresarse a través de la escritura.

¿Cómo puedes hacer esto mismo mientras aprendes? ¿Cómo puedes incorporar todo tu ser a lo que estás aprendiendo? ¿Cómo puedes cambiar el proceso para que se adapte a ti y a tu situación del momento, en lugar de sentirte insuficiente en un sistema que, de entrada, no está ideado para alguien como tú? Aquella tarde, Keegan consiguió hacer de una forma sencilla lo que tenía que hacer y seguir sintiéndose representado en lo que hacía. ¿Qué te inspira esto?

Estructura 4. La cultura

De niña me encantaba ver la televisión (y todavía me encanta). Como pasaba tanto tiempo sola en casa después del colegio, veía telecomedias con avidez, no solo porque me aburría y me sentía sola, sino también porque disfruto mucho con una buena comedia de ingeniosos malentendidos y con las situaciones tan cómicas a las que dan lugar. Veía reposiciones de *Apartamento para tres*, *Good Times*, *Las chicas de oro*, *Los Jefferson*, *¿Quién es el jefe?*, *La hora de Bill Cosby* y *Te quiero, Lucy*, y cuando fui un poco mayor, *Salvados por la campana* y *Sensación de vivir* (vale, esta última no es tan divertida, pero me entiendes).

Creo que las vi literalmente todas, y cualquier otra producción de entre los años cincuenta y noventa. ¿Y qué veía en ellas? Veía *sobre todo* a gente blanca. Veía familias nucleares en las que una madre y un padre que habían contraído matrimonio vivían con sus hijos e hijas bajo el mismo techo. Veía privilegios, aunque solo fuera que la familia de la tele salía a comer a un restaurante, algo que mi familia no se podía permitir. (Creo que por eso *Good Times* era una de mis series favoritas; me hacía sentirme más normal que el resto). En cualquiera de los casos, ¿sabes a quién no veía nunca en estas series? A mí.

Mi padre y mi madre se habían divorciado y la gente de mi edad me preguntaba constantemente dónde había nacido (y su confusión era aún mayor cuando les decía que en Nuevo México). Al mismo tiempo, en la televisión, las imágenes que veía me decían que lo «bueno» estaba asociado con la blancura, que el «éxito» estaba asociado con tener una familia unida y que la «autoestima» estaba asociada con tener recursos económicos para comprar y hacer todo lo que quisieras. Aunque ver la tele me entretenía y había series que me encantaban, también iba creciendo en mí la convicción de que tenía grandes carencias y, en definitiva, era insuficiente. Así que me alisaba el pelo. Aprendí a hablar con acento lo más «blanco» posible. Hacía amistad principalmente con niñas blancas. Escondía el almuerzo persa que me preparaba mi abuela.

Hacía lo que podía por asimilarme, y, si soy sincera, en algunos sentidos lo sigo haciendo. Este deseo de asimilación está arraigado en mí. Alimenta la creencia limitante de que no soy suficiente tal como soy. Alimenta muchas de nuestras creencias limitantes sobre lo que significa ser suficiente. Teje discursos limitantes sobre el género, sobre la raza, sobre la clase social y el nivel socioeconómico. Vemos programas y películas que nos presentan un modelo cultural y deducimos que, si eso es lo normal, lo bonito y lo bueno, aquellas partes de quienes somos que no coinciden con ello son anormales, feas o malas. Todo el mundo llega a estas conclusiones, y cuando una persona concluye esto sobre sí misma, se siente con derecho a concluir lo mismo sobre las demás.

Es desde ese sentimiento de insuficiencia desde donde avergonzamos, juzgamos e insultamos a otras personas. Ese profundo sentimiento de vergüenza nos dice: *No das la talla*. Cuando esa vergüenza que llevamos dentro ve lo que aparece en la pantalla del televisor, en las páginas de una revista de moda o en TikTok, se hace más fuerte.

¿Ves? —nos dice—, *ya te había dicho yo que no eres suficiente. No tienes más que abrir los ojos. Tú nunca serás así. De todos modos, sigue intentándolo. Es la única forma que tienes de hacerme desaparecer.*

Es una voz muy difícil de soportar. Para liberar la presión, tomamos esa voz interior y la convertimos en nuestra voz exterior. Miramos a las personas que desafían las normas culturales y las consideramos peligrosas. ¿Recuerdas que te hablaba de los mensajes de odio que recibía Alok en las redes sociales? Ese es un perfecto ejemplo de cómo se expresa esta dinámica.

¿Cómo se atreve a no sucumbir a esta presión?, dice la vergüenza.

Nos enfadamos con quienes no sucumben a ella porque envidiamos la libertad que tienen. Así que les lanzamos nuestra vergüenza convertida en ira en lugar de mirarla de frente y preguntarnos qué quiere realmente esta vergüenza.

Lo que quiere es la libertad que tienen esas personas, el coraje con que expresan su verdad quienes van en contra de la cultura.

Pregúntate: «Si fuera capaz, ¿qué forma de expresarme externamente me daría la mayor alegría? ¿Qué estaría haciendo en este momento? ¿Qué diría? ¿Qué ropa llevaría puesta?». Responde para ti a estas preguntas. Reconocer las cosas que no haces o que no dices o la ropa que no te pones por miedo a no encajar en lo que la cultura ha definido es un descubrimiento que no olvidarás.

Hay una cita que me encanta. Generalmente se le atribuye a la escritora Anaïs Nin, pero en realidad es de un poema de 1979 de Elizabeth Appell, y dice: «Y llegó el día en que el riesgo que corría por quedarse inmovilizada dentro del capullo fue más angustioso que el riesgo que corría por florecer».[5] Te prometo que la volverás a leer a lo largo del libro. Te la recordaré una y otra vez en este viaje de liberación, porque esas veintiséis palabras resumen exactamente lo que significa elegir tu yo expandido en lugar de encogerte para satisfacer las exigencias del mundo.

En este dilema de tener que elegir entre encajar socialmente o vivir tu verdad, llegará un momento en el que el precio por encajar será demasiado alto y la recompensa por vivir tu verdad, demasiado tentadora. Cuando llegue ese día, en lugar de seguir obedeciendo los preceptos que te impone la cultura, empezarás a ser artífice de cultura. Si queremos vivir en un mundo que valore el amor por encima del odio, entonces necesitamos artífices de cultura que actúen desde la verdad. Necesitamos artífices de cultura que estén en sintonía con su yo expandido. Necesitamos que nuestros artífices de cultura creen cultura desde su frecuencia más elevada, y no desde la sombra que proyecta su yo sumido en la vergüenza. Lo necesitamos para que todos los seres humanos podamos ascender, colectivamente, a la frecuencia más alta que vibra en nuestro interior.

Si lo creéis, entonces es verdad

«Si lo creéis, entonces es verdad», decía mi profesora, la señora Penn.

Ahora sé que también quería decir con eso que cualquier creencia que provenga exclusivamente del exterior es peligrosa. Durante siglos, se nos ha adiestrado para que nos parezca natural creer en algo porque ciertas personas nos lo dicen. Creemos en lo que nuestro profesor, nuestro padre, cierta figura política o la celebridad o *influencer* del momento –quienesquiera que sean las personas a las que admiramos– nos dicen que debemos creer. Nos dicen cuál es la imagen de la satisfacción, la imagen de la bondad, la imagen de la belleza. Nos dicen por qué sueños debemos luchar y qué sueños no están a nuestro alcance. Todo, incluso nuestras creencias, tiene que contar con la aprobación de un agente externo.

Depender de otras personas para definir nuestras creencias crea en nuestro interior una escisión muy profunda, cuya repercusión más grave es que acabamos por ignorar a nuestro Yo Superior. Cuanto más escuchamos las voces externas, menos atención prestamos a nuestra propia voz. En este «juego», está claro quién pierde y quién gana: si necesitamos que sean otras personas las que definan nuestra realidad y nos hagan sentir que valemos lo suficiente, entonces está claro que desde dentro, sin su ayuda, no podemos satisfacer esas necesidades.

Intentar controlar a la población utilizando la vergüenza para obtener de los individuos el comportamiento que se desea de ellos no es bueno jamás; o el proceso entero es perjudicial, o son perjudiciales los fines que se persiguen. Afortunadamente, nuestro Yo Superior está ahí para ayudarnos a salir de esta trampa, lo que significa que *todos* los seres humanos debemos salir de ella y florecer. Nuestra sabiduría interior no es la causante de esta escisión;

lo son nuestro miedo y nuestra ansiedad. Cuando aprendemos a confiar en nuestro Yo Superior, hacemos que otras personas intenten sintonizar también con el suyo y escuchar su voz, y es así como empezarán a sentir empatía y amor hacia sí mismas y hacia sus semejantes.

Pero, mientras vivimos con esa mentalidad adoptada por la que hemos sacrificado la conexión con nuestra verdad, ¿qué pasa con la voz sabia que llevamos dentro? ¿Qué hace nuestro Yo Superior? Simplemente observa. Aunque prácticamente hemos perdido la capacidad de percibirlo, él observa cómo construimos nuestra vida no desde su –y nuestra– sabiduría y poder verdaderos, sino a imagen y semejanza de lo que proyectan otras personas y de los modelos que la sociedad nos presenta de lo que es aceptable.

El Yo Superior observa cómo construimos cada cual nuestra cajita perfecta, ordenada, todas de la misma forma y tamaño (aunque nos guste creer que pintarlas de diferentes colores nos hace ser originales).

Observa cómo nos olvidamos de quiénes somos y nos forzamos a querer *lo que nos dicen*, a fin de acallar la voz de la vergüenza.

Observa cómo nos despertamos cada mañana, conectamos el piloto automático y hacemos lo que otras personas nos dicen, y, mientras lo hacemos, elevamos a ellas la mirada para que nos digan que lo estamos haciendo bien.

Observa pacientemente, pues sabe que la inautenticidad de todos estos comportamientos está gestando un tornado en nuestro interior.

Alimenta el tornado, llenándonos de un anhelo que no podemos describir.

Nos susurra y nos susurra hasta que, de repente, sentimos que nos ahogamos en esa vida que hemos construido a imagen y semejanza de las demás.

Está a la espera de que, justo detrás del colapso, lo invitemos a resurgir en todo su esplendor.

EXPLORACIÓN: *Comprobación de sistemas*

Vamos a dedicar ahora unos minutos a tratar de averiguar cómo han podido contribuir algunos de estos sistemas a que te desconectaras de tu Yo Superior. En la medida de lo posible, procura no juzgarte. Recuerda que la intención de este trabajo es que seas más consciente de quien realmente eres; no es ni culparte a ti ni culpar a nadie.

¿Empezamos? Haz el siguiente ejercicio. Tómate todo el tiempo que necesites para detallar de verdad tus pensamientos, ya que el objetivo es que veas cuál ha sido tu realidad con la mayor claridad posible, encender las bombillas internas para que, al hacerlo, puedas reconectar aquellas partes de ti que se han desconectado de tu poder, de tu Yo Superior.

- Elige dos o tres de los sistemas que hemos visto en este capítulo (medios de comunicación, capitalismo, sistema educativo o cultura) que en tu infancia y adolescencia definieron por ti conceptos como «bueno», «éxito», «belleza» o «valía».

- Ahora, al lado de cada uno, describe todos los sentidos en que estos sistemas influyeron en cómo te veías. Por ejemplo: *Era una niña de mente creativa y me resultaba más fácil aprender cuando observaba y experimentaba directamente las cosas, pero me decían que no era inteligente porque no conseguía memorizar las explicaciones del libro de texto ni hacer bien los exámenes.* Utiliza palabras muy concretas en cada descripción.

- Vuelve a leer la lista una vez que hayas terminado. Junto a cada entrada, escribe un poco sobre si esa creencia sigue viva en ti y cómo se manifiesta. Por ejemplo: *A veces sigo sintiendo que no soy tan intelectual como otra gente. Suelo sentirme así cada vez que oigo a alguien hablar de la última novela que ha leído.*

- Por último, lee cada creencia dándote cuenta del maravilloso don que oculta y reformúlala contemplando ese don como un superpoder. Por ejemplo: *Soy capaz de ver el color y la luz de una manera que pocas personas ven y, gracias a eso, las acuarelas que pinto hacen que la gente se pare de verdad y sienta sus emociones, en un mundo cada vez más desconectado.*

Capítulo 6

Cualquier cosa por amor

D*ebido a las creencias limitantes* que nos ha inculcado nuestro entorno, tenemos una imagen tan pobre de quienes somos que las relaciones románticas se nos presentan como el modo más rápido para escapar de ella. Quiero decir con esto que, cuando nos enamoramos, en ese primer momento no es exactamente de otra persona. De lo que en realidad nos enamoramos es de la forma en que alguien nos hace sentirnos. De acuerdo, es posible que haya aspectos que admiramos o deseamos de esa persona en el instante que la conocemos. Pero amar a alguien por quien es lleva mucho más tiempo; no se «conoce» a alguien de inmediato. Así que no, ese sentimiento intenso que te invade al principio no es amor por otra persona, sino amor por la sensación que esa persona te hace tener de quien eres y por la posibilidad de que te ame.

En realidad, cuando alguien se enamora de ti, lo que hace es ponerte delante una versión de tu Yo Superior para que la contemples, y como el Yo Superior es tan magnífico, te enamoras de él a primera vista. Como no eres consciente de que el Yo Superior está a tu disposición en todo momento, de que es parte de ti y de que eres precisamente tú quien te lo puede poner delante de los ojos con la mayor facilidad, atribuyes la experiencia a la persona que te hace sentirte así. Es adictivo, ese sentimiento, y dado que, como acabo de decir, no sabes que no necesitas a nadie para encontrar y encarnar tu frecuencia más elevada, la otra persona se convierte para ti en una adicción. Sientes que la necesitas para que te complete. Temes que, sin ella, te marchitarás, te contraerás, volverás al lugar oscuro del que te sacó.

Y aquí empiezan los problemas. Si la otra persona no está actuando desde su Yo Superior, si, por el contrario, sigue instalada en la vergüenza, nos estamos aferrando a un barco a punto de hundirse. Ya lo sé, es trágico. Pero es cierto. Encontrar amor allí donde no ha habido sanación es..., iba a decir que imposible, pero diré que es excepcional. Especialmente en personas de veintitantos o treinta y tantos años. Lo sé muy bien. La primera vez que me casé fue a los veinticinco, por insistencia mía. Mi exmarido no quería casarse tan joven. «Todavía no me conozco. Me parece precipitado», me respondía cada vez que sacaba el tema.

Yo eso no lo podía aceptar. Tenía un plan: casarme a los veinticinco años y tener mi primer bebé a los veintiocho y el segundo a los treinta. O él quería formar parte del plan, o estaba decidida a seguir mi camino. Ese fue mi ultimátum.

¿Por qué? Porque necesitaba que me hiciera sentirme completa, que me ayudara a tener menos miedo de convertirme en una réplica de mi madre y acabar sola, con unas criaturas y sin un hombre a mi lado. Yo no había tenido una familia nuclear como las que veía en la televisión; él era mi oportunidad de arreglar eso. Sentía que cuanto más cuidado emocional necesitara él de mí, mejor. Como desde pequeña había aprendido a adoptar y sanar los sentimientos dolorosos de otras personas, la sanación que él decía que necesitaba estaba en perfecta conformidad con mi superpoder. Yo iba a sanarlo y a dejarlo como nuevo, y entonces tendría la familia perfecta que siempre había deseado. Él saldría ganando y yo también.

Al principio, él era más intuitivo que yo. Sabía, desde su Yo Superior, que casarse a esa edad sería desastroso para él –y para mí–, pero ¿qué haces cuando la persona a la que quieres y en la que más confías utiliza esa intimidad para forzarte a tomar una decisión? Cedes.

Y eso hizo: nos casamos a los veinticinco años y tuvimos nuestra primera bebé a los veintiocho y nuestro segundo bebé a los treinta. Conseguí lo que quería. Todo era perfecto. Salvo porque, para cuando cumplí los veintinueve, las peleas se habían vuelto tan fuertes y continuas que al menos dos veces por semana me iba llorando a dormir, y, para los treinta y uno, estaba separada. Ahora, la familia ideal que había creado se reunía en el aparcamiento de una gasolinera para hacer transferencia de criaturas y sus juguetes.

¿Me ha perdonado mi exmarido por forzarlo a no escuchar el sabio consejo de su Yo Superior? Espero que cada vez que mire a nuestra hija y nuestro hijo encuentre la forma de hacerlo, pero sé que en el fondo hay una parte de él que desearía haber hecho más caso de su saber intuitivo que del deseo de complacerme. Lo comprendo. Personalmente, no me arrepiento de nada de lo que viví en mi primer matrimonio, sobre todo por los dos seres humanos maravillosos de los que soy madre y que son fruto de aquella relación; pero ojalá hubiera respetado su ritmo, en lugar de insistir en dar un paso llevada por el miedo que venía de mis heridas abiertas.

Lo habitual es que confundamos las relaciones con un refugio. A medida que vamos cumpliendo años, el camino se va llenando cada vez más de dudas y aislamiento, y nos las arreglamos como podemos para seguir adelante, cada vez a mayor distancia de nuestro Yo Superior. Y un buen día, encontramos a una persona que parece que sea capaz de ver el destello de nuestra magia interior, que hace tiempo habíamos perdido de vista. Sentimos que esa persona mantiene encendido nuestro fuego interior y vemos en ella un retorno a algo que recordamos vagamente de nuestra infancia, de aquella época en la que nos sentíamos más libres. Por supuesto, no tenemos las palabras ni la conciencia para nombrar ese sentimiento; simplemente lo sentimos, y es adictivo.

La chispa que nos ilumina por dentro cuando pensamos en esa persona, la forma en que nos hace sentirnos con una sola mirada, esa sensación es como una droga. Le atribuimos toda esta euforia sin darnos cuenta de que es solo un reflejo de lo que está enterrado en lo más profundo de nuestro ser. No nos cansamos de estar con ella y no podemos vivir sin ella. Después de todos los años que llevamos aprendiendo a alejarnos de nuestra verdad para conseguir aprobación externa, conocemos de sobra la estrategia más eficaz para retener esa sensación, es decir, para conservar a esa persona en nuestra vida: sabemos que podemos convertirnos en quienquiera que ella desee, y eso hacemos.

Lo que pasa es que el amor es inseparable de la autorrealización. El amor, romántico o de otro tipo, es la máxima expansión de quienes somos. El amor que ve y celebra tu verdadera esencia es uno de los aliados más importantes que tendrás en el viaje para reconectarte con tu Yo Superior. Las personas que te quieren de verdad son capaces de ver en ocasiones los aspectos más elevados de ti antes de que tú seas consciente de ellos.

Ahora bien, la incansable búsqueda del amor romántico, que nace de una idea y un deseo que se nos inculcaron a edad temprana, no es necesariamente la búsqueda del amor que expande el alma. Aunque es esto último lo que deberíamos buscar, nos obsesionamos con lo primero. ¿Por qué? Hay tres razones principales por las que sucede: el adiestramiento que hemos tenido, las ideas que nos hemos formado sobre el amor y la tendencia a entremezclar el objeto de nuestro apego con nuestra identidad.

Nuestro adiestramiento nos enseña a dar prioridad al matrimonio

¿Recuerdas que hablábamos de todas las ideas que, desde las primeras etapas de nuestra vida, nos han ido inculcando nuestra familia, nuestra cultura, los medios de comunicación y nuestras amistades? Bien, pues ese adiestramiento nos pinta la bonita imagen de una relación monógama, con reconocimiento oficial, que dure toda la vida. Ese adiestramiento nos dice que hay un alma gemela para cada ser humano del mundo, lo que nos lleva a creer que, cuando la encontremos, más nos vale no perderla nunca, porque... ¿podría haber un fracaso mayor que perder a la única persona que está hecha para ti? Ese adiestramiento nos enseña a buscarla en todo lo que hacemos, y nos enseña también que tenemos que hacer lo que sea necesario para conservarla.

El adiestramiento cultural referente a las relaciones es el más adoctrinador de todos. En mi cultura –la cultura persa–, por su carácter fuertemente patriarcal, a las chicas jóvenes se les enseña, por ejemplo, que conseguir un marido es el mayor triunfo que puede esperar una mujer y que conservarlo es la única manera que tiene para demostrar lo que vale. Aunque nací en Estados Unidos, ese adiestramiento estaba profundamente arraigado en quien yo era; formaba parte de mí. De ese adiestramiento vino el ultimátum que le di a mi ex: tenía que casarme para valer algo.

Esta es la línea de pensamiento que sigue imperando en muchas, muchas culturas, y la que ha imperado durante siglos. Es la línea de pensamiento que ha marcado nuestra historia. Todas las ideas románticas sobre el matrimonio y la pareja se han formado a partir de lo que en principio fue la respuesta a una necesidad de carácter puramente utilitario y económico. Hasta que en 1974 se promulgó la Ley de Igualdad de Oportunidades de Crédito, en Estados Unidos las mujeres no tenían derecho a abrir una cuenta bancaria a su nombre. Esto significa que, durante la mayor parte de la historia, las mujeres hemos necesitado a los hombres para contar con unos ingresos mínimos. Debido a ello, éramos una carga económica para nuestras familias, y la única forma que tenían de librarse de esta responsabilidad era casándonos, para que pasáramos a ser la responsabilidad económica de otro hombre.

Pero incluso aunque fueras una joven que venía de una familia muy adinerada, rara vez eran tuyas esas riquezas. Lo habitual era que te convirtieras en títere de algún acuerdo comercial o político que asegurara a tu familia más poder, más tierras o más influencia. El matrimonio es un acuerdo comercial; ese es su origen. Nos han hecho creer que lo necesitamos para completarnos como seres humanos cuando, en realidad, se estableció simplemente como medio para gestionar la economía. Durante la mayor parte de la historia humana, al menos se tenía una idea más pragmática de la realidad del matrimonio. Ahora, en cambio, esperamos que nuestra pareja sea la otra mitad de una relación económica, además de nuestra pareja romántica *y* nuestra mejor amiga o amigo.

De todos modos, el carácter económico de este arreglo no pertenece al pasado. Sigue vivo y vigente en la actualidad. ¿No conoces a nadie que esté en una relación de pareja por la estabilidad económica que le da? Quizá esa persona seas tú. No hay nada de malo en ello. Dos de mis amigos más queridos son una pareja casada que tiene cuatro hijos y siguen viviendo juntos por motivos económicos. No es una situación fácil de llevar, sobre todo porque ambos miembros han aceptado renunciar a su libertad económica por el bien de la familia o de la relación.

Jamás me oirás decir que está mal lo que han decidido. Es una decisión que han tomado por cómo ha sido su adiestramiento. La decisión en sí no es lo importante. Lo importante es que, cuando se toma, haya mucha claridad sobre lo que se está dando. ¿Es posible estar en una relación de esta clase y seguir en contacto con tu verdad? ¡Por supuesto! Solo que no es fácil.

Una cliente suele hablarme de su hermana durante las sesiones. Crecieron en un barrio de clase media alta, donde todo el mundo estaba siempre pendiente de quién tenía qué, y se esforzaba por estar a la altura del resto. Tanto su padre como su madre trabajaban, por lo que mi cliente y su hermana tenían ahí el modelo para convertirse en dos mujeres que se ganaran la vida ellas solas y pudieran dedicarse a su profesión y a sus aficiones. Su hermana era lo que se dice una lumbrera. Nada más licenciarse en una prestigiosa universidad, había conseguido un trabajo fabuloso en el mundo de las finanzas y, en la actualidad, era una profesional muy respetada. Tenía una vida excelente. Salvo por una cosa.

En algún punto del camino, pese a haber tenido el modelo de una madre que trabajaba fuera, algún aspecto del adiestramiento que había incorporado le dijo que la vida perfecta consistía en casarse con un hombre de éxito y ser ama de casa. ¿Hay algo intrínsecamente malo en esta elección? Claro que no. Dedicar tu tiempo a atender a tus criaturas, estar a su disposición cuando van haciéndose mayores, aconsejarlas cuando más lo necesitan es un trabajo muy exigente y que ningún salario del mundo podría pagar. Pero, en su caso, los problemas empezaron cuando eligió a su marido no porque tuvieran una profunda conexión, o porque él tuviera la capacidad de alegrarla y ayudarla a vivir conectada a su verdad, sino por la realidad práctica de que estaba en condiciones de sustentar económicamente la materialización de la idea que ella tenía de una vida perfecta.

Muchas veces, a mi cliente le cuesta contener las lágrimas cuando me habla de su cuñado y de cómo trata a su hermana ahora que tienen cuatro hijos, de la frecuencia con que le recuerda que ella no hace ninguna aportación económica, así que no hay razón para que tenga que ayudarla a atender a los niños o con las tareas domésticas. No escucha ninguna idea que ella propone, menosprecia cualquier sentimiento que expresa y su respuesta para todo es que fue ella quien eligió esa forma de vida. Para mi cliente es muy doloroso ver a su hermana, una mujer tan inteligente y capaz, llorar a todas horas por un hombre que no solo no ve su magia, sino que hace todo lo posible para asegurarse de que tampoco ella la vea. Y lo consigue: ella se ha olvidado de su verdad para poder estar en esta relación, porque la necesidad económica ha dictado las condiciones. La única explicación a que hoy se encuentre en una situación como esta es la idea de la felicidad que su adiestramiento le inculcó.

A mí, en mi primer matrimonio, mi adiestramiento me decía que hiciera sacrificios similares a estos. Mi adiestramiento me empujaba a pasar rápidamente de la fase de noviazgo a la de matrimonio porque los veinticinco años estaban cada vez más cerca. Fue mi adiestramiento el que me dijo que lo importante no era la profundidad de nuestra conexión espiritual, sino seguir la hoja de ruta predeterminada. Mi adiestramiento me obligó a darle un ultimátum a un hombre que trataba seriamente de no dejarse arrastrar por su adiestramiento y guiarse por el instinto. Y mira a dónde nos llevó mi adiestramiento.

El amor como algo externo

No te inquietes, no soy tan escéptica como para pensar que ese adiestramiento es la única razón por la que nos comprometemos con una relación o buscamos pareja. El amor es, sin duda, una fuerza monumental que nos impulsa a interconectarnos. Es posible sentir un amor genuino por otra persona, un amor tan profundo que, estando con ella, somos mejores. No podemos imaginar nuestra vida sin el amor que nos traspasa el alma en su presencia. Es un sentimiento real. Es lo que hace que la vida sea tan rica, apasionante y valiosa. Sin amor, no somos nada.

Y, sin embargo, la segunda razón por la que nos alejamos de nuestra verdad en una relación es precisamente la creencia limitante que tenemos sobre el amor: creemos que viene de fuera.

Cuando una persona nos trata con amor, creemos que el amor que sentimos es ella quien nos lo está dando; creemos que recibir amor externamente significa que interiormente lo merecemos. No solo nos han enseñado que necesitamos experimentar el amor externo para ser felices, sino que también nos han enseñado que solo en las relaciones románticas puede existir la expresión más elevada del amor. Creemos que la única posibilidad que tenemos de experimentar ese sentimiento mágico es en una relación romántica, y este mito nos hace tratar de conseguirla y conservarla por las buenas o por las malas. Tanto es así que no nos importa sacrificar por ella nuestra verdad y tomar decisiones que sabotean nuestra capacidad de vivir una vida que refleje quiénes somos realmente, lo que realmente queremos y, en última instancia, nuestro propósito de estar aquí.

Pero el amor es una energía que trasciende con mucho todo esto. Cuando reducimos el amor a algo que solo puede ocurrir entre dos personas, estamos dejando que nos limite una idea muy equivocada. El amor es la única verdad del universo. El amor es la energía de la que provenimos. Es la energía que creó todas y cada una de las cosas que vemos. El amor es creación.

Incluso lo que nos hace daño tiene en su base el amor. El miedo, el odio y la violencia no son más que amor desfigurado. La materia prima que es el amor sigue presente en ellos, solo que se ha retorcido, agujereado, diluido y, a veces, parece que haya desaparecido del todo. Amor es cuanto hay. Somos amor; lo que significa que, en realidad, *nunca nos falta* el amor. No necesitamos que nadie nos lo dé para que sea verdad en nuestra vida. El propio hecho de que existamos hace que sea verdad. Ese susurro interior, el fuego que arde en lo más profundo de nuestro ser, *eso* es el amor. Volver nuestra mirada amorosa hacia ese fuego sagrado nos muestra el espacio rebosante de amor infinito que somos. Estamos aquí para dar amor, y sí, recibirlo es importante, si no vital, pero estas no son ni mucho menos las únicas maneras de vivir el amor. Esto no es más que una fracción mínima de su potencial.

Cuando nos liberamos de la equivocada idea de que el amor externo es la única fuente de amor –me refiero tanto al que recibimos como al que pensamos que hemos venido a dar a otras personas–, creamos infinitas posibilidades para el amor dentro de nuestra propia vida. Solo cuando vemos y amamos el fuego que arde en nuestro interior atraemos a nuestra vida esa misma energía. Entonces podemos dar y recibir amor desde la verdad, en lugar de intentar llenar un vacío que nunca podrá llenarse desde el exterior.

Voy a ser más clara: solo si me amo a mí misma puedo aceptar de verdad el amor que me llega. Sin esa base, no me considero realmente digna de amor, y por mucho amor que se me dé, nunca me parecerá suficiente.

Apego e identidad

Un día, un amigo muy querido me contó que no soporta conocer a las parejas de sus amigos. Nos reímos un rato y, cuando le pedí que me explicara por qué, me dijo que le cuesta muchísimo pasarse todo el almuerzo o la cena viendo a su amigo convertirse en otra persona en presencia de su pareja.

Cuando lo oí expresarlo así, me paré a pensarlo. *Tiene razón*.

Ese adiestramiento del que hablábamos y la creencia de que el amor es algo externo tienen mucho que ver con que alteremos nuestro comportamiento en una relación. Es comprensible que lo hagamos. Como creemos que las relaciones románticas definen cuánto valemos, para que la otra persona nos siga queriendo nos convertimos en lo que quiere o necesita que seamos. Sin embargo, creo también que nuestras identidades se enredan con nuestro estado civil. «Esposa», «marido», «pareja». Nos tomamos estos títulos muy en serio, cuando lo que deberíamos tomarnos en serio son los compromisos que representan. Un compromiso no es lo mismo que una identidad. Cuando confundimos ambos conceptos, perdemos de vista quiénes somos.

¿Qué pasa si tu Yo Superior te susurra algo que no encaja en ninguna de esas categorías? ¡Crisis de identidad! Lo veo constantemente.

–Pero soy un hombre casado y tengo dos hijas –comentó hace poco un cliente después de que en una sesión descubriéramos que lo que en realidad quería era dejar el trabajo de director ejecutivo y dedicarse a su pasión, que es la fotografía de viaje.

La pareja tenía ahorros más que suficientes para hacer realidad este sueño, sin entrar ya en que su marido tenía un trabajo muy bien remunerado.

–¿Qué tiene que ver una cosa con la otra? –le pregunté–. Y lo que es más importante, ¿has pensado en hablar de esto con tu marido? ¿Estás seguro de que se lo tomaría a mal?

Al final, habló con él, y, por supuesto, su marido no se sorprendió. De hecho, se sintió aliviado. A menudo, nuestras parejas ven con claridad las verdades que intentamos enterrar en lo más profundo de nuestro ser; nos ven alejarnos de quienes somos cuando ignoramos nuestra verdad. Si realmente nos quieren, su mayor deseo es que reconozcamos esa verdad y busquemos la manera de hacer realidad eso que nos apasiona. Quieren vernos vivir de una manera más auténtica. Sin embargo, el apego que tenía mi cliente a su identidad de marido y padre le decía algo distinto. Le decía: *Esto es enteramente quien eres, además de director ejecutivo. No hay sitio para nada más.*

Nos apegamos a estas identidades: la de la persona que creemos que debemos ser para mantener una relación y, además, la de la función que cumplimos dentro de ella. Lo que pasa es que somos seres que cambian constantemente. Crecemos y nos expandimos, y eso es lo verdaderamente importante. Nuestro verdadero trabajo aquí en este planeta es seguir creciendo y creciendo hasta que ya no podamos crecer más. ¿Te das cuenta de que el apego a una identidad que asumiste en cierto momento de tu vida para asegurar tu relación de pareja puede entorpecer por completo tu expansión?

Este apego a la identidad que hemos asumido en la relación puede hacer que le tengamos mucho miedo al Yo Superior. Sabemos que está ahí, susurrándonos constantemente, y sabemos también que puede susurrarnos verdades que nos obligarían a cambiar los términos de quienes prometimos ser. Muchas veces pienso que de aquí viene lo de la crisis de la mediana edad. El hecho de que ocurra en la «mediana edad» en realidad es lo de menos; la parte importante es que, de repente, alguien deja de ser quien prometió que sería. Esa maduración y expansión es muy inquietante para quienes contaban con que esa persona no cambiaría nunca, y por eso se describe como una crisis.

Pero ¿y si, por el contrario, empezásemos las relaciones sabiendo que lo único que es constante en la vida es el cambio? ¿Y si, en lugar de prometer que seguiremos siendo iguales para siempre, prometiéramos seguir escuchando la voz que nos impulsa a crecer? ¿Y si nuestra promesa a las personas que amamos fuera que les facilitaremos siempre la expansión? Mi actual marido y yo nos hicimos estos votos cuando nos casamos. No nos prometimos amarnos, honrarnos y cuidarnos en la salud y en la enfermedad.

Nos prometimos ver siempre el Yo Superior el uno del otro y ser como una linterna cuando él o yo perdiéramos de vista nuestra propia verdad. Prometimos animarnos mutuamente a crecer y a expandirnos, incluso aunque eso significara avanzar en direcciones diferentes, porque eso es el amor.

El amor es crecimiento. El amor entre dos personas consiste en facilitar ese crecimiento. Cuando no somos conscientes de esta realidad, favorecemos que ese crecimiento se produzca como resultado de hacernos daño mutuamente. Sin embargo, cuando somos conscientes de ella, lo facilitamos a través de la autoexploración y las conversaciones valientes. Lo hacemos sin miedo a lo que podamos perder. Si realmente amamos a alguien, lo que más nos importa es que viva su verdad, y no que la oculte para no herirnos.

El amor sólido y real se traduce en querer que ambas partes de la pareja encarnemos plenamente nuestra verdad. El amor es liberación. El problema es que, al menos a mi parecer, nuestra sociedad está predispuesta en contra de quienes no se ajustan a la norma, es decir, al compromiso monógamo entre un hombre y una mujer.

La mayor parte de lo que sé sobre el amor en los seres humanos lo he aprendido en mi trabajo de *coach* gracias a mis clientes *queer*. He visto cómo aprendían a amar, en primer lugar, lo que había en su interior. He visto cómo aprendían a honrar su verdad por encima de todo. He visto cómo empezaban a valorar tanto la relación con su Yo Superior que ya no habrían renunciado a ella para conseguir aceptación. Eso es una gran fortuna. Viven en un mundo que les dice que no deberían existir. La única forma de sobrevivir a un rechazo tan absoluto de tu verdad es aprender a amarla intensamente.

Si todos los seres humanos comprendiéramos que el amor es una fuerza interna salvaje y libre que está ilimitadamente a nuestra disposición, quizá dejaríamos de sentir la necesidad de negárnoslo unos a otros o de dárnoslo con tanto miramiento. Quizá ya no sentiríamos la necesidad de guardárnoslo, como Gollum el anillo de oro, hasta convertirnos en seres tan retorcidos y desfigurados a causa de nuestro rol de guardianes del amor que al final ahuyentamos precisamente aquello que necesitamos por encima de todo.

Puedes tener las dos cosas.

Tu relación de pareja no es el final de tu viaje hacia el Yo Superior; todo lo contrario: está aquí para facilitarte el viaje. Tu pareja puede ser una luz que te guíe en el camino, ya sea porque te refleje tu Yo Superior para que, incluso cuando lo pierdas de vista, recuerdes tu gloria inherente, o ya sea porque no ve tu Yo Superior en absoluto, lo cual te recordará lo triste y difícil que es vivir sin conexión con esa versión de ti y te hará valorarla por encima del deseo de satisfacer a tu pareja.

No, esto no significa que tengas que terminar tu relación con ella para restablecer la conexión con tu Yo Superior. No es necesario que elijas una cosa o la otra. Hay muchas posibilidades intermedias. Puedes tenerlas ambas, pero debes tener la determinación para no hacer caso de ninguna de las voces que te dicen lo contrario. Significa que tendrás que examinar tu adiestramiento, tu necesidad de aprobación externa y cómo defines tu identidad cuando estás en una relación.

Tu Yo Superior está esperando a que te decidas a hacer este examen, deseoso de guiarte. De hecho, puede que te haya estado susurrando a lo largo de este capítulo. ¿Qué es lo que te dice, que te da miedo oír? ¿Y si yo te dijera que no te compromete a nada escucharlo, que por ahora basta con que oigas lo que te quiere decir y que no es necesario que hagas nada con la información que recibas?

Si estás en una relación que no te permite ser quien eres, o en la que te sientes en la obligación de actuar de cierta manera solo para que la otra persona se sienta a gusto, tu Yo Superior tratará de sacarte de ese papel y de reconectarte con quien de verdad eres. Pero recuerda esto: sea cual sea el cambio –tanto si empiezas a tener un comportamiento más sincero con tu pareja actual que transforme la relación, como si reúnes el valor necesario para marcharte–, lo que hagas te estará llevando hacia el amor verdadero. Cuando llegues a él, será puro éxtasis.

La experiencia del amor sanado es tan fortalecedora y plena que, una vez que la vivas, no reconocerás a la persona que se conformaba con menos. Sabrás que has llegado a él cuando la parte más franca y verdadera de ti pueda existir libremente y tu pareja la acoja y responda a ella con alegría y ternura. Lo sabrás cuando tomes decisiones personales sabiendo que tu pareja respetará lo que sea mejor para ti; porque aunque alteren sus planes o la incomoden de alguna manera, sabe que lo que sea mejor para ti *es* lo mejor para la unión que tú y ella habéis creado.

Eso es lo que tu Yo Superior quiere: que sanes tus heridas internas a través de tu relación con él, en lugar de buscar que alguien lo haga por ti. Desde ese espacio sanado, elevas tu frecuencia energética y alcanzas un nivel completamente nuevo, donde reconocerás a otras personas que han hecho lo mismo. Aquí encontrarás parejas que no esperan que las completes, sino que están completas en sí mismas, lo que te permite seguir creciendo y expandiéndote exactamente como tu alma desea, mientras ellas hacen lo mismo a tu lado. Que alguien te ame de esta manera te hará estar aún más en sintonía con tu Yo Superior. Empezarás a ver que la auténtica relación de pareja solo es posible cuando sigues tu verdad, tus deseos y tu profunda sabiduría interior. Esto es el amor: amarte y amar a tus seres queridos tan completamente que no intentas poseerlos, sino que quieres que sean libres de vivir su verdad y ascender, por tanto, hacia su frecuencia más elevada.

No sé si leer esto te da miedo. Nos enseñaron que el amor es posesión, y que libertad y amor son incompatibles. Tus creencias limitantes te dicen que si concedes libertad a tu pareja, ya no elegirá estar contigo. ¿Te das cuenta de lo disparatado que es esto? ¿Cómo es posible que creamos tener derecho a interponernos en el camino de la persona amada e impedir que se expanda hacia su Yo Superior solo para seguir teniendo la seguridad que necesitamos y que siga llenando nuestro vacío? Esta es una renuncia que no se le debería pedir a nadie.

Sin embargo, a la mayoría se nos ha enseñado a temer que nuestra pareja tenga la libertad para descubrir quién es. Se nos ha enseñado a temer que ese viaje de autodescubrimiento la haga abandonarnos. Así que, a causa de esa creencia limitante y del miedo atroz que nos provoca, decidimos mantener prisionera a nuestra pareja apelando al compromiso que contrajo en una etapa anterior del viaje de expansión de su alma.

Así es como los seres humanos acabamos estancados, infelices e insatisfechos, y desconectados de nuestro Yo Superior. Convertimos el compromiso en un pacto que obliga a nuestra pareja a prometer que no cambiará nunca, y, por la misma razón, creemos que también la llamada del Yo Superior a nuestra propia expansión es peligrosa, de modo que la ignoramos. Así es como las relaciones nos alejan de nuestra verdad más elevada. En cambio, cuando encontramos el amor desde un espacio sanado, ese amor que nos permite expandirnos puede ser el mayor catalizador para sintonizarnos con el Yo Superior.

Te lo aseguro, y no porque quiera convencerte, sino porque yo di ese mismo salto aterrador. Es cierto, a mí me apartó de mi primer matrimonio. Y no te voy a mentir, fue doloroso. Pero ese dolor fue precisamente lo que me llevó de vuelta a mi Yo Superior... al cabo del tiempo.

EXPLORACIÓN: ***Análisis profundo de las relaciones***

En este ejercicio, vas a tener ocasión de descubrir cómo han influido tus creencias limitantes en tu vida sentimental y de crear algo nuevo que esté en consonancia con tu Yo Superior. Utiliza las siguientes preguntas para explorar y reconstruir:

1. Piensa en algunas de tus creencias limitantes que hayan influido en cómo has entendido y vivido el amor romántico en el pasado. ¿Hasta qué punto están influenciadas esas creencias por las relaciones que has visto en otras personas? (Podría ser la relación entre tu padre y tu madre o entre otras parejas que conozcas).

2. ¿Qué crees que dice de ti el hecho de estar en una relación?

3. Si tus respuestas a la pregunta anterior han sido positivas, ¿crees que tienes que estar en una relación para que todo eso sea cierto? Si es así, ¿por qué?

4. Si el amor romántico solo fuera una vía para encarnar cada día más tu Yo Superior:
   - ¿Cómo sería estar en esa relación?
   - ¿Cómo sería tu pareja?
   - ¿Qué te sería posible vivir en esa relación que no tienes posibilidad de vivir en la actualidad?

Capítulo 7

De bruces contra la pared

Tenía veintiséis años cuando murió mi abuela. Al volver a casa después del pequeño funeral que se celebró en casa de mi madre, encontré a mi marido casi inconsciente en el sofá. Se había olvidado del funeral porque había salido a beber con un amigo.

En algún momento cambiará, me dije por décima vez en lo que iba de año.

Sabía que algo iba mal en nuestra relación, pero trataba de ignorarlo porque, por encima de todo, quería estar casada. Nuestra luna de miel no se había parecido en absoluto a lo que hubiera sido de esperar. Luego, solo un año después de la boda, una noche recibí una llamada de la policía de tráfico: «Su marido ha tenido un accidente. Está en urgencias».

Era más de medianoche cuando me puse al volante camino del hospital, temblando de asustada que estaba. Debía de ir haciendo eses por la carretera, y de repente un coche patrulla me hizo señales para que me detuviera; era el mismo policía que unas horas antes había encontrado a mi marido en el arcén de la autopista. En cuanto vio cómo me temblaban las manos sobre el volante, pensó que yo también iba conduciendo borracha. ¡Ironías de la vida! Esa noche le pusieron a mi marido setenta grapas en el cuero cabelludo. Unos días después, mientras mirábamos las fotos del Toyota Scion destrozado, me prometió, mientras el miedo le corría por las venas, que nunca volvería a beber.

Pasó un año. Una noche, cuando nuestra primogénita tenía seis meses, mi marido había salido con sus amigos y por la mañana temprano aún no había vuelto. Temblando de miedo una vez más, salí a la calle con la esperanza de ver sus faros acercarse por la carretera, pero, en lugar de eso, me lo encontré dormido en el jardín de la vecina.

A los veintiocho años, descubrí que nuestro segundo bebé estaba en camino. Mi matrimonio se había convertido en un ciclo predecible y agotador: ocurría algo terrible a causa de la bebida, mi marido se asustaba mucho y me prometía que iba a dejar de beber, esto duraba unos días y luego llegaba el «bueno, solo una copita de vino con la cena», y todo volvía a empezar. Mientras tanto, teníamos una niña pequeña a la que atender y un matrimonio que mantener a flote.

Era como si, entre los votos matrimoniales, hubiera estado mi compromiso tácito de ser la que se encargaría de cuidar de ese matrimonio. Así que era yo la que, tras sus exabruptos alcohólicos, salvaba las situaciones sonriendo delante de nuestros familiares y amistades para ocultar la vergüenza que sentía. Era yo la que ponía la otra mejilla después de que el alcohol elevara su ira de tolerable a temible, y la que me levantaba cada mañana y me iba a trabajar y daba de mí el doscientos por cien para dar de comer a la familia porque no había elección.

Fue así durante años. Yo era una mujer con estudios, perfectamente capaz de abrirme camino sola, y tenía además una madre y una hermana extraordinariamente comprensivas que me apoyaban en todo. ¿Cómo permití que otra persona llevara el timón de mi vida hasta hacerme perder el rumbo de aquella manera?

En el fondo, sabía que algo iba mal en nuestra relación, pero trataba de ignorarlo.

¿Por qué?

Lo hice por las cosas en las que creía. O mejor dicho, lo hice por las cosas en las que las creencias limitantes que había interiorizado me condicionaban a creer.

Como era la hija pequeña de una familia desestructurada, estaba convencida de que la única manera de tener la seguridad que necesitaba era formar una familia nuclear tradicional. Como era una chica iraní-estadounidense confundida e incomprendida y nunca me había sentido integrada, creía que tener a alguien que me quisiera –*quien fuese*– sería suficiente. Como había crecido sin tener a mi padre al lado, creía que recibir la atención de un hombre sería una bendición por la que bien valía pagar lo que hiciera falta.

Todas mis creencias limitantes se unieron para hacerme buscar la vida que creía que debía desear. Las carencias que había sentido en mi infancia se mezclaron con las ideas que había interiorizado sobre lo que significaban la felicidad y la satisfacción, y todo ello me dijo que esa era la vida que debía desear.

Las cosas llegaron a un punto crítico cuando otra voz empezó a cuestionar todas esas creencias. Detrás de la fachada de silenciosa tolerancia, se estaba gestando una tormenta. Se desató dentro de mí una batalla entre dos fuerzas muy poderosas: mi Yo Superior y mis sistemas de creencias limitantes. Mi Yo Superior, la guerrera gentil que había en mí, empezaba a abrirse paso, susurrándome con confianza que era posible vivir una vida que no fuera tan dura y estuviera tan llena de dolor.

Mi dulce guerrera interior hacía que me fuera muy difícil seguir quitando importancia a las largas noches de discusiones a gritos potenciadas por el alcohol. No me dejaba dormirme, con pensamientos tan simples como *No tienes por qué vivir así.* Obligaba a mi voz contraída en la garganta a romper el bloqueo y salir. Se enfrentaba a la amedrentada voz del miedo –que me decía que no empezara otra discusión ese domingo por la tarde o me arriesgaba a perder el amor de mi marido la víspera de mi cumpleaños– susurrando una idea que era nueva para mí: *El amor que se gana guardando silencio no es amor.*

Poco a poco, su voz susurrante fue cobrando fuerza. Me decía constantemente que el silencio en el que vivía sumida no era mi verdad, que tenía cosas que decir, muchas. Mi guerrera interior era audaz. Era grandiosa y detestaba, detestaba muchísimo, cuánto habíamos tenido que encogernos para caber en aquel matrimonio, en aquella vida. Ella quería más, mucho más, y empezaba a cansarse de que la empujara a los recovecos de mi mente, de que le dijera que no era real, que era igual de imaginaria que un cuento de hadas. Se hizo poderosa y canalizaba hacia mí sus indicaciones a través del único lenguaje que podía utilizar conmigo: mi intuición.

Pero el miedo no estaba dispuesto a ceder tan fácilmente su poder. Cada vez que decidía hacerme oír, se abría paso al instante hasta eclipsarlo todo, y gritaba más fuerte y más claro que nunca: *NO ESCUCHES ESA VOZ IMAGINARIA*. Mi voz del miedo se había desarrollado a lo largo de toda una vida para intentar protegerme. Mi miedo interpretaba cada experiencia dolorosa como una prueba más de que necesitaba su protección para sobrevivir. En ese matrimonio, me suplicaba: *Para estar a salvo, necesitamos tener una familia... ¡No lo estropees!*

A pesar del poder del miedo, mi Yo Superior no se rendía. Aparecía en mis momentos de tranquilidad, en mis sueños, en mis momentos de dolor, haciéndome llegar siempre el mismo mensaje amoroso, suave, pero poderoso: *Hay mucho más que esto esperándote en la vida, y te aseguro que lo tendrás*. No le importaba que lo ignorara. No le importaba que me diera miedo. Seguía apareciendo y susurrándome ese mensaje con la plena certeza de que, algún día, cuando lo recordara y me diera cuenta de la verdad que había en él, por fin escucharía.

Ese momento me llegó finalmente a los veintinueve años, embarazada de ocho meses de mi hijo, sentada en el suelo de la cocina llorando tras otra violenta discusión con mi marido, oyendo sus insultos mientras lo veía salir por la puerta y desaparecer en el jardín. Me quedé allí sentada, sin poder levantarme. Seguía allí, derramando toda mi tristeza y mi dolor sobre el suelo de la cocina cuando volvió a entrar. Mientras pasaba a mi lado, se detuvo, me miró con cara de repulsión, sacudió la cabeza y siguió su camino. Me dejó allí, para que me las arreglara yo sola con mi desconsuelo y, cuando terminara de llorar, encontrara la manera de levantarme clavando los dedos en las puertas de los armarios.

¡BUM!

Fue como si dentro de mí una compuerta herméticamente cerrada se abriera de golpe. Verlo alejarse y dejarme allí con mi dolor fue cuanto hizo falta para que mi Yo Superior finalmente se abriera paso, haciendo añicos la pared de cristal con la que me había propuesto separarlo de mí.

Es hora de irse –me dijo–. *No será fácil, pero valdrá la pena.*

Tuve a mi hijo y, dieciocho meses después, me separé de mi marido.

El proceso del fénix

Esos dieciocho meses fueron una lección magistral sobre cómo reunirme con mi Yo Superior. Los momentos de miedo se entremezclaban con momentos de claridad intuitiva.

Entiéndeme, el hecho de que mi Yo Superior finalmente se impusiera con una orientación clara no significa que mi voz del miedo se dejara ganar de inmediato. Un día me ponía contenta porque había dado cuatro pasos adelante –cuatro pasos hacia mi libertad–, y al día siguiente retrocedía cinco. Era una danza entre mi Yo Superior y todas mis creencias limitantes. Pero en esa danza comencé a expresarme más, a dedicarme más a mí y a las cosas que me gustaba hacer, a pasar más tiempo con las personas queridas, a hacer viajes cortos sin él a Carolina del Norte para ver a mi familia, y empecé a ver cómo la posibilidad de una vida sin él iba tomando forma.

En el momento en que esa visión se me presentaba con transparencia, el miedo se rebelaba y me decía lo que en la práctica iba a significar esa visión: fines de semana sin mis bebés, la soledad de una cama fría por las noches, convertirme en la misma madre a la que de niña había visto sufrir tanto...

Algunos días pensaba que el miedo tenía razón, y volvía a ponerme en la cara la sonrisa falsa, cedía, me quedaba callada, me distraía de las cosas que no quería ver. Pero poco a poco, a medida que la vida que había tenido hasta entonces se iba desmoronando, empecé a sentir que mi Yo Superior era menos un enemigo del que defenderme o una voz molesta que obligarme a ignorar, y más una pareja de baile; al principio me había costado seguirla y nos movíamos con torpeza, pero, desde que estaba aprendiendo a dejarme llevar, bailábamos juntas y nuestros movimientos eran cada vez más armoniosos y elegantes. Al ver que me acordaba de quién era y que la escuchaba de nuevo, mi guerrera interior empezó a hablarme con más claridad, fuerza y firmeza.

Estaba en **el proceso del fénix**. La primera vez que oí esta expresión fue poco después de mi divorcio, cuando leí el maravilloso ensayo autobiográfico de Elizabeth Lesser *Broken Open* [Abierta por la fuerza], en el que relata su propio divorcio y autorrealización. En nuestro viaje, el proceso del fénix comienza con un acontecimiento o momento mágico, doloroso y trascendental que nos cambia la vida para siempre, en el que todo lo que creíamos real, o lo que creíamos ser, se reduce a cenizas para que pueda surgir otro yo más poderoso.

Me encanta este mito, porque es la alegoría perfecta del despertar a tu Yo Superior. El ave fénix es un símbolo ancestral del renacer. En la mitología egipcia, esta ave –único miembro de su especie– era como una gran águila de impresionantes plumas doradas y escarlatas y canto melódico. Vivía quinientos años y, cuando se acercaba el final de su vida, creaba su propia pira funeraria con ramas y especias y se prendía fuego. Consumida por las llamas, el ave fénix se deshacía en cenizas, pero de la pira, milagrosamente, surgía una nueva.

Esa muerte es el momento en que conectas con tu Yo Superior. Ese momento es la oportunidad que tu Yo Superior ha estado esperando pacientemente. Durante todos los años que has ido creciendo y olvidándote de tu amigo fiel, ignorando a cada momento sus amorosos susurros persistentes y haciendo caso de las opiniones de los demás, tu Yo Superior ha estado a tu lado, imperturbable, sabiendo que este día llegaría. El día en que el mundo que habías construido con cartón pintado pierde su aparente realidad y se muestra como la ficción hueca que es. El día en que miras a tu alrededor y te das cuenta de que las cosas que creías querer no son reflejo de quien realmente eres. Ese anhelo que tantas veces percibes en tu interior, esa voz que te dice: *Hay mucho más que esto esperándote en la vida*, es la llamada de tu Yo Superior animándote a que busques su presencia. A que te unas nuevamente a él y, en esa unión, descubras quién eres. Una vez que oyes su voz, no puedes hacer como si no la hubieras oído.

Estás aquí en la Tierra para descubrir quién eres. En el viaje hasta donde estás ahora, has tenido que pasar algún tiempo dando vueltas al compás de la sinfonía de presiones e ideales que sonaba a tu alrededor. Es como si hubieras estado probándote una montaña de chaquetas, una a una, buscando la que te quedara perfecta. A veces encontrabas una que te sentaba de maravilla, que era *tu* chaqueta, expresamente hecha para ti. Pero al cabo de un tiempo, cuando más a gusto te sentías con ella, de repente crecías y te empezaba a apretar. Esto también forma parte del viaje. La pregunta que intentas responder es muy seria: *¿Quién soy realmente?*

Es comprensible que no lo sepas. Recuerda que desde edad muy temprana te han condicionado para que no te conozcas plenamente. Te han enseñado a valorar más las respuestas que dan otras personas a esa pregunta que las que puedas dar tú. Por eso el proceso del fénix es una parte tan preciosa de tu viaje espiritual: porque te despierta de nuevo a los *anhelos de tu alma*. Llegar a este despertar puede ser muy doloroso. Ver cómo las cosas por las que has luchado y a las que te has apegado se desmoronan puede ser devastador.

Sin embargo, es en esos oscuros y devastadores momentos de transformación cuando puedes decidir quién quieres ser.

La transformación forma parte natural de la vida aquí en la Tierra, y sin embargo nos resistimos a ella con uñas y dientes. Vemos cómo las hojas de los árboles cambian del verde al naranja y al rojo en los espléndidos paisajes otoñales, y luego las vemos caer al acercarse el invierno. En la infancia, sostenemos en la mano una pequeña oruga y nos maravillamos del capullo que crea a su alrededor, del que emerge luego convertida en una mariposa de vivos colores. Entendemos perfectamente que la vida entera es transformación, pero, cuando se trata de nuestra vida, nos oponemos a que se transforme.

La noche oscura del alma

El cambio nos asusta porque nos pone ante lo desconocido, y eso –como bien has adivinado– da miedo. En lenguaje espiritual, suele llamarse a esta experiencia **la noche oscura del alma**: la parte del viaje en la que nos adentramos en lo desconocido y nos envuelven de pronto más preguntas que respuestas, más oscuridad que luz.

En la noche oscura del alma, nos encontramos cara a cara con nuestras sombras. Nos encontramos con las partes de quienes somos que rezuman dolor, vergüenza y miedo. Nos aterra pensar en mirarlas de frente. Tenemos la certeza de que no podremos soportar el horror de que nos gruñan entre dientes y nos claven sus ojos macabros. Creemos que esas sombras son criaturas de otro mundo, como sacadas de una película hollywoodiense de terror. Así que las evitamos a toda costa y miramos a otro lado; se nos hiela la sangre solo de pensar en encontrarnos con su mirada.

Era Nochevieja, y yo estaba sentada en la pequeña sala de un oscuro apartamento de dos habitaciones a seis kilómetros de mi casa. Mi hija, de dos años, y mi hijo, de quince meses, me esperaban con su padre en casa de nuestra vecina Lea, que había organizado una cena. Estaba claro que me iba a retrasar. Posiblemente el marido de Lea se extrañara de que mi familia se hubiera presentado en su casa sin mí, pero a ella –que es en la actualidad una de mis mejores amigas– no le preocupaba tener que esperarme ni le había extrañado en absoluto que no hubiera llegado aún. Sabía dónde estaba: era ella la que me había enviado allí.

Así que allí estábamos llenas de expectación mi hermana y yo, en aquella pequeña sala esperando, durante lo que empezaba a parecerme una eternidad, a que una mujer llamada Rhea nos hiciera pasar.

«Es tarotista –me había dicho Lea unas semanas antes–. ¡Tienes que ir a verla! Te cambiará la vida».

Yo sentía una mezcla de curiosidad y terror. Hasta entonces, todo lo «sobrenatural» me había dado mucho miedo. No quería saber cosas que después ya no iba a poder hacer como que no sabía, ni ver algo que después no iba a poder hacer como que no había visto. Era lo bastante consciente de mis propios dones intuitivos como para tener la impresión de que, si profundizaba un poco en ellos, quién sabe si no me convertiría en una de esas «chifladas» de las que la gente se burla. Percibía cosas a mi alrededor, tenía sueños proféticos, sabía cuándo iban a suceder cosas buenas o malas... ¿De verdad estaba obligada a descubrir también que, por ejemplo, tenía el don de ver a los muertos? ¡No, gracias! Las personas como Rhea me daban miedo, probablemente porque temía lo que pudiera estar al acecho dentro de mí.

Me dediqué a juguetear con el cojín del sofá, mirando cómo la rodilla se me movía rítmicamente arriba y abajo, mientras esperábamos a que Rhea nos llamara para entrar en la habitación donde me haría la lectura.

–Relájate –me dijo mi hermana con una sonrisa tranquila.

–¡Estoy relajada! –le espeté.

Cuando Rhea finalmente nos hizo llamar, la mujer que estaba allí esperándonos no se parecía en nada a como la había imaginado. Con su aspecto afable, su dulce sonrisa y su metro y medio de estatura, me recordaba más a un hada madrina que a la bruja aterradora que mi mente «disneyficada» esperaba encontrar.

¡Si es solo una agradable señora! –pensé–. *No hay de qué preocuparse*.

Nos sentamos frente a ella y me entregó un mazo de cartas para que las barajara. Al tocar las cartas, con los bordes desgastados, tuve la clara impresión de que Rhea llevaba mucho tiempo dedicándose a aquello.

–¿Qué quieres saber? –me preguntó cuando empecé a poner sobre la mesa las cartas divididas en tres montones, uno al lado del otro, como me había indicado.

–Mmm, no estoy muy segura. Creo que me gustaría tener una visión general de mi vida... Si es algo que puedes darme –murmuré, un poco dubitativa.

Rhea empezó a mover despacio las manos en el aire sobre los tres montones, y uno de ellos parecía atraerla especialmente; a continuación, inició la lectura. Dio la vuelta a la primera carta, y a la siguiente, y continuó hasta que hubo diez cartas bocarriba sobre la mesa. Respiró hondo y sonrió.

–¿Así que estás divorciada?

–¿Qué? ¡No! –exclamé.

–Ah, lo siento muchísimo. Normalmente no veo esta clase de cosas a menos que la persona a la que le estoy haciendo la lectura ya las sepa. En tu caso, me ha parecido evidente –respondió, igual de desconcertada.

El instinto de lucha o huida se activó en mí de inmediato: *Te va a decir cosas que* no *quieres oír. Levántate y* ¡escapa!, me gritaba dentro la voz del miedo. Recordé la sonrisa pícara de Lea cuando me dijo que fuese, después de que le contara entre lágrimas la última pelea que había tenido con mi marido y lo perdida, agotada y desesperada que estaba.

No podía levantarme e irme ahora. Esa era la respuesta, y lo sabía. Me iba a divorciar. No era lo que quería ni lo que esperaba oír. Aun así, seguí escuchando.

A partir de aquel día, Rhea fue una ayuda muy valiosa en el viaje para la plena reconexión con mi Yo Superior. Me enseñó que uno de los mayores retos en la vida de cualquier ser humano es precisamente esa reconexión: el sentido último de las noches oscurísimas del alma que atravesamos con terror y un dolor profundo.

Me enseñó también que, en esas partes oscuras, está prisionera una parte de quienes somos mucho más delicada.

Nunca olvidaré la primera vez que Rhea me guio a lo más profundo de mi oscuridad. Me senté aterrorizada en el sofá, cerré los ojos y, a medida que avanzaba la visualización, íbamos adentrándonos más y más en mis profundidades para encontrar el dolor. Estaba convencida de que no tendría fuerzas para enfrentarme a la criatura espantosa que había escondida allí: al monstruo que me manipulaba desde hacía tanto tiempo, que me hacía tomar decisiones tan equivocadas, que me había incitado a labrarme una exitosa carrera profesional que me dejaba vacía y a insistir en un matrimonio que había sido un fracaso y una tortura. ¿Qué clase de criatura podía desearme cosas tan terribles?

El corazón me latía con fuerza mientras Rhea me decía que mirara a mi alrededor en la oscuridad. Empecé a percibir una figura agachada, escondiéndose de la luz, al fondo de una cueva muy profunda.

«Ilumínala», me indicó Rhea.

A pesar del terror por lo que estaba a punto de revelárseme, visualicé una luz que recorría el espacio donde estaba agazapada la figura. Y cuando finalmente el foco la iluminó, no podía creer lo que vi: no un demonio, ni un monstruo; allí, temblando en las sombras, estaba yo a los seis años, aterrada y sola. Sentí infinita ternura por aquella niñita. Deseaba con todas mis fuerzas abrazarla y protegerla de la soledad de la cueva. Era un sentimiento de amor que solo puedo comparar con lo que siento por mi hija y mi hijo cuando están tristes o me necesitan. Que un ser humano se ame a sí mismo así, eso es para mí la sanación.

Esas sombras internas que intentamos a toda costa rehuir nos resultan familiares porque *lo son*. Esos aspectos oscuros que no nos atrevemos a mirar son sencillamente nuestro yo de la infancia atrapado en su dolor y su vergüenza. Ojalá nos lo hubieran dicho hace mucho tiempo. Entonces habríamos sabido qué hacer. En lugar de confundir esas sombras con nuestra realidad de cada momento, las habríamos visto por lo que eran: proyecciones del sufrimiento pasado que sigue esperando sanación. Cuando confundimos todas esas creencias y ese dolor del pasado con nuestra realidad actual, vivimos con el convencimiento de que lo que se proyecta en la oscuridad, todos esos momentos dolorosos, está a punto de cobrar vida y devorarnos.

Por lo que he experimentado personalmente, y lo que he visto al acompañar a muchas otras personas a través de su noche oscura del alma, sé que si no logramos entender esta experiencia como la fase *sanadora* de nuestro viaje espiritual y abrir los ojos, todo eso que nos aterra ver toma el mando de nuestra vida. Vivimos reaccionando a todo. No queremos descubrir nuestra verdad y lo único que hacemos en la vida es intentar escapar del dolor. De aquí nacen las paranoias de tal cantidad de mis clientes sobre cómo se comportan los cofundadores, los productores, la directora, los socios, sus colegas de trabajo... En lugar de adentrarse en la oscuridad para encontrar la parte más tierna y asustada de quienes son, reaccionan desde los miedos que existen en esa oscuridad.

Veo cómo a estas personas sus creencias limitantes las convencen de que no se las valora, y por lo tanto están siempre en guardia y se mueven con recelo en el lugar de trabajo o entre sus colegas. En lugar de reconocer esas creencias como proyecciones de una parte de sí mismas frágil y temerosa, las confunden con su realidad actual y se ponen a la defensiva. Según mi experiencia, esta es la fuente de todos los conflictos. Nuestro pequeño yo, nuestra parte más asustada, se alarma por cualquier motivo y, en lugar de dedicarle el tiempo y los cuidados que necesita, nos dejamos arrastrar por él, y reaccionamos y atacamos como acto de protección.

¿Cuántas decisiones he tomado en mi vida impulsada por el miedo de esa niñita que estaba escondida en la cueva? Esa niñita que no podía ver con claridad, enterrada bajo todo el dolor y la confusión que había experimentado. Lo único que sabe ese pequeño yo es que no se siente a salvo y que tiene que defenderse, por lo cual proyecta en el presente esa paranoia. Si no encontramos e integramos esa parte de quienes somos en un espacio sanado dentro de nuestro yo actual, esa vocecita asustada y paranoica intentará siempre convencernos de que no confiemos en nadie, y viviremos una vida hecha solo de proyecciones y reacciones.

Dedico mucho tiempo a ayudar a las personas a reconectarse con esa parte olvidada de sí mismas. Es un momento auténticamente transformador en nuestro trabajo, ese en el que veo a mis clientes abrazar esta parte de sí y darse cuenta de que, en lugar de hacer caso de sus proyecciones nacidas del miedo, lo único que tienen que hacer es reconocer y amar ese aspecto de quienes son. Veo cómo se produce un cambio genuino en sus relaciones con otras personas después de este momento. Una vez que identifican su yo asustado y se dan cuenta de las creencias limitantes que proyecta actualmente en sus relaciones con los demás, aprenden también a sintonizar con su saber intuitivo. Entonces actúan con la gente desde un lugar sanado que es sabiduría, y no desde el miedo.

Interactuar desde el miedo es lo que intoxica nuestros comportamientos. Es lo que nos da permiso para tratar tan mal a nuestros semejantes. Cuando nos creemos las proyecciones de nuestro yo asustado, nos comportamos como la peligrosa criatura que a mí me daba tanto miedo encontrar al fondo de la cueva en mi viaje hacia la sombra. ¿Recuerdas que te decía que al interactuar con la toxicidad de la gente, debes tener muy en cuenta que sus reacciones nunca tienen nada que ver contigo? Esta es la razón. Cuando veas a alguien actuar con crueldad o desconsideración, su comportamiento viene de ahí: de ese pequeño yo sin sanar, aterrorizado y avergonzado, que tiembla en algún rincón oscuro en su interior.

El otro posible comportamiento que ese pequeño yo herido proyecta en muchos casos es una total y absoluta incapacidad para poner unos límites sanos en las relaciones. Veo con frecuencia a personas que, como dan por hecho que las creencias limitantes que tienen sobre sí mismas son verdad, sienten que su única forma de demostrar que valen algo es haciendo lo que piensan que la gente quiere o espera de ellas, en lugar de hacer o darse lo que ellas necesitan. Dicen *no* cuando quieren decir *sí*, y *sí* cuando quieren decir *no*. Así es como perdemos el rumbo y acabamos en lugares donde en ningún momento habíamos querido estar.

Una de las lecciones más importantes que he aprendido en mi vida tiene que ver con esto. La llamo el **sí total**, con el cuerpo entero. En las sesiones con mis clientes, para ayudarlos a cambiar esta tendencia tan arraigada a hacer lo contrario de lo que quieren o necesitan como medio para recibir amor, les digo que durante nuestro trabajo conjunto tienen que cumplir una regla. Como mi marido me dijo un día: «Si no es un *¡joder, sí!*, entonces es un *no*».

Así de simple.

Si te piden que hagas algo y no sientes un ¡SÍ! rotundo en tu interior, entonces la respuesta es *no*. A mis clientes les repito que, por muy incómodo que resulte al principio, digan *no* y sigan diciendo *no* hasta que les resulte más y más fácil decirlo. Por cierto, se vuelve cada vez más fácil. Cualquier actividad se va haciendo más fácil cuando la practicamos metódicamente. Decir *no*, también.

Párate un momento y reflexiona. ¿Alguna de estas dos proyecciones estratégicas (la paranoia sobre los comportamientos ajenos o la falta de límites propios) te resulta familiar? ¿Qué sombras internas te dan tanto miedo que, en lugar de mirarlas de frente, las proyectas en el exterior de una de estas dos maneras?

En medio de una crisis profesional, una de mis clientes se enteró de que su marido había solicitado el divorcio. Tras meses de trabajo para encontrar su *sí total* –decir *sí* solo cuando de verdad lo sintiera con el cuerpo entero, y no por necesidad o desesperación–, de repente, el miedo a quedarse sin trabajo y sin pareja en el mismo momento la hizo caer en la antigua estrategia de supervivencia que la obligaba a hacer lo que fuera con tal de sentirse valiosa y segura, y que le impedía por completo conectar con su auténtica valía y lo que necesitaba de verdad.

Empezó a plantearse aceptar ofertas de trabajo que en realidad no le interesaban, puestos que no le permitirían expresar ni de lejos la mujer que era ni la experiencia profesional que tenía. Pero el dolor que sentía al ver cómo su vida se derrumbaba era para sus creencias limitantes la señal de que tenían que tomar el mando. Durante meses, les habíamos asegurado a esas partes temerosas que podían estar tranquilas y tomarse un respiro, que ya no hacía falta que la protegieran del dolor. Y de golpe, ¡bum! Un dolor desgarrador.

¡Es *tan* difícil en esos momentos tener fe en la fuerza y la verdad del trabajo interior que hemos estado haciendo! A nuestro yo de la infancia, siempre dispuesto a tomar las armas para protegernos, le es tan difícil no hacer justamente aquello para lo que está adiestrado... Es tan fácil olvidar que no podemos dejar que se ponga al volante, que hay un significado y un aprendizaje detrás de cada ruptura, sea cual sea la forma en que se presente...

–¿Por qué me está pasando todo esto a la vez? –preguntaba mi cliente insistentemente en una de las sesiones.

Le parecía tremendamente injusto: ¿qué universo era este, que la obligaba a pasar por dos rupturas tan devastadoras y las dos al mismo tiempo?

–Estás en la noche oscura del alma –le dije–. Tu dolor es auténtico, así que siéntelo; pero ten presente también que si el universo te ha quitado esas cosas, es porque te impedían seguir expandiéndote. Has superado la prueba y estás lista para el siguiente capítulo, en el que tu alma pueda acercarse aún más a sus deseos.

Sabía que eso no aliviaría su dolor en aquel momento; cuando estamos en la noche oscura del alma, podemos convencernos de que nunca volveremos a ver la luz, de que la vida es injusta. En la noche oscura del alma, nos olvidamos por completo de que, entre bastidores, la vida está actuando a nuestro favor al hacernos vivir lo que estamos viviendo; lo olvidamos por completo porque lo que sentimos es justo lo contrario. Por eso es tan importante que, precisamente en esos momentos, encontremos la manera de recordarnos que lo que ya no nos sirve tiene que desaparecer para dejar sitio a todo lo que está ya esperando a entrar en nuestra vida.

A veces recuerdo la época de mi divorcio, cuando todo se desmoronaba y entré en mi propia noche oscura del alma, y me quedo asombrada de la cantidad de oscuridad que había a mi alrededor. Por si no tenía suficiente con la desintegración de mi matrimonio, mi trabajo en aquellos momentos consistía literalmente en gestionar las crisis de otras personas. En cierto modo, tal vez la crisis de cada cliente hacía que mi vida me pareciera menos caótica y dolorosa. Tal vez, hasta cierto punto, me ofrecía una vía de escape. Aun así, era *mucho* que gestionar.

Fuera como fuese, el hecho es que me pasaba días, incluso semanas, hablando con altos cargos del mundo de las finanzas en los que se traslucía enfado, miedo y devastación. Cada uno de ellos me contaba que las cosas le habían ido de maravilla hasta que, de repente, sin saber cómo ni por qué, todo había empezado a desmoronarse. Siempre era la misma historia: «Todo iba bien hasta que dejó de ir bien».

Del trabajo que hice en aquella época con estos individuos aprendí dos cosas. La primera, que siempre había habido señales de advertencia antes de que se produjera la crisis, susurros de su Yo Superior y de otras personas. Me decían, por ejemplo: «Tuve un presentimiento, pero no sabía bien de dónde venía» o «Hubo gente que nos comentó que había detectado algún desperfecto en nuestro sistema, pero teníamos que entregar urgentemente un proyecto y, en aquel momento, no podíamos pararnos a investigar».

La segunda es que la mayoría de estas situaciones empeoraron porque la noche oscura del alma tenía atrapados a estos individuos en un estado de terror. Los hipotéticos desenlaces catastróficos que su yo asustado proyectaba les habían hecho guardar silencio cuando deberían haber hablado, o quedarse inmóviles cuando deberían haber actuado al instante. Para cuando pensaron que tal vez la situación requería intervención especializada, muchos de ellos habían sucumbido ya a la persuasión de sus reavivados sistemas de creencias limitantes sobre quiénes eran. El miedo y la vergüenza borboteaban a su alrededor y los ahogaban en un mar de dudas.

Desde ahí tomaban entonces las decisiones, que en la mayoría de los casos demostraron ser bastante desafortunadas. Aterrados por su experiencia de la noche oscura del alma –esa proyección del dolor y la vergüenza del pasado–, lo que hacían era exteriorizarla. En lugar de ver las sombras internas como espacios que necesitaban su amorosa atención, alimentaban las sombras cada vez que, obedeciendo su mandato, se ponían a la defensiva, se encerraban en sí mismos, respondían con agresividad o adoptaban cualquier otro comportamiento guiados por esa parte de ellos que en realidad quería amor y sanación, pero a la que, en su ignorancia, habían puesto al volante.

Esto ocurría a menudo dentro de la propia empresa donde trabajaba: reactividad desde una profunda vergüenza interior. Probablemente se debía a la presión por rendir al máximo, a la que todo el personal estaba sometido, en lugar de honrar nuestra propia verdad por encima de todo. Teníamos que ignorar tan por completo nuestra sabiduría interior que a veces nos olvidábamos de quiénes éramos y de lo que realmente queríamos. En lugar de mostrar nuestra humanidad, nos llenábamos la cabeza de ideas sobre el tipo de personalidad que necesitábamos desarrollar para demostrar nuestro poder y que se nos respetara, en un entorno tan competitivo como era aquel. Fieles a estas ideas, andábamos por allí como si estuviéramos en la cima del mundo y todo nos perteneciera..., y entonces, como le había ocurrido a cada cliente que llegaba a mí en busca de asesoramiento, ¡bum! De repente, sin saber por qué, alguien tenía una crisis personal. He aquí la noche oscura del alma.

Solo que, por supuesto, nadie tenía tiempo para sanar lo que pedía sanación. ¡En mi vida había visto tanta agresividad! Cada persona a la que le ocurría se empeñaba enérgicamente en ignorar las creencias limitantes y la vergüenza que borboteaban en su interior en ese momento de crisis, y lo que hacía era proyectarlas en el exterior, en cualquiera que no fuera ella. Nos hacíamos daño unos a otros. Nos decíamos cosas terribles porque eran lo que cada cual creía de sí.

En aquellos años, la gente comentaba sobre mí que era «agresiva» o que «daba miedo». Si, por ejemplo, me ascendían y alguien que soñaba con ese puesto se quedaba sin él, veía que algunos empezaban a mirarme como diciendo: «Ahí la tienes, le importa más su profesión que su familia». Proyecciones. A veces, por el solo hecho de existir, ofendía a la gente. O se daba el caso opuesto al del ejemplo anterior: nunca olvidaré la vez que una ejecutiva de mayor rango me dijo en tono de desprecio que era una «criadora», porque tuve que irme de una pequeña fiesta de empresa para recoger a mi hija y a mi hijo. Ahora al recordarla me pregunto en qué noche oscura del alma estaría aquella mujer. ¿Qué necesitaría sanar que, por el contrario, se proyectó en un comentario hiriente sobre dos personitas de mi vida a las que adoraba?

La conclusión es: no puedes ignorar la noche oscura del alma. Por mucho que la proyectes en el exterior, no va a desaparecer. Lo único que de verdad puedes hacer por ti es ir hacia dentro. Es muy importante que aprendamos a amar nuestras noches oscuras, a amar las partes sombrías que se esconden en nuestro interior porque alguien les dijo que eran feas. Nos piden que les dirijamos la mirada, que les dediquemos un poco de atención y, en definitiva, que les hagamos llegar las amorosas palabras de nuestro Yo Superior. Esas partes conocen al Yo Superior, también ellas han experimentado su presencia, y por eso lo que más desean es su poderoso y amoroso abrazo.

Ese deseo suyo de sanarse, unido al deseo que tiene nuestro Yo Superior de que nos expandamos, es a menudo lo que provoca estas crisis, estos momentos de morir simbólicamente para renacer como el ave fénix. Sin esos momentos, los seres humanos seguiríamos caminando como sonámbulos por la vida de cartón piedra que nos hemos creado en nuestro esfuerzo por amoldarnos para que se nos acepte. Si estas rupturas o vuelcos no se presentaran con tanto dramatismo, ni nos daríamos cuenta. Estamos demasiado a gusto en el pequeño mundo que nos hemos construido como para renunciar a él solo para sanarnos y expandirnos.

Cada crisis es una oportunidad de recoger los pedazos y realinear nuestras vidas a imagen de nuestra verdad, en lugar de la falsa realidad que se nos ha condicionado a vivir. Si no vivimos en nuestra verdad, que es el objetivo supremo de nuestro Yo Superior, aparecerá la crisis y hará que todo salte por los aires para que no tengamos más remedio que vivirla.

Dado que la sanación y la expansión son necesarias para que podamos evolucionar, ¿qué otra posibilidad tiene nuestra alma que *obligarnos* a vivirlas? Sin embargo, lo habitual es que nos tomemos esos momentos dolorosos como una venganza de la vida. Le gritamos al universo: «¡Qué diablos he hecho para merecer esto!». Si el universo pudiera respondernos en un lenguaje que comprendiéramos, diría: «Tú lo pediste. En lo más profundo de ti, querías más. Te estoy dando un camino hacia ese más».

Esta es tu llamada de atención. Sea cual sea el proceso de renacer o la noche oscura del alma en que te encuentres, su intención no es hacerte daño. Es por el contrario una invitación. Te está llamando, y te dice: *¿Te acuerdas de mí? Dame la mano, descubramos quién eres. Consigamos lo que quieres de verdad.*

Es tu momento de escuchar.

Libera al monstruo de la cueva

Mi noche oscura del alma me sacó de la cueva y me puso en brazos de una vida que yo no tenía la menor garantía de que fuese siquiera posible. Jamás habría entrado a sanar a la niña solitaria que no se consideraba digna de amor si, poco después de cumplir los treinta años, el mundo no se me hubiera venido encima. Fue el propio dolor lo que me empujó a hacer lo que fuera necesario para aliviarlo, y eso dio comienzo a mi viaje interior.

La sanación me llevó del desengaño y la desesperanza más absoluta a un matrimonio en el que me sentí comprendida como no me había sentido nunca. La sanación me hizo dejar un trabajo en el que mis habilidades servían a los intereses de otras personas en lugar de a mi propio bienestar. De no haber sido por la noche oscura del alma que la vida me obligó a vivir, no sé dónde estaría ahora. ¿Seguiría en un matrimonio en el que no tendría posibilidad de expresar realmente mi Yo Superior? ¿Seguiría atrapada en un trabajo en el que nunca se me valoraría realmente, todavía creyendo que sacrificar mi verdad era el precio que tenía que pagar para que la empresa se sintiera orgullosa de mí? Por supuesto, son cosas que veo ahora; en aquellos momentos, derrumbada en el suelo de mi habitación llorando con la cabeza enterrada en un cojín para no despertar a nadie, no veía nada.

Pero me ayudó que Rhea me recordara que todo aquello tenía un propósito. De hecho, me dijo que estaba recorriendo ese camino oscuro para poder ayudar algún día a otras personas que se encontraran en su noche oscura del alma. No puedo decir que entonces la creyera, pero difícilmente podría negarlo ahora, ¿no te parece?

EXPLORACIÓN: ***Tu mayor miedo***

En este momento, te toca a ti mirar de frente lo que está al acecho en tus sombras, sabiendo que, con solo mirarlo, será menos intimidante. Utiliza las siguientes preguntas como guía para enfrentarte con coraje a lo que temes en la actualidad:

1. ¿Qué es lo que más miedo te da en este momento? ¿Hay alguna decisión que desde hace tiempo no te atreves a tomar, relativa a tu trabajo, a tu relación de pareja, a tu familia o a tus amistades? ¿Qué aspectos de tu vida sientes que necesitan un cambio? Escribe sobre esto.

2. ¿De qué maneras están condicionando las creencias limitantes de tu yo infantil la percepción que tienes ahora de cuál es la causa de tu malestar? ¿Qué quiere ese yo que hagas al respecto?

3. Desde la fortaleza y la claridad que te da lo que acabas de descubrir, pregúntate: *¿Cuál podría ser el propósito de este dolor? ¿Qué podría estar esperándome al otro lado?* ¿Qué se te ocurre? Escríbelo.

Capítulo 8

Confundí un trabajo con mi propósito

El Yo Superior espera, mientras avanzamos por el caminito que otras personas nos han trazado. Antes de que pueda hacer su entrada definitiva, hay un aspecto más de la vida en el que pacientemente, sin que nos demos cuenta, tiene que intentar guiar nuestros pasos: nuestra vida profesional.

Lo sé bien. Yo hice todo lo posible por que a mi Yo Superior le resultara muy difícil llegar a mí, y ojalá mi ejemplo te sirva para no hacer lo mismo. Había dejado atrás mi matrimonio y tenía sólidas razones para elegir al Yo Superior, pero, aun así, en lo concerniente a la forma de ganarme la vida, tuve que volver a pasar por todo el proceso de aprender a confiar en su voz más que en la voz del miedo; otra vez desde el principio. Rhea me había dicho que mi propósito era sanar, pero yo no veía el camino para llegar a eso. De modo que cometí el error –que creo que tanta gente comete– de conformarme con seguir haciendo un trabajo que, según la opinión externa, reunía las condiciones para que me sintiera profesionalmente realizada, en lugar de escuchar mi verdad interior.

Me dediqué al trabajo de «oficina» en empresas estadounidenses durante casi veinte años, y pongo «oficina» entre comillas porque la mayor parte de ese tiempo la pasé en la carretera, yendo a visitar a clientes. En esos veinte años, trabajé en agencias de relaciones públicas y *marketing*. Fui gerente de marca, estratega de imagen y reputación corporativas, gestora de crisis, ejecutiva de relaciones públicas, ejecutiva de *marketing*... Ocupé cantidad de puestos, y lo que hacía en todos ellos era básicamente lo mismo: asesorar a quienes estaban al frente de una empresa sobre cómo ganarse la confianza del público.

Durante años, disfruté muchísimo haciendo este trabajo. Me parecía emocionante cada nuevo desafío y me encantaba tener que ingeniar cómo transmitir el mensaje para convencer al público consumidor de que viera las cosas «a nuestra manera». Pero detestaba profundamente cómo me hacía sentirme la cultura corporativa y tener que sacrificar tantas cosas de mí para ser una profesional respetada. En la cultura laboral, son innumerables las «normas» que aceptamos y que perjudican a cómo nos valoramos íntimamente. Cada vez que me encontraba ante una de ellas, me encrespaba. Algunas de las prácticas laborales cotidianas me parecía que tenían el solo propósito de alimentar el ego de algunos individuos, y que eran una pérdida de tiempo absoluta.

La idea de que debía quedarme a trabajar pasadas las cinco de la tarde para demostrar mi dedicación a la empresa era una de ellas. Nunca le encontré sentido a perderme horas de vida para demostrarle a cierta persona que yo era alguien. Así que me iba a las cinco de la tarde, o incluso a las cuatro, para poder estar con mi hijita y mi hijito. A veces esto significaba que tenía que encontrar la firmeza para pedirle a mi supervisor plazos más realistas, otras veces significaba no ceder a la tentación de ofrecerme voluntaria para hacer horas extras y demostrar lo que valía, y otras significaba aprender a delegar parte de las responsabilidades que tenía como jefa de equipo y darles a otras personas la oportunidad de trabajar conmigo, en lugar de dedicarme estrictamente a controlar el producto del trabajo.

Además, sabía que aportaba valor a la empresa. Aunque no me había parado a preguntarme por qué, el trabajo era el lugar en el que menos buscaba la aprobación de nadie, y con frecuencia me negaba a cumplir a rajatabla las reglas del juego empresarial. Quizá porque era una mujer, una mujer marrón,* decidida a ascender en la escala corporativa en medio de un mar de hombres blancos, creo que intuitivamente sabía que si me paraba a pensar en qué pensaría la gente de mí, o en si mi existencia muy poco convencional era o no era de su agrado, me quedaría estancada porque sus opiniones me frenarían, y no iba a permitir que eso sucediera.

Nunca olvidaré la vez que un ejecutivo de la empresa en la que trabajaba llamó a mi jefe para quejarse de que era «demasiado agresiva», y todo porque me había visto defender a mi equipo en una situación claramente injusta.

«¿Habría dicho lo mismo de ti en esa situación?», le pregunté a mi jefe cuando me transmitió el «comentario».

Eso lo calló rápidamente.

Ocurría a menudo. Otra vez, el director de la oficina subió a la primera planta, donde yo estaba sentada con mi equipo de cien personas, para decirme que los integrantes de los equipos de la planta baja me tenía «miedo». ¿Miedo? ¿Por qué? ¿Porque no me callaba lo que pensaba? ¿Porque no permitía que se maltratara a los miembros de mi equipo?

* N. de la T.: *Brown* en el original. Palabra que se utiliza en EE. UU. para describir la raza de todo aquel que no es ni blanco ni negro (generalmente, latinos e indígenas). Actualmente se ha empezado a extender el uso en castellano de la traducción literal ('marrón').

Al recordarlo ahora, me asombra que no me afectara lo que me dijo, siendo una mujer joven en un territorio dominado por hombres. En realidad, casi me animó oírlo. Recuerdo que pensé: *Si hace falta que me tengan miedo para que traten bien a la gente de mi equipo, que así sea*.

De modo que cada día tenía que enfrentarme a la misoginia y el racismo, y lo hacía, y no me afectaba, pero luego había otras cosas que me costaba mucho soportar, que me dejaban sin una gota de energía. Cosas que no formaban parte de lo que era propiamente mi trabajo, pero que me hacían sentir cada vez más a disgusto dentro de esa cultura laboral. Cosas como asistir a reuniones interminables solo para ayudar a un supervisor a procesar sus pensamientos en voz alta o para darle ocasión de demostrar su poder, mientras a mí se me acumulaba el trabajo y la montaña de papeles crecía sobre mi escritorio. O como asumir la culpa por un error que había cometido otra persona, solo porque ocupaba un puesto que estaba por encima del mío en la jerarquía empresarial. O como tener que hacer que cada cliente –o peor aún, cada alto cargo de mi propia agencia– sintiera que las ideas que proponía eran geniales, incluso aunque fueran disparatadas. Todas estas cosas tan absurdas formaban parte del funcionamiento cotidiano de la cultura corporativa y no podía escapar de ellas. Al menos, no si lo que quería era ascender. Pero cada día me pesaban más, y finalmente llegaron a un punto crítico, gracias a que mi Yo Superior se impuso con firmeza y dijo: «¡Hasta aquí!».

Era 2017. Hacía años que estaba divorciada, y me mataba a trabajar porque la responsabilidad de llevar dinero a casa recaía exclusivamente en mí. Pero todo ese trabajo había dado sus frutos: era la directora global de estrategia de la mayor empresa privada de relaciones públicas del mundo; aquel era el trabajo de mis sueños, un trabajo por el que había luchado mucho. El problema era que, desde hacía un tiempo, ya no *sentía* tanto que fuera el trabajo de mis sueños. La mayor parte de los días, me angustiaba terriblemente acceder a participar en comportamientos colectivos que no estaban de acuerdo con lo que empezaba a intuir que decía mi voz interior.

Los tiempos en que viajaba de Washington D. C. a Nueva York en el Acela Express y vibraba de emoción durante las tres horas de viaje, y luego durante el trayecto en Uber por la West Side Highway, empezaban a parecerme un recuerdo muy lejano. En aquellos tiempos, sentía en el estómago una estimulante expectación ante la oportunidad que estaba allí esperándome en un fabuloso edificio. Pensar que yo, una mujer iraní-estadounidense muy distinta al resto de mis colegas, despertaba la atención y el interés de uno de los más prominentes directores generales de agencias de relaciones públicas del mundo, me animaba a dar cada paso.

Eso era lo que siempre había querido. Que se me reconociera. Con ese trabajo, tenía la puerta abierta a las marcas internacionales más importantes, a extraordinarios viajes de negocios por todo el mundo, a una gran influencia. El tipo de influencia que hacía que la gente me mirara con respeto cuando me veía aparecer, diciéndose que algo importante debía de estar pasando en ese edificio de la calle Hudson solo por el tintineo de mis brazaletes de oro cuando andaba por los pasillos. Tenía todo lo que siempre había querido, y sin embargo... aquella estimulante expectación que solía sentir en el estómago parecía haber caído en un profundo sueño y la había sustituido un vacío sin fin. Uno de esos vacíos que te llaman y te llaman con una insistencia tan dolorosa que tiñe de gris el vivo colorido de todo lo que te rodea.

Y entonces llegó un día en el que entré en la sala de conferencias situada frente al despacho del director general con una sensación que era una mezcla de temor y ganas de salir corriendo. Al instante, noté el nerviosismo de todas las personas que había sentadas en la sala esperando a que él llegase y comenzase la reunión. En nuestra oficina, «¿qué tiempo hace hoy?» era la forma encubierta de preguntar de qué humor estaba el director ese día.

«¿Por qué nos importa tanto? –oí preguntar a una voz díscola en lo más profundo de mí–. ¿Es que no sabemos lo que hay que hacer, independientemente de que esté de buen humor o no? ¿De verdad tenemos que vivir pendientes de lo que él diga para hacer nuestro trabajo? ¿Es que hemos perdido nuestra brújula interna?».

Allí sentada, me di cuenta de que el humor cambiante del director general se había convertido en nuestra única brújula. En lugar de ideas claras y creatividad –a las que solo puedes acceder cuando estás en sintonía con tu sabiduría interior–, nos esforzábamos por complacerlo, lo que nos hacía personas enormemente reactivas, y no tan innovadoras ni tan geniales como me gustaba creer que éramos.

¿Qué estaba pasando? ¿De dónde venían esos pensamientos rebeldes? *No les hagas caso y concéntrate*, me decía a mí misma. Pero las cosas no eran así de simples; la realidad era que el trabajo que hacíamos había empezado ya a perder para mí su atractivo. Ahora sé que tenía que ser así. No estaba viviendo plenamente mi propósito ni aceptando mis dones, así que, para poder dejar ese trabajo, antes tenía que sentirme desencantada. Pero esto lo sé ahora; en aquellos momentos, pensaba que la causa de mi desencanto era el ambiente laboral en el que estaba.

Me fui dando cuenta de que, por mucho que ascendiera en aquella empresa, al final, yo y todo el resto de la gente que tenía un puesto de liderazgo éramos como planetas que giraban alrededor del sol, nuestro director general. De que mientras nuestras ideas y habilidades se ajustaran a su visión, nos aceptaba, pero en cuanto dejaba de ser así, éramos prescindibles. Observaba lo que un sistema como este les hace a aquellas personas cuya autoestima depende de la cantidad de poder que puedan llegar a tener en el entorno laboral. El comité ejecutivo creado para facilitarnos el trabajo con cada cliente y garantizar su satisfacción y la nuestra, había acabado siendo una mala recreación de *Los juegos del hambre*: ¿quién conseguiría que el director general le prestara más atención ese trimestre?

La respuesta a esa pregunta definía no solo el destino de quien o quienes tuvieran la fortuna de ganar la competición, sino también los el resto. Si estabas en el lado afortunado del juego, tu carrera profesional daba un salto adelante y tus relaciones prosperaban. Si no, tu vida se convertía en una lucha por la supervivencia, y tú eras la presa. En general, esta dinámica no sacaba precisamente lo mejor de los individuos. En la lucha por ser relevantes, lo que desarrollábamos era un espíritu defensivo y controlador.

En lugar de valorarnos mutuamente como estimables colegas que colaboraban en la labor creativa, nos veíamos como contrincantes. Creíamos en la escasez. Creíamos que la cantidad total de reconocimiento y valoración que había para repartir era tan pequeña que, si queríamos conseguir una sola gota de ese bien tan preciado, teníamos que ponernos la zancadilla unos a otros y pelearnos por ella con uñas y dientes. Lo cual, por supuesto, significaba que la empatía quedaba fuera de la ecuación. Cuando nos mirábamos, ya no veíamos realmente a la persona que estaba delante; veíamos o una ayuda o un obstáculo.

No podía seguir viviendo así. No podía vivir con los mensajes constantemente cambiantes, que pasaban del *ERES FABULOSA* al *NO DAS LA TALLA* en un abrir y cerrar de ojos. Se estaba organizando una rebelión dentro de mí porque, ahora me doy cuenta, estaba cansada del juego.

Ese día, mientras todos estos pensamientos peligrosos me pasaban por la mente, hablamos, como era habitual, del trabajo tan formidable que estaba haciendo la compañía en lo tocante a generar confianza. Cada año, publicaba un informe detallado sobre lo que hacía que la clientela del mundo entero confiara –o no– en las empresas y otras instituciones, lo que nos convertía en la fuente de información por excelencia. La metodología era minuciosa y ofrecía datos muy valiosos para cualquier profesional de *marketing* que quisiera ganarse la lealtad del público consumidor de una marca. Cada año, presentábamos los resultados de la encuesta y los medios de comunicación la anunciaban a bombo y platillo, para gran satisfacción de nuestra cartera de clientes.

En los negocios, la confianza lo es todo, decíamos.

Pero había un problema, y era que ninguna de las personas que trabajaban en la empresa confiaba en sí misma. No confiábamos lo suficiente en nuestra percepción y nuestra perspectiva como para decirle *no* a cierto cliente cuyos deseos nos parecían inadecuados e irrealizables. No confiábamos lo suficiente en nuestra visión como para decir *no* cuando el director general, según el humor del que estuviera ese día, nos obligaba a hacerle promesas que sabíamos que no podríamos cumplir. ¿Cómo podíamos enseñar a otros líderes a generar confianza en su público cuando nadie en nuestra empresa entendía lo que significaba intrínsecamente la confianza? No hacíamos más que decir lo oportuno para cada ocasión cuidando de que sonara atractivo.

Ese día, fue como si se me abrieran los ojos de golpe. Sentada en aquella sala de conferencias, sintiendo el agotamiento de los doce años que llevaba trabajando en la agencia sesenta horas a la semana para, finalmente, haber llegado a aquella mesa, pensé: *Lo estamos haciendo todo mal*.

Nunca conseguiríamos que se estableciera una conexión auténtica entre ningún líder empresarial y las personas auténticas que compraban sus productos. Para que alguien pueda confiar en ti de verdad –clientes, accionistas, el personal de tu empresa, quien sea–, antes tienes que confiar en ti como líder, como persona. Allí sentada, supe que siempre nos quedaríamos a un paso de conseguirlo porque no habíamos establecido previamente una conexión con nuestra verdad, que es la conexión más importante. Y no podíamos establecerla porque no sabíamos cómo, porque nos habíamos olvidado de nuestro Yo Superior, porque hacía mucho que habíamos renunciado a nuestra conexión con él para tener la oportunidad de, tal vez, un día sentarnos delante de aquella mesa casi inalcanzable. Habíamos aceptado separarnos de nuestro yo omnisciente y manifestar solo una parte de nuestras capacidades para que todo el mundo se sintiera más cómodo.

¡Joder! –pensé–, *¿cómo se puede confiar en que las empresas estén haciendo lo correcto, nunca jamás, cuando quienes toman las decisiones son individuos totalmente desconectados de su sabiduría interior?*

Esto, me di cuenta allí sentada, era lo que mi voz interior quería decirme desde el principio. Lo que había percibido dentro de mí como un inmenso vacío no lo era después de todo; era una voz familiar que me llamaba y me decía: *Sabes lo que hay que hacer. Hazlo.*

Asimilación a la cultura corporativa

Lo mismo que tú, en mi infancia tenía una profunda conexión con mi Yo Superior. Esa conexión se manifestaba constantemente en mi vida. Desde que recuerdo, parecía que tuviera un conocimiento innato de las cosas. Al entrar en una habitación, sentía el dolor, el miedo, la alegría o la ansiedad de quienes estaban allí; sentía cualquier emoción suya con tal intensidad que luego no era capaz de distinguir entre los pensamientos y sentimientos que eran míos y los que no. Al cabo de muchos años supe que este poder tenía un nombre, *empatía*, y que ser empática era parte de mi Yo Superior.

Pero había más cosas. Había una parte de mí que veía con claridad que iba a suceder algo o que sabía la solución a un problema complicado casi al instante. Con el tiempo, supe que a esta habilidad se la llama **intuición**. Conocía la sensación perfectamente, la oía con nitidez, pero cuando hacía referencia a aspectos de mi vida personal, por lo general la ignoraba. En el *trabajo*, en cambio, utilizaba la intuición a cada momento con cada cliente que necesitaba una solución, que se encontraba en medio de una crisis o que quería por encima de todo conectar con su público. De algún modo, sabía que utilizaba la intuición, pero nunca me habría atrevido a decirlo en voz alta ni para mí misma. Era una estratega empresarial seria, no una lunática que hablaba con entes invisibles.

Ese día, mientras estaba sentada en la sala de conferencias de la oficina de Nueva York, con el Yo Superior sonándome dentro cada vez más fuerte, repasando en la cabeza los últimos doce años como si fueran una película, me di cuenta de algo impactante: *Esta conexión que tengo con mi Yo Superior es lo que he utilizado para aconsejar a líderes tan notables que están la lista Fortune 500** *y a mis propios equipos desde el principio*. Mi intuición no era una chifladura que tuviera que ocultar; era mi don.

Percibía siempre con la mayor claridad quién era realmente cada persona en su interior y lo que realmente quería decir o hacer. Y lo que, sin saberlo bien, había estado haciendo durante todos esos años había sido guiar a cada una de ellas hacia su propia sabiduría, su Yo Superior. Cuando alguien me llamaba porque

* N. de la T.: La lista Fortune 500 se compone de las quinientas empresas más importantes de Estados Unidos atendiendo a sus ingresos.

necesitaba resolver un problema, al instante me venía la respuesta desde una parte muy profunda de mí. A pesar de esto, el método que utilizaba siempre era hacerle a cada cliente las preguntas adecuadas, para que fuera revelándose en su interior esa misma parte clara y luminosa que sabía desde el principio lo que había que hacer. Una vez establecida esta conexión, se volvían imparables.

Por desgracia, esa parte clara y luminosa había quedado tan enterrada por los «no se puede» y «no se debe» imperantes en el mundo empresarial estadounidense que la mayoría de estos altos cargos habían perdido el rumbo. Lo habían perdido hasta el punto de que cometían errores, leves y graves, que acababan perjudicando su relación con el público y con el personal de su empresa. Así que, para evitar que esto ocurriera y situarse a la cabeza del sector, llevaban años creyendo que la solución era gastar una fortuna en rodearse de una multitud de especialistas excepcionales que les dijeran qué hacer, en lugar de escuchar las respuestas en su interior.

En el momento en que empecé ver a mis clientes y mi propia empresa desde esta nueva perspectiva, me resultaba casi imposible ignorar que yo también había perdido el rumbo. Me había convertido en una zombi más, que cumplía las reglas escritas y tácitas para demostrar su valía. Sabía lo que tenía que hacer y decir, y exactamente quién tenía que ser para conseguir el siguiente ascenso, y esa persona no era mi auténtico yo. Estaba interpretando un papel.

Sabía que, para conseguir el siguiente aumento de sueldo, ascender de categoría o acumular más poder dentro de la organización, tendría que dar la espalda a mis verdades más profundas y a mi propósito. Lo uno y lo otro no podían coexistir. En ese mundo en el que vivía, el que me pagaba el sueldo a final de mes, no había cabida para mi yo completo. Ese mundo me exigía que fuera una yo a medias, una yo que combinara mis habilidades y talentos naturales con el sometimiento a un patrón que marcaba el camino al éxito y que me obligaba a dejar fuera buena parte de mi individualidad, incluidas mi profunda empatía y mi sabiduría intuitiva.

En aquellos tiempos y en aquella empresa, amoldarse garantizaba la seguridad en el empleo. Si mostrabas excesiva empatía, se entendía como un síntoma de debilidad, y alguien de otra oficina o equipo se te echaba encima y te quitaba la cuenta. Si sentías en lo más profundo que algo estaba bien, o estaba mal, pero tu cliente o el director general no estaban de acuerdo, le decías a esa parte de ti que cerrara la boca y hacías lo que te mandaban. No había sitio para la sabiduría interior ni para la compasión profunda y verdadera, ni hacia ti ni hacia nadie. Cumplir las normas conducía a los resultados deseados, y no había más que decir.

Sabes lo que hay que hacer. Hazlo, me decía mi Yo Superior cada día con voz más alta a medida que me iba dando cuenta con más y más claridad de todas estas cosas. En cuanto me paré de verdad a escucharla y tomé en silencio la decisión de dejar el trabajo, sus indicaciones vagas y generales se volvieron muy detalladas. Un día, de repente, comprendí que lo único que tenía que hacer era preguntarme: *Si tuvieras el poder de hacer realidad lo que quisieras, ¿qué trabajo estarías haciendo?*

La pregunta venía de mi Yo Superior; ahora lo sé porque la respuesta a esa pregunta puso en marcha el proyecto del trabajo al que me dedico desde hace años. Sabía que, con toda la responsabilidad que tenía como madre en aquellos momentos, no podía simplemente saltar al vacío, así que empecé a entrar muy lentamente en el diálogo con mi Yo Superior, como había hecho en la última etapa de mi matrimonio.

Registré una sociedad de responsabilidad limitada con el nombre Eight22 Group, por el día y el mes en que nací. Entré en Squarespace, creé una pequeña página web y la utilicé para definir con exactitud lo que quería decir, a quién quería ayudar y cómo quería aplicar mis habilidades. Empecé a hablar de lo que estaba creando a cualquiera que quisiera escucharme.

Mientras tanto, seguía trabajando en la agencia tantas horas como en el pasado, pero cada noche dedicaba una hora a visualizar el trabajo con el que soñaba. Me atreví a soñar desde mis más auténticos deseos y necesidades, y esperé.

Entonces llegó el día: el gerente de una organización al que un amigo me había presentado necesitaba ayuda para gestionar ciertos problemas internos y, cuando me llamó, sin darme cuenta de que estas palabras estaban a punto de salir de mi boca, le pregunté: «¿Y si, en lugar de trabajar a través de mi agencia, trabajas directamente conmigo?».

Este fue mi primer cliente en la nueva aventura como *coach*, y dos semanas después le dije a mi agencia que había llegado la hora de que nos despidiéramos.

El síndrome de la impostura

Si trabajas en una empresa del tipo que sea, estoy casi segura de que te encuentras en algún punto de este espectro, es decir, de que no te queda otro remedio que alejarte en mayor o menor grado de tu verdad. Para eso está diseñado el mundo empresarial: para obtener la máxima eficiencia. Se maximizan los beneficios y se minimizan los costes. Esto, naturalmente, crea una onda expansiva. Para obtener el máximo beneficio, se contrata a menos personal del que se necesitaría para realizar el trabajo. Pero es importante que tú, como parte del personal, no te enteres de que es así, por lo que la empresa se encarga de convencerte de que el trabajo excesivo que te corresponde hacer es lo que manda el mundo laboral. Te convencen de ello promocionando la ética del trabajo animoso y sacrificado como la resplandeciente estrella dorada que te diferenciará del resto y te hará valer más. Así que trabajas entre sesenta y ochenta horas a la semana para demostrar que vales.

Su forma de legitimar esta idea es instaurar procesos de promoción y bandas salariales que nos muestran «la prueba» de que trabajar aún con más ahínco es la única forma de conseguir una remuneración mejor, por lo que seguimos esforzándonos. Una empresa no te va a decir: «Mira, lo que nos importa aquí es obtener beneficios, así que vamos a pedirte que hagas el trabajo de dos o tres personas para abaratar costes». No, lo que te dicen es: «¿Qué pasa? ¿Es que no te importa de verdad el trabajo? ¿Te falta motivación? ¡Mira a fulanita, que viene a trabajar hasta los fines de semana!».

Así que, con mucho esfuerzo, te contorsionas para encajar en cualquier molde que la empresa haya construido y nombrado «nuestra cultura» empresarial. Trabajas sin descanso intentando emular un modelo inalcanzable que poco tiene que ver con tu verdad, tu sabiduría ni tu propósito. Y he aquí otro sistema que te dice que no eres suficiente tal como eres.

El ciclo es aún peor si eres inmigrante; vi las cosas por las que mi padre y mi madre tuvieron que pasar. Nadie lo deja todo y se va de su país si tiene allí cuanto necesita y desea; mis padres, lo mismo que cantidad de inmigrantes, dieron aquel paso gigantesco y muy serio con la esperanza de tener una vida mejor. Esto es algo que me gustaría que todo el mundo entendiera de verdad. ¿Por qué abandonar la comodidad de tu país, tu idioma, tu cultura y una identidad cultural clara a no ser que te falte algo sustancial allí donde vives? Nadie lo haría.

La idea de cualquier inmigrante al llegar al nuevo país es mejorar su vida y la de su familia. Si la respuesta que encuentran a ese inmenso esfuerzo por vivir mejor es la escasez de recursos y la falta de seguridad, su motivación puede tornarse fácilmente en desesperación. ¿Y quién está ahí para aprovecharse de su desesperación? Exactamente: el mismo sistema que nos dice al resto que el trabajo animoso y sacrificado demuestra lo que valemos.

Tristemente, en este caso las dinámicas de poder son aún más evidentes, y van desde el adoctrinamiento hasta la explotación. Y esto no solo les ocurre a los inmigrantes. Por desgracia, es también lo que viven en cualquier país la mayor parte de las minorías; ya sea la raza, el género, la clase social o cualquier otro aspecto de nuestra identidad lo que determine su carácter «diferente», el mundo laboral lleva mucho tiempo aprovechándose del profundo anhelo de seguridad y dignidad de sus integrantes para hacerlos trabajar más allá de sus límites y maximizar los beneficios.

Entre mis clientes, veo esto muy a menudo en quienes se identifican como mujeres. Ya sean directoras generales, agentes, artistas o escritoras, estas clientes son sistemáticamente las más propensas a dedicar a su trabajo más horas de las obligadas, a asumir responsabilidades que no les corresponden y a resolver problemas de una dificultad que excede con mucho su categoría salarial. La suya es una situación compleja, hecha de múltiples capas de creencias limitantes asentadas unas sobre otras. Sin embargo, creo sinceramente que esta es la experiencia de las líderes que se identifican como mujeres porque, además de todas las creencias limitantes que se les han inculcado sobre quiénes son, el mundo laboral les exige que trabajen más para llegar al mismo sitio que sus homólogos masculinos.

El mensaje que reciben del exterior las personas que se identifican como mujeres es la forma más clara de explotar su deseo de realizarse profesionalmente. El mundo laboral, sabiendo que desean con todas sus fuerzas tener éxito en sus profesiones –después de haber vivido reprimidas a lo largo de toda la historia–, ve en esto una gran oportunidad para pedirles que hagan más, porque sabe que dirán que sí. Dime si no te parece una explotación descarada del deseo que tiene una persona de hacer patente lo que vale.

Así que tanto si has vivido la experiencia de ser inmigrante, o tu padre o tu madre la vivieron, como si no tienes nada que ver con esa experiencia, los resultados son los mismos: este sistema que antepone sus ganancias a las personas te convence, una vez más en tu vida, de que no eres suficiente. A estas alturas, te has acostumbrado ya tanto a «no ser suficiente» que lo aceptas con facilidad. Aunque no lo pienses abiertamente, hay una parte subconsciente de ti a la que le es tan familiar ese relato sobre tu insuficiencia que te resulta cómodo aceptarlo, también esta vez, como si fuera cierto.

Cada vez que se te ocurre una gran idea y tu gerente, que es una persona sin visión (o insegura), la rechaza de plano, en tu interior el *no eres suficiente* levanta la cabeza.

Cuando ves que a un compañero que trabaja la mitad que tú le conceden el ascenso que tanto querías, *no eres suficiente* levanta la voz.

Cuando reúnes el valor para pedir un aumento de sueldo y la excusa que ponen para no dártelo es que antes tienes que perfeccionar un poco más tu forma de trabajar, *no eres suficiente* se expande dentro de ti.

Y, dado que te encuentras en un entorno que no fomenta precisamente ni el pensar con libertad, ni la sabiduría intuitiva, ni la empatía profunda, tu sistema de creencias limitantes tiene aquí la ocasión de florecer como nunca. Ese viejo relato sobre quién eres, ese bienintencionado sistema de creencias limitantes que ha estado operando silenciosamente dentro de ti desde la infancia, es la única razón por la que aceptas estas circunstancias tan ridículas. En el mundo laboral, ese relato de ti, el *no soy suficiente*, crece hasta provocar una crisis manifiesta, que veo reflejada en el rostro de cada cliente como el **síndrome de la impostura**.

El síndrome de la impostura se manifiesta de forma diferente en cada persona. ¿Qué te viene a la mente cuando oyes esta expresión? ¿Qué significa concretamente en tu vida? En mi caso y en el de la mayoría de mis clientes, el síndrome de la impostura es la creencia de que no merecemos lo que se nos ha dado la oportunidad de hacer ni tenemos la preparación necesaria para hacerlo. Creemos que otra persona lo haría mucho mejor. Que, si aceptamos hacerlo, estamos fingiendo tener más capacidad y conocimientos de los que tenemos realmente.

El adiestramiento que a mí me hizo creer en esta voz viene de los años que pasé en el mundo empresarial estadounidense. En el mundo laboral, lo habitual es que te esfuerces constantemente por materializar una versión de ti que, por un poco, está siempre fuera de tu alcance. ¿Sabes por qué te resulta siempre imposible de alcanzar? Porque esa imagen a la que aspiras no fue creada con la intención de que florecieras. Esa imagen de perfección obediente fue creada con la intención de motivarnos a hacer lo que la empresa necesita que hagamos para seguir floreciendo ella. ¡Cómo no voy a sentirme una impostora si vivo persiguiendo un espejismo!

Esta es la verdad: la perfección no existe. La perfección es un mito. Si buscas la definición de *perfección* en el diccionario, encontrarás esto: «Condición, estado o cualidad de estar libre o lo más libre posible de todo defecto o imperfección».

Bien, ¿y quién decide qué es un defecto y qué es una imperfección? ¿No te parece una maniobra muy astuta que precisamente ese sistema que necesita que trabajes para que crezcan sus beneficios, sea lo que define lo que son defectos e imperfecciones? ¿Qué pasa, que si tus cualidades no producen el resultado que más beneficia al negocio significa que tienes un defecto innato? Date cuenta de que no es solo tu valía lo que está definido por fuentes externas –como hemos visto hasta ahora–, sino también tus defectos.

¡Cómo puede cualquier persona no sentirse una impostora si intenta alcanzar la imagen imposible de la perfección!

Somos seres humanos que están aquí para aprender, madurar y expandirse. Los aspectos de mí en los que necesito aprender y madurar se ponen de manifiesto cuando aprovecho las oportunidades que me llegan e interactúo con otras personas y conmigo misma. ¿Son defectos? Yo no los veo así, y quiero que no permitas más que nadie te diga que lo son. Quiero que te des cuenta de la verdad: que eres una obra en curso.

Estás aquí para reunirte con tu Yo Superior, el aspecto sabio e ilimitado de ti que está aquí con un propósito. La única forma de hacerlo es aprendiendo, y la única forma de aprender es probando, fallando y probando de nuevo. Quienes, al observar esta experiencia humana de ensayo y error, nos convencen de que tenemos algún defecto porque no aprendemos todo lo rápido que les gustaría cometen una crueldad, un acto limitante y que debe empezar a ser para ti inaceptable.

Aquí está la clave: quienes intentan convencerte de que eres un ser defectuoso lleno de imperfecciones lo hacen, exclusivamente, porque en lo más profundo de su ser es eso lo que sienten que son. Créeme, no hay una sola persona que no sienta que, en una u otra circunstancia o sentido, es una impostora. Por eso el síndrome de la impostura es un chiste: la humanidad entera vamos por ahí pensando que la persona de enfrente lo tiene todo claro, mientras ella está mirando a una tercera persona y pensando lo mismo, y así sucesiva y sucesivamente.

La otra verdad que aprendí sobre el mundo laboral, tras más de una década de esforzarme por triunfar en entornos que me exigían que me encogiera, es que esta forma de control solo beneficia a un grupo de personas: las que tienen una placa con su nombre en la puerta. Nos enseñan que, en el trabajo, tratar a la gente con intransigencia y sin la menor empatía es lo normal. Que vernos mutuamente como contrincantes es saludable. Nos enseñan que solo hay una forma correcta de hacer las cosas, que es la suya, y vemos cómo quienes la dominan –y no escuchan jamás la voz de la integridad– reciben múltiples recompensas.

Todo esto se nos inculca minuciosamente a los seres humanos para que abandonemos nuestra verdad en un rincón, nos convirtamos en clones perfectos unos de otros y trabajemos con un único objetivo: que la empresa obtenga las máximas ganancias con la mínima inversión. Así es como se define el éxito en las salas de juntas y en las reuniones de inversionistas: cuántos beneficios se pueden obtener invirtiendo lo menos posible en el personal con cuyo trabajo principalmente se obtienen. ¡Y es una estrategia de lo más sagaz! ¿Sabes por qué? Porque el *no soy suficiente* que hay dentro de ti, de mí y de todo el mundo está constantemente buscando pruebas de que esa herida profunda es cierta. De modo que ¿cuál es la táctica más infalible para conseguir que una serie de personas se dejen la piel trabajando para ti sin cuestionar si es equitativa la transferencia de dinero o poder que reciben? Aprovecharte de los pensamientos más oscuros y vergonzosos que tienen sobre sí mismas.

«Mira –te dicen–, es cierto que no estás a la altura. Pero ¿sabes cómo podrías empezar a estarlo? Haciendo lo que yo te diga».

Bien, ¿y ahora qué haces con toda esta información que acabas de leer si estás en el mundo laboral actual? Sé que no puedes llegar mañana al trabajo y exigirle a la empresa que vea y respete tu verdad. Pero ¿sabes lo que sí puedes hacer?

Despertar tú a tu verdad.

Puedes despertar a esa verdad al ver con transparencia, de una vez para siempre, que ni tus esfuerzos más animosos por tratar de lograr la excelencia que se te exige van a acercarte a tu propósito. Que a la empresa tu propósito le trae sin cuidado.

Puedes tomar la decisión –ahora que sabes ciertas cosas y tienes los ojos de par en par abiertos– de que tu trabajo, tu único trabajo, es comprender, encarnar y vivir tu propósito sin importar lo que pase.

Puedes decidir hoy que lo importante en tu vida es comprender y vivir tu propósito para que tus necesidades, deseos e intereses puedan coexistir con tu deseo de abrirte camino en el mundo.

Porque es posible. Y todo empieza por que comprendas tu propósito con claridad.

No renuncies a ti

No tienes por qué aceptar las normas del mundo laboral para prosperar en él. Estás leyendo este libro porque, como dijo Gandhi, sientes que ha llegado tu hora de «ser el cambio que deseas ver en el mundo». No te voy a mentir, no voy a decirte que es fácil, pero algún día, cuando llegue el momento en que digas «¡Hasta aquí!», será más fácil que encogerte para encajar en el molde que te imponen quienes quieren decidir qué trabajo vas a hacer en el mundo.

Parte de mi labor como *coach* es ayudar a la directiva de las empresas a descubrir cómo hacer esto y cómo animar a sus equipos a vivir y trabajar de esta manera. Soy lo que se denomina «*coach* residente» para varias organizaciones o, como me llaman la mayoría de esta serie de clientes, la «terapeuta laboral». En estos acuerdos, cada líder de la organización ha aceptado trabajar conmigo, tanto individualmente como en grupo. La única manera de que pueda producirse un verdadero cambio es trabajando con el equipo directivo entero, de modo que cada persona de la empresa que tenga un cargo de poder y responsabilidad se comprometa a realizar ese cambio conjunto.

La primera parte del trabajo consiste en desaprender las viejas dinámicas nocivas que han aprendido de nuestra actual cultura laboral. Comenzamos con unas sesiones de *coaching* individual, en las que trabajo con cada líder para descubrir qué creencias limitantes se activan concretamente en esa persona y establecer una relación clara entre sus creencias y el daño que se está causando a sí misma y que causa a sus colegas de trabajo y al resto del personal.

Este paso es importante. Si cada miembro del equipo directivo no es consciente de lo que ocurre en su interior, no puede haber cambio. La toxicidad en el lugar de trabajo –o en cualquier otro lugar–, empieza siempre por quien o quienes tienen más poder. Una vez que esas personas ven la conexión entre su propio dolor y ciertas formas de comportarse que hacen daño a la gente, no pueden hacer como que no la han visto. Por lo general, comienzan a cambiar sus hábitos, grandes y pequeños, lo cual crea un enorme eco en la organización entera.

Pero, la mayoría de las veces, no es que un buen día estos altos cargos decidan de repente que quieren hacer el difícil trabajo de descubrir quiénes son y cambiar de conducta. Por lo general, es algo que ocurre cuando el personal de la organización les deja claro que no tienen otro remedio. A veces, la mitad de la plantilla se marcha de la noche a la mañana, o de forma colectiva pone unos límites muy estrictos, o simplemente se queja lo suficiente como para que el equipo directivo se dé cuenta de que las alternativas son o actuar o morir. Sea cual sea el camino que trae hasta mí a estas personas, normalmente, cuando llegan, están muy preocupadas por la posibilidad de perder a la gente que contribuye al éxito de sus empresas, y esto es así porque esa gente ha dicho lo que piensa, alto y claro.

Te cuento esto porque quiero que comprendas el poder que tienes, independientemente del lugar que ocupes en la estructura jerárquica. Como líder, tienes el poder de sanar tu lado oscuro para que tu organización pueda prosperar sin que tus traumas del pasado amenacen con irrumpir inesperadamente. Como persona empleada, tienes el poder de crear un cambio eligiendo no creerte las pruebas de *no soy suficiente* que encuentras cuando las buscas, y preguntándote, en vez de eso: *¿Qué necesito para sentir realmente que se me valora aquí? ¿A qué aspectos del trabajo tengo que decir* sí *o decir* no *para asegurarme de que se satisfacen mis necesidades?* Y, por último, *¿Hasta qué punto me permite este trabajo expresar mi propósito?*

En el siguiente apartado hablaré con más detalle de las medidas concretas que puedes tomar para alinearte con tu Yo Superior en el trabajo. Pero antes de dejarte aquí, en la fase profesional de tu vida, quiero presentarte las tres primeras reglas para esa alineación con tu Yo Superior en el ámbito laboral, como hago con mis clientes:

1. Asentir a ciegas no es productivo. Asegúrate siempre de dedicar un momento a ver si una idea, un pensamiento o una acción que se te pide que adoptes o realices concuerda o no con tus creencias, valores y necesidades. Tal vez se te pida que hagas algo que va totalmente en contra de tus valores, en una sala llena de gente que asiente con la cabeza, lo que significa que se está acordando colectivamente que eso es lo correcto. Si en ese momento sientes una opresión en el pecho o en la boca del estómago, porque sabes que no lo es pero no te atreves a decirlo, siente esa presión y reconócela como una señal de que debes expresar que no estás de acuerdo. Disentir no es destructivo. Cuando reflexionas con calma y sinceridad sobre lo que realmente piensas, expresarte desde esa claridad tiene un efecto muy poderoso. A menudo verás que tus líderes, colegas o inversores se pararán a considerar tu punto de vista,

e incluso es posible que tu forma de enfocar el problema les parezca ingeniosa e interesante, o hasta más eficaz.

2. Los mártires pertenecen a la doctrina, no al lugar de trabajo. Puedes sacrificarte todo lo que quieras, pero eso nunca hará que se te reconozca realmente. Por el contrario, la gente se acostumbra a que hagas el papel de mártir y, como lo más natural, empieza a esperar de ti que dejes a un lado tus necesidades y te ocupes de las suyas. Esto es así en todos los aspectos de tu vida, y especialmente en el trabajo. La tentación de martirizarte proviene de la creencia limitante de que tus necesidades no importan, de que si antepones las necesidades y expectativas de otras personas a las tuyas, te querrán y te valorarán. Es una ilusión, y las cosas nunca funcionan de esta manera. ¿A qué estás renunciando para ser la persona con la que todo el mundo puede contar? De momento, empieza por anotar esos sacrificios uno debajo del otro y luego hazte estas preguntas sobre cada uno de ellos: 1. *¿Qué coste tiene para mí hacer esto?* 2. *¿Qué beneficio obtengo? ¿Son mayores los beneficios que los costes?* Simplemente, sé consciente de ello; eso es todo lo que tienes que hacer. Recuerda, una vez que lo ves, no puedes hacer como que no lo has visto. El cambio vendrá de forma orgánica a partir de este simple estado de conciencia.

3. La razón nunca eres tú. Nunca. La gente quiere que creas que sí. Así les es más fácil. Así no tienen que mirar de frente el dolor verdadero que hay en su interior; lo pueden proyectar en ti. Pero tú no tienes por qué permitirlo. Ten en cuenta lo siguiente: cuando ese gerente o colega de trabajo hace que te sientas irrelevante, inútil o idiota, estos son los sentimientos y creen-

cias que esas personas tienen de sí mismas. Esto es un hecho en el cien por cien de los casos. Créeme. Somos una especie demasiado egocéntrica como para pensar en algo que no tengamos dentro, lo que significa que, a menos que yo sienta o piense algo sobre mí misma, no hay forma de que pueda sentirlo o pensarlo sobre otra persona. La próxima vez que te encuentres en una situación laboral en la que un individuo te hable de forma irrespetuosa, antes de creerte sus proyecciones párate un momento y pregúntate: *¿Cómo me comportaría ahora si tuviera la certeza de que, en realidad, está diciendo esto sobre sí mismo?* Es posible que, desde esta nueva perspectiva, sientas empatía y compasión por él, pero eso no es lo que te pido que hagas todavía. Por ahora, solo quiero que utilices esta nueva perspectiva para distanciarte de las palabras y actitudes desconsideradas. Ya llegará el momento de sentir compasión; pero, por ahora, quiero que levantes a tu alrededor una barrera. No dejes que otras personas descarguen en ti el peso de su oscuridad. Toma nota; colócalo en la categoría adecuada –«su mierda»– y sacúdete ese peso de encima. Más adelante seguiremos hablando del tema, te lo prometo.

La ecuación del propósito

Cuando una persona me dice que la han despedido o cesado, me alegro por ella. Vale, sí: ya sé que al principio da mucho miedo. Sé que vemos peligrar seriamente nuestro bienestar y nuestra seguridad si alguien nos quita la forma de ganarnos la vida. No es que me lo tome a la ligera. Recuerdo cuando mi madre se quedó sin trabajo, y la única fuente de ingresos de nuestra familia era ella. Estuvimos semanas sin ir al supermercado. Quedarse sin trabajo no es ninguna broma. Está en juego nuestra propia existencia.

Sin embargo, lo que nos espera al final de ese camino incierto puede cambiarnos la vida para siempre. Si vemos ese momento de crisis como una oportunidad, el destino siempre, en el cien por cien de los casos, será mejor que el lugar de donde partimos.

He aquí la razón: cuando nos impedimos alcanzar nuestros sueños y vivir nuestro propósito a causa del miedo y las creencias limitantes, el universo se impacienta un poco, viéndonos desperdiciar nuestro brillo en circunstancias que están por debajo de nuestra frecuencia. Así que, en determinados momentos de nuestra vida, cuando ve que nos asomamos con cautela al borde del precipicio pero no nos decidimos a saltar, nos da un empujón, con amor pero sin contemplaciones, para catapultarnos hacia nuestro destino. (Lo mismo se puede aplicar a los divorcios y rupturas, pero eso vamos a dejarlo para más adelante). Después de trabajar en colaboración con el universo durante años, estoy aquí para decirte esto: cuando una parte de tu vida profesional termina bruscamente, es señal de que te habías salido ya del camino de tu propósito y es hora de que te vuelvas a encarrilar.

Lo más importante que debes saber sobre el propósito es lo siguiente: esa idea de que tu propósito es una afición, o de que para cumplirlo tienes que renunciar a cualquier aspiración de éxito que tuvieras y llevar una vida de asceta, es un mito que han creado quienes quieren que trabajes para materializar sus sueños en lugar de los tuyos.

Piénsalo un momento.

Si te hubieran dicho, desde que empezaste a pensar en una carrera profesional, que tu carrera *tenía que estar vinculada a tu propósito*, ¿habrías tomado decisiones diferentes? Normalmente se nos dice que, para prosperar en el mundo, tenemos que adoptar una actitud práctica y seguir un camino prefijado que nos garantice el éxito. A quienes ocupan puestos de poder les encanta que aceptes esto, porque así se quedan con toda tu magia: te enseñan a canalizar tu magia para la materialización de sus sueños, haciéndote creer que ese es el camino más práctico para que tengas éxito en tu vida. Esto es absolutamente falso.

Estoy más que orgullosa y agradecida por tener cada día el honor de guiar a profesionales de renombre, personas de muchísimo talento. Y puedo decirte que todas y cada una de esas personas han alcanzado el éxito o la celebridad solo después de que empezaran a hacer realmente lo que les apasionaba, aquello para lo que estaban hechas.

Déjame adivinar tu siguiente pregunta: «¿Y cómo voy a saber cuál es mi propósito si hasta ahora me han enseñado a no pensar en eso?». ¡Me encanta esta pregunta! Aquí es donde se abre la exploración.

Y la exploración empieza con una ecuación sencilla:

> **La ecuación del propósito:** *Habilidades naturales + Experimentar alegría o satisfacción = Impacto positivo en otras personas*

Tu propósito es la razón por la que existes, en este momento concreto, en este cuerpo concreto, con los rasgos y deseos concretos que tienes. Cuando haces las cosas que por naturaleza se te dan bien, experimentas una sensación natural de plenitud, y eso tiene un impacto en el mundo que te rodea. La forma en que expreses tu propósito puede cambiar docenas de veces a lo largo de tu vida e incluso en un día cualquiera.

Supongamos que eres por naturaleza una persona cálida y afectuosa para la que es una verdadera satisfacción atender a otros seres. Puedes expresar esa calidez de cientos de maneras distintas. Podrías estar cumpliendo tu propósito si vas caminando por la calle y le sonríes a alguien que tienes la impresión de que necesita un poco de ánimo, o preparándole la cena a un amigo que está pasando por un momento difícil, o montando un negocio como podría ser una guardería infantil o un refugio para animales.

Hay cientos de formas en que puedes vivir tu propósito. El propósito es parte de ti y de todo lo que haces; no solo está vinculado a nuestra carrera profesional. El propósito no es el resultado de lo que hacemos, es la forma en que vivimos y cómo influimos en quienes nos rodean.

Y sí, debería ser el eje de tu carrera profesional y de lo que haces para ganarte la vida. Así que trabajemos mano a mano en esta ecuación.

Tus habilidades naturales son aquellas actividades que siempre se te han dado bien, que te han salido de forma natural o que desde que tienes uso de razón te han dicho que tienes talento para ellas. Pueden ser cualquier cosa, desde la facilidad para dibujar o para resolver problemas, hasta la pasión por el movimiento corporal o por crear una sociedad más justa. Pueden ser realmente cualquier cosa.

En mi caso, lo que siempre se me ha dado bien ha sido ver intuitivamente, casi de inmediato, la solución a problemas complejos. Cuando tenía ocho años, me sentaba con mi madre, que se acababa de divorciar, mientras ella hablaba con otros miembros de la familia que trataban de aconsejarla. Y cuando la veía empezar a perder la paciencia tras horas de deliberaciones sobre alguna decisión que tenía que tomar, yo intervenía y decía: «¡Esto es lo que tienes que hacer!».

Se reían, pero cada vez que pasaba, invariablemente había alguien que comentaba luego: «De mayor vas a ser terapeuta» (en aquella época no existía la denominación «*coach* intuitiva de vida y liderazgo», así que su pronóstico ha sido bastante acertado).

Cuando trabajas en algo que emplea esas habilidades naturales, sueles encontrar más alegría en ese trabajo. ¿Sabes por qué? Porque tus talentos naturales no son una casualidad. Esto también es una implantación inteligente del Yo Superior y del universo, que quieren que hagas en este planeta algo que tenga una repercusión beneficiosa para todos los seres que lo habitan. Tus habilidades y talentos naturales son parte de ti porque su finalidad es que puedas cumplir con facilidad tu propósito, sin sentirte un farsante o un impostor.

Esa sensación de fluidez al hacer algo que sale de ti con naturalidad crea alegría y pasión. Estos son los sentimientos que el Yo Superior quiere que experimentes. Es consustancial a tu propósito que disfrutes manifestándolo, para que de este modo *quieras* manifestarlo. Es un mecanismo de recompensa positivo, en lugar de uno negativo que te empuja a ser algo que no eres para conseguir aprobación externa. En el mecanismo de recompensa positivo, hacer tu trabajo te hace sentirte tan bien precisamente para que tengas ganas de hacer realidad tu propósito. La alegría o la satisfacción que te da hacerlo equivale a la aprobación interna, que te dice que vas por buen camino. Esa es la clase de aprobación que te llena en lugar de extenuarte.

Y así llegamos a la última parte de la ecuación del propósito: el impacto. Aquí es donde vuelven a entrar en juego los mitos creados en los negocios por estructuras de poder ya obsoletas. Se nos enseña que estamos en un juego de suma cero: o todo o nada; o triunfa el sistema o triunfas tú. No se nos enseña a pensar con una mentalidad de abundancia, que diga que *ambas partes* pueden ganar. Pero ¿y si la conclusión que nos han enseñado se basa en una premisa fundamentalmente errónea?

Cuando el trabajo que haces te resulta natural y te proporciona satisfacción o alegría, el «impacto» será una repercusión favorable en la comunidad de gente que haya a tu alrededor, grande o pequeña. Lees bien: tanto tú como las personas a quienes ayudas al cumplir tu propósito podéis prosperar simultáneamente. No es necesario que ganes a costa suya, ni tienes por qué sufrir tú por ayudarlas a ellas. Esa es la mentalidad de la escasez. Tu propósito, impulsado por tu Yo Superior, nunca proviene de una mentalidad de escasez. Tu propósito es pura abundancia y solo entiende la abundancia.

Sé que cuando trabajas para otra persona, es difícil imaginar cómo puedes vivir tu propósito, si tu dedicación está dirigida a hacer realidad sus sueños, no los tuyos. El secreto está en que si te propones con franqueza y seriedad comprender tu propia ecuación del propósito, aprenderás a detectar con facilidad cuándo tus sueños coinciden con los de otra persona. De este modo, puedes estar en tu propósito –en sintonía con tu Yo Superior– mientras trabajas para otra gente. No tienes por qué dejar tu trabajo y montar un negocio. ¡O puedes hacerlo! Sabes quién está esperando para guiarte en esa cuestión, ¿verdad?

Solo prométeme que serás amable y paciente contigo mientras lo averiguas. Porque la realidad es que nadie te enseñó la ecuación del propósito cuando estabas en el colegio. Nadie te hizo pararte y pensar en tu propósito cuando te dispusiste por primera vez a buscar trabajo. No pasa nada, todo forma parte del aprendizaje. Es difícil saber realmente qué nos motiva, comprender de verdad nuestras habilidades y el impacto que queremos tener en el mundo sin haber salido al mundo y haber probado distintas cosas.

¿Me gustaría que nos hubieran enseñado a hacerlo consultando al mismo tiempo nuestra verdad y nuestros deseos? Por supuesto. Pero eso no cambia todo lo que hemos aprendido con este proceso. No estoy aquí para aconsejarte que no aprendas sobre ti de esa manera, probando distintas cosas para ver cuál te sienta bien. Es un proceso natural y me encanta que lo hagas. Lo que quiero recordarte es que tener éxito sin sentir verdadera satisfacción interior no solo no es ganar en el juego, sino que ni siquiera es el juego.

Si esto que acabo de decir te ha hecho abrir los ojos, entonces párate de verdad un momento y lee con atención lo que sigue. Tal vez tienes el título, el dinero o el poder que siempre habías querido, pero sientes que te falta algo. No te da alegría lo que has logrado. Bien, no pasa nada. Esa falta de satisfacción no te convierte en una persona desagradecida ni en alguien que no merece sus logros. Ese vacío solo significa que estás despertando. Estás despertando a la verdad de que estar en sintonía con tu Yo Superior no es lo mismo que alcanzar una larga lista de éxitos materiales ni es lo mismo que lograr que tu ego se sienta bien con quien eres.

Mira, estar en sintonía con tu Yo Superior no tiene nada que ver con los resultados. Es un estado del ser. Una sensación de equilibrio al saber que estás viviendo de acuerdo con tu verdad, con tus valores y con los deseos que tienes para esta vida, y no con los deseos de nadie. Estar en sintonía con el Yo Superior significa que estás viviendo para ti y para nadie más.

Todo lo que se deriva de vivir de esta manera son los frutos naturales de una vida bien vivida. No hace falta que te esfuerces tanto por alcanzar tus metas, basta con que tu mundo interior esté alineado con tu Yo Superior y, del modo más natural, tu mundo exterior se ajustará en consonancia. Es una ley de la naturaleza: lo que hay dentro se reflejará en el exterior siempre y cuando le des tiempo para echar raíces y crecer.

EXPLORACIÓN: ***Diagnostica el propósito***

Si sientes ese vacío a pesar de tener el trabajo o la profesión que toda tu vida te has esforzado por conseguir, dedica un poco de tiempo a hacer este ejercicio. Te ayudará a ser algo más indulgente contigo y a ver las cosas con más claridad mientras recorres el camino de vuelta a tu Yo Superior.

Piensa y escribe tus respuestas a las siguientes preguntas:

- ¿Qué te hizo elegir esta profesión?
- ¿Qué creías que diría de ti tener éxito en esta profesión o trabajo?
- ¿Qué verdad interior, deseo o valores personales has tenido que sacrificar para tener éxito en esta profesión o trabajo?
- ¿Qué anhelos estás ignorando por miedo a que seguirlos no te dé éxito material?

TERCERA PARTE

Reconexión

Capítulo 9

Despeja el espacio interior

T*odo tu ser está preparado* para escuchar. Por eso te atrajo este libro. No es casualidad que hoy estés aquí leyendo estas palabras. Hace tiempo que sientes la ausencia de tu Yo Superior. Por supuesto, tú probablemente no lo habrías descrito de esa manera.

Tal vez simplemente sentías una inquietud que no sabías precisar de dónde venía.

Tal vez empezaba a cansarte la sensación de estancamiento o el hecho de revivir viejos dolores.

Tal vez todo en ti está preparado para un cambio, y sabes que es hora de dar el siguiente paso.

Todos estos sentimientos provienen del mismo deseo: reunirte con esa voz amiga, expansiva y sabia que hay en tu interior. Todo esto es señal de que te has cansado de resignarte, de amoldarte a lo que se espera de ti, de que estás deseando descubrir tu verdad y vivirla, ¡al fin!

Te doy la bienvenida de vuelta a casa –dice tu Yo Superior–. *Estaba esperándote.*

Tus yos más jóvenes se presentan para decir la verdad

Para poder oír realmente lo que nuestro Yo Superior quiere decirnos, tenemos que despejar el camino. Por eso, vamos a volver a tus creencias limitantes. Esta vez, además de identificarlas, les daremos la oportunidad de que nos hablen, escucharemos lo que quieran decir, y tendrán ocasión de conocer a tu Yo Superior. Este proceso es más que sanar tus creencias. Yo lo llamo **reintegración**.

Recuerda que tus creencias limitantes son sencillamente aspectos de ti que continúan atrapados en un pensamiento o sentimiento cuya función, en etapas anteriores de tu vida, era protegerte del dolor que sentías en esos momentos. A partir de ahora, cuando pienses en tus creencias limitantes, quiero que las visualices como versiones de ti a distintas edades. Si hay un aspecto de ti que se cree el pensamiento *Nunca haré realidad este sueño*, ahora vamos a examinar esa creencia y a preguntarle: «¿Cuántos años tienes?». Cuando veamos aparecer en respuesta a esa pregunta a una personita de siete años, o una figura adolescente de trece o de diecisiete, vamos a asignarle esa creencia a quienes éramos a esa edad. Esto es fundamental en el proceso de volver a alinearnos con nuestro Yo Superior.

Estos aspectos jóvenes de ti siguen queriendo protegerte a toda costa, y su forma de hacerlo es repitiéndote esas creencias limitantes.

Pero tú ya no tienes siete, trece ni diecisiete años. Lo que te importa ahora ya no es solo sobrevivir. Quieres avanzar y prosperar. Esto significa que tus yos más jóvenes pueden relajarse. Ya no hace falta que se esfuercen tanto por protegerte, que estén siempre en guardia y te den incesantes órdenes e instrucciones (tu sistema de creencias limitantes). Su trabajo ahora es más tranquilo: solo es necesario que te informen de sus necesidades. Únicamente con eso, tú y tu Yo Superior les daréis –y te darás– cada una de las cosas que han –y has– querido siempre. Después de toda una vida marchando inconscientemente al son de sus órdenes, vas a plantarte y a rescatarlos de su equivocada causa.

El trabajo que vamos a hacer en este capítulo será ligeramente distinto al de los capítulos anteriores. En realidad, la metodología que se describe a continuación es una evolución de lo que aprendiste a practicar en el capítulo tres. Si entonces las prácticas consistían en tratar de reconocer y escuchar al Yo Superior en tu vida actual, ahora vamos a entrar en un nuevo nivel. Una vez restablecida esa conexión con el Yo Superior, vamos a llevar su presencia a cada uno de esos jóvenes yos chillones y exigentes a fin de reintegrar todos esos aspectos críticos de ti en un único yo completo.

Tres pasos para la reintegración

Esos aspectos jóvenes e inexpertos de ti que elaboraron creencias limitantes han estado al mando durante la mayor parte de tu vida. Me atrevería a decir que son los que están principalmente al mando también en la actualidad. Dado que, en su momento, esas creencias cumplieron tan bien su cometido de mantenernos a salvo, como recompensa reafirmamos una y otra vez nuestra confianza en ellas. Así es como funciona: por ejemplo, si te crea ansiedad probar algo nuevo y, escuchando lo que te dice esa creencia, tomas la decisión de no hacerlo, efectivamente el resultado es que te mantienes a salvo. Por tanto, el aspecto de ti que en un pasado lejano creó ese pensamiento dice: *¡Bien! He hecho lo que tenía que hacer*. Gracias a esa creencia, tienes la seguridad que necesitas. He aquí tu recompensa. Misión cumplida.

Al joven aspecto de ti que sostiene esa creencia, esta grata sensación de seguridad que tienes le dice que tu supervivencia aún depende de él, por lo que redobla sus energías. Se toma su trabajo muy en serio. Por tanto, el proceso de reintegración consiste en interrumpir en tu interior el pensamiento *Para estar a salvo, lo mejor es que evites... [rellena el espacio]*.

Interrumpir el pensamiento es bastante sencillo cuando aprendes a seguir tres pasos:

1. Identificar y separar
2. Escuchar sin juzgar
3. Agradecer y redirigir

Veamos en detalle cómo ejecutar cada uno de estos tres pasos.

PASO 1. IDENTIFICAR Y SEPARAR

Buenas noticias: a estas alturas del libro, ya has tenido ocasión de identificar tus creencias limitantes. Si necesitas repasarlas, no hay problema. Saca la lista que hiciste en el capítulo tres y reflexiona un poco sobre lo que escribiste. Ahora vamos a tomar esas creencias limitantes y a asignar cada uno de esos pensamientos a un joven aspecto de ti. Para poder erradicar la creencia, necesitamos saber con exactitud qué versión pasada de ti se aferra a ella.

En la práctica, no siempre es tan fácil como parece. A veces, esos aspectos jóvenes de ti se han vuelto tan hábiles en mezclarse con quien eres hoy y fingir ser tú, que cuando haces una exploración interna y les preguntas qué edad tienen, no contestan de inmediato. Otras veces, esos aspectos jóvenes llevan tanto tiempo viéndote ignorar sus necesidades que aún no confían del todo en ti. Han aprendido que solo les haces caso si repiten determinada creencia limitante. No se fían de que vayas a atender las necesidades que tienen en lo más profundo, debajo de esa creencia.

Veamos a qué me refiero. Supongamos, por ejemplo, que has estado ignorando al joven yo que dice *necesito sentirme querido*, pero sí lo escuchas cuando sus palabras son *dile que sí a esa persona para caerle bien*. Hasta ahora has hecho esto porque la primera frase es doloroso escucharla y, además, no sabes cómo responder a ella. La segunda, en cambio, no solo es algo que sabes hacer, sino que te resulta fácil hacerlo. Cada vez que sucumbes y te vuelves complaciente, sin darte cuenta estás ignorando la auténtica necesidad y favoreciendo la creencia limitante.

La clave está en darte cuenta de que no es tu yo actual quien piensa eso, sino que esa es la creencia a la que se sigue aferrando una versión de ti que pertenece al pasado. Cuando confundimos nuestra forma de pensar actual con la creencia limitante que proviene de esa versión joven, lo que hacemos es ignorar a ese yo joven y lo que nos quiere decir. Este paso tiene un efecto transformador porque, al contemplar a esa versión joven de ti como algo separado de la versión de ti actual, desde aquí puedes darle la atención y el amor que tanto necesita.

Tengo un cliente de muchísimo talento que trabaja en el mundo de las artes; la crítica lo aclama y la colección de premios que ha recibido son una confirmación de sus dones excepcionales. Sin embargo, a pesar de toda esta aprobación externa, él siente que como persona deja mucho que desear; a pesar del éxito, tiene la sensación de que hay algo defectuoso (incluso perezoso) en cómo vive y en las decisiones que toma. Rápidamente descarta cualquier elogio y, más rápidamente aún, le encuentra múltiples defectos a su forma de vida. Cree que su éxito se debe más a que es capaz de motivar a personas de mucho talento a que trabajen con él que a que él sea de ningún modo genial.

Al instante de conocerlo, vi a un niño pequeño detrás de todo eso que me contaba, un niño que oyó a alguien proyectar en él todo esto y se lo creyó. Cuando lo acompaño a visitar a ese niño pequeño, cerramos los ojos e inicio el viaje. Nos guío en una visualización a través de un bosque, y luego llegamos a una escalera por la que descendemos a un espacio más oscuro, escondido. Por lo general, en este punto, él –y cualquier otro cliente– toma el control y nos guía a ambos por el camino que, con los ojos cerrados, ve desplegarse ante él.

El día de nuestra primera visita, descendimos a una especie de caverna llena de pequeñas cavidades excavadas en la roca cuya oscuridad contrastaba con los rayos de sol que se filtraban en la cueva a través de las grietas del techo. Fue ahí abajo donde lo encontramos: a los siete u ocho años, rodeado de juguetes y dibujos, con muchas ganas de jugar. No fue una gran revelación. Nada que provocase una convulsión emocional: quería jugar, eso era todo. Como tardamos varias semanas en conseguir que el niño hablara, lo que hacíamos en cada sesión cuando bajábamos era simplemente jugar con él. Eso parecía ser lo que quería.

Al cabo de varias sesiones en las que visualizábamos al niño rodeado de sus juguetes y dibujos, prestando atención a las piezas que quería mostrar, finalmente lo oímos. A mi cliente le llegó en forma de pensamiento en medio de la visualización: *No hago lo suficiente, soy demasiado infantil*.

–¿Quién dice eso? –le pregunté.

–El niño de la cueva –respondió.

Ahora teníamos un diálogo. Era la oportunidad que necesitábamos.

Alguien, cuando mi cliente era muy pequeño, esperaba más de él. Quería que se esforzara más. Quería que hiciera más, que fuera como los niños atléticos que jugaban en tres equipos diferentes y que destacaban en cada actividad que empezaban. Él no era así. Era un niño creativo, sensible y asombrosamente inteligente que prefería pasar el tiempo imaginando mundos y personajes que se convertían en historias completas. Nadie lo entendía, así que adoptó las creencias que proyectaban en él las personas adultas. Mi cliente sabía que ese niño pequeño seguía ahí, aferrado aún a esas mismas creencias, por mucho que de adulto hubiera convertido esas historias en obras de arte que habían recibido numerosos galardones.

Quiero que tú pruebes a hacer lo mismo. Cuando detectes una creencia limitante que se repite en ti, dedica un poco de tiempo a hacer una visualización: ¿quién la está diciendo? Lo más probable es que lo sepas de inmediato. Te vendrá a la mente una imagen de ti a una edad determinada. Con el ojo de tu mente, obsérvala bien para que puedas identificar con precisión qué joven yo está predicando creencias que ya no te ayudan. Invita a ese yo a que te hable.

Si la imagen de ese yo de la infancia no se presenta con tanta facilidad, no te preocupes. Como estos pequeños yos llevan tanto tiempo sintiéndose ignorados, no están seguros de que esta vez nuestro interés sea sincero, así que ten paciencia. Acabará apareciendo si perseveras en el trabajo. Sé paciente con ese joven yo que grita bajo el peso de unas responsabilidades enormes.

Puedes intentar poco a poco hacerlo salir parándote cada vez que sientas que se activa dentro de ti y dedicándole una cálida atención. «Hola –puedes decirle–, veo que has vuelto y que estás tratando de protegerme. ¿Qué es lo que de verdad necesitas?».

¿Cuál es la primera respuesta que te llega? Confía en que esta respuesta proviene de esa versión joven que acaba de activarse. El solo hecho de que confíes en la primera respuesta que te venga a la mente puede abrir un diálogo con esta parte de ti.

Una vez que identifiques qué aspecto de ti tiene esa creencia limitante, debes separar tu yo actual de ese aspecto. No es tu yo actual el que tiene esta creencia que te impide hacer realidad tus deseos y manifestar tu propósito, sino un yo mucho más joven que sigue atrapado en un momento doloroso. Ten presente esta distinción.

Si consigues hacer esto, vas por buen camino. Esta separación te permite recuperar tu poder; abre posibilidades ilimitadas dentro de ti. Si no eres tu creencia limitante, ¿de qué eres capaz?

De todo.

PASO 2. ESCUCHAR SIN JUZGAR

Una vez que hayas identificado al joven yo que es origen de tus creencias limitantes, ha llegado la hora de que escuches a ese aspecto de ti. Si eres capaz de aceptar que esas creencias se corresponden con una parte joven de ti, que sigue atrapada en un momento de dolor y utiliza una determinada estrategia para protegerte, entonces también serás capaz de entender que esa personita que vive en tu interior sigue teniendo necesidades.

Esas necesidades son muy reales. Tan reales que, de hecho, aunque tú no lo imaginaras, han estado dirigiendo tus decisiones todo este tiempo. Por supuesto, quieres ser tú quien decida con la poderosa guía de tu intuición, tu Yo Superior, pero hasta ahora no has podido escuchar plenamente esa sabia voz intuitiva porque no te has detenido a darle a este pequeño yo lo que realmente necesita.

¿Alguna vez has visto a una criatura tener una rabieta porque quiere algo y desea que la escuchen? Eso es exactamente lo que ocurre en tu interior cuando ignoras a tu joven yo y sus necesidades. Esa rabieta puede manifestarse de muchas formas: ansiedad, depresión, miedo, preocupación constante... Ese yo de la infancia te habla sin cesar a través de creencias limitantes, pero tú te limitas a escucharlas y a tomarlas por pensamientos tuyos actuales; no oyes las necesidades que hay debajo de esas creencias. Ha llegado la hora de que las escuches, para que esa personita que hay en tu interior se calme y deje espacio libre, y tu Yo Superior pueda hacerte llegar sus indicaciones.

¿Cuáles son sus necesidades? Ese pequeño yo sigue reaccionando desde un momento de la infancia en el que se sintió herido o decepcionado. ¿Qué necesita? ¿Qué aliviará su dolor o su decepción? Descubrirlo es trabajo tuyo, en conjunción con tu Yo Superior.

Aquí entran dos factores que pueden dificultar la tarea. El primero es que quizá no tengas experiencia en tratar con personitas de la edad de ese pequeño yo que ha aparecido en tus visualizaciones. El trato con cada grupo de edad requiere habilidades particulares. Suelo decirles a mis clientes que piensen en alguna criatura de la misma edad con la que tengan algún tipo de relación actualmente.

¿Qué preguntas le harían si les contara que ha sufrido una decepción?

¿Cómo la escucharían?

¿Qué le dirían?

El segundo factor es que tu pequeño yo podría necesitar expresar una verdad que te resulte difícil oír. De hecho, sabes que te resultará difícil, por eso llevas todo este tiempo aferrándote a la creencia limitante en lugar de sanar el dolor que esconde. A veces, veo que mis clientes reaccionan ante su joven yo no con empatía y amor, sino con miedo. No quieren saber lo que ese yo les diría. Tienen miedo de que mire al yo actual y se pregunte para qué han servido al final todos sus esfuerzos.

Veo manifestarse este miedo en mis clientes de distintas maneras; la más común es una total incapacidad para ver a esa versión joven de quienes son. O, a veces, si en las visualizaciones conjuntas encontramos a ese pequeño yo, no consiguen verle la cara o mirarlo a los ojos.

Cuando esto ocurre, sé que hay dos posibilidades: que la persona que intenta comunicarse con su joven yo tema alguna verdad que ese yo guarda sobre ella, o que se avergüence de ese aspecto de sí misma. A la vista de esto, es natural que el joven yo interior desconfíe de la comunicación que esa persona intenta establecer, y por tanto se niegue a participar en el diálogo. ¿Tendrías tú ganas de hablar con alguien que no quiere oír lo que tratas de decirle o que se avergüenza de ti?

Esa actitud temerosa y defensiva no es el mejor estado desde el que escuchar. Pero no pasa nada. Hay soluciones alternativas. Antes que nada, ten compasión contigo y extiéndela a tu joven yo. Es cierto que esa versión joven de ti esconde una verdad dolorosa, pero no será nada que no hayas experimentado ya en tu vida. Y ahora, como persona adulta, tienes muchos más recursos para resolver esa necesidad que cuando tenías seis u ocho años. Confía plenamente en esto, porque te ayudará a tener una disposición receptiva.

Además, en contra de lo que temes, ese joven yo no está enfadado contigo. No se sentirá decepcionado al ver la persona que eres en la actualidad. Estará encantado de verte, encantado y agradecido de que al fin lo escuches. Confía en que ahora tienes la comprensión y la capacidad para darle lo que necesita, aunque en la infancia no las tuvieras. Basta con que invites a ese joven yo a expresar la auténtica necesidad que se esconde tras su llamada insistente.

La clave está en escuchar lo que necesita *sin juzgarlo*. Eso que necesita suele entrar en alguna de las tres categorías de necesidades humanas de las que ya hemos hablado: amor, dignidad y sentimiento de pertenencia.

Escuchar consiste en averiguar cuáles de esas necesidades no estaban satisfechas en la versión joven de ti sin juzgarlas *ni* disculpar a quienes convivieran o estuvieran contigo en aquel tiempo. Es natural, sobre todo si esas personas siguen estando presentes en tu vida, que sientas la tentación de interrumpir la escucha con pensamientos que las defienden: *Ya, pero es que papá se pasaba el día entero trabajando para mantenernos*, o *Mamá hacía lo que podía por ser cariñosa, pero es que ella no tuvo un padre y una madre que la trataran con cariño y le sirvieran de ejemplo.*

Es muy posible que todo eso sea cierto, y aplaudo tu empatía, de verdad. Pero cuando interrumpes a tu joven yo para darle esta perspectiva, lo que le estás diciendo es que sus necesidades son menos importantes que las de papá, mamá u otras personas. Esto es peligroso y contraproducente.

Esa personita que hay dentro de ti *ya cree* que sus necesidades son menos importantes que las del resto de la gente; precisamente por eso ha elaborado esas creencias que aún te limitan. Ya cree que es insuficiente, no hace falta que se lo recuerdes. Tu trabajo es hacerle sentir que sí importa, y la forma de conseguirlo es escuchándola.

Quizá esta va a ser la primera vez que esa personita experimente lo que es que alguien la escuche, que alguien confíe en ella y la valore por su verdad. Así que escúchala con atención, para poder reconstruir la confianza, para que sepa que sus experiencias importan y que, al fin, estás aquí para demostrarle que realmente es así. Esta es la triste pero hermosa ironía de toda esta dinámica: hasta ahora, la única manera que tu joven yo ha encontrado para reclamar tu atención ha sido imponerte a gritos sus creencias limitantes nacidas del dolor, lo cual para tu yo adulto ha sido un castigo; y todo el tiempo, el amor que tu joven yo buscaba desesperadamente ha estado ahí mismo, a su disposición, solo que ni él ni tu yo actual lo sabíais. *Tú* eres a quien tu joven yo ha estado esperando.

PASO 3. AGRADECER Y REDIRIGIR

Si realmente le has dado a tu joven yo la oportunidad de decirte lo que necesita sin juzgarlo, *seguirá* hablándote. ¡Esto es maravilloso! Significa que, a partir de ahora, mantendréis un diálogo interno y lo oirás contarte lo que realmente has necesitado y necesitas, en lugar de oír dentro de ti limitaciones o preocupaciones constantes. Ahora que este joven aspecto de ti te habla con claridad, tu responsabilidad es hacer algo.

Todas esas necesidades que se han ido acumulando a medida que has ido cumpliendo años debes satisfacerlas. No hay otra manera de que puedas tener tranquilidad y avanzar con decisión hacia tus sueños. Es muy importante que cuando tu joven yo empiece a hablarte de lo que necesita, reconozcas ante él y ante ti que has oído y entendido lo que dice.

He visto en mis clientes, incluso en fases avanzadas de la reintegración, una tendencia a querer saltarse este paso poniendo toda clase de excusas.

–No tengo tiempo para esta conversación –me dicen a veces.

–¿De verdad? –les pregunto–. ¿Pero sí tienes tiempo para escuchar preocupaciones el día entero?

Este proceso no te llevará más tiempo del que inviertes en escuchar tus creencias limitantes, y, sin embargo, tiene incomparables ventajas. Lo mismo que cuando escuchas las preocupaciones y temores, este es un diálogo interno, solo que en este caso productivo y sanador, mientras que prestar atención a tus creencias limitantes es fatigoso y desalentador. ¿Qué eliges?

Mantener esta conversación es muy sencillo. Basta con que, cuando oigas a tu joven yo expresar una necesidad, des señal de que has recibido el mensaje. Puedes responder algo como: «Oigo lo que dices» o «Lo comprendo, yo también quiero eso». Confirma que te importa. Es todo.

Ahora lo que sucederá es que tu joven yo intentará satisfacer esa necesidad repitiendo la creencia limitante. Podría añadir, por ejemplo: «Bien, pues si queremos conseguir eso, vamos a decir *sí* a este proyecto que no nos interesa demasiado para que la gente vea de lo que somos capaces». No es culpa suya. Lleva mucho tiempo atrapado en este patrón, y hasta ahora ha resultado (más o menos) eficaz.

Y así llegas al último paso: agradecer y redirigir.

Antes que nada, debes agradecerle a tu joven yo su deseo sincero de protegerte, que le hace echar mano de la estrategia que ideó hace mucho tiempo para ayudarte a sobrevivir.

Dile: «Gracias por esforzarte tanto para que esté a salvo».

Eso es todo, exprésale tu gratitud. Así de simple.

Imagina a una criaturita que tuviera que renunciar a su despreocupada alegría infantil para protegerte. ¿Cómo le hablarías? Te conmovería su generosidad y sentirías una inmensa gratitud por que te quiera tanto que esté dispuesta a sacrificar su alegría para que tú estés bien. Esto es lo que tu joven yo ha estado haciendo todo este tiempo. *¡Gracias, joven yo!* Eso sí que es un sacrificio.

Luego, redirígelo: «Gracias por intentar protegerme, pero, ahora que estamos a salvo, vamos a probar a hacer las cosas de otra manera. Confía en mí. Tú lo único que tienes que hacer ahora es decirme lo que necesitas. Con eso basta».

Incluso puedes ponerlc la tarca dc que te dé pruebas. El miedo que proyecta ese joven yo te pide que actúes del modo que él cree que es el mejor, pero detente y pregúntale: «¿Tenemos alguna prueba de que actuar así vaya a darnos realmente lo que necesitamos?». La respuesta suele ser no, no hay pruebas, ya que si su estrategia hubiera funcionado, no seguiría atrapado en el miedo. Ahora que está claro que su estrategia no ha funcionado, puedes preguntarle si está dispuesto a que probéis una nueva forma de actuar.

Este es un nuevo propósito para esos aspectos de ti que han trabajado tanto para cuidarte desde hace muchos años. Dales una nueva razón para existir que no incluya proyectar sus creencias limitantes (que, recordemos, eran a su vez proyecciones ajenas): su importante tarea en estos momentos es decirte lo que necesitan y confiar en que tú lo vas a conseguir. Sus necesidades son tus necesidades, y has decidido que quieres escucharlas porque estás empezando a comprender que mereces que se satisfagan.

¿No te parece precioso?

No solo mereces que se satisfagan esas necesidades, sino que se te ha puesto aquí con un propósito importante, por lo que es *imprescindible* que se satisfagan. Si tus necesidades no están satisfechas, ¡cómo vas a vivir tu propósito! Tu propósito es parte de quien eres y está arraigado en ti para ayudarte a crecer y que puedas ayudar a otras personas. ¿Qué sentido tendría que se te pusiera aquí con una misión tan importante y luego no pudieras cumplirla porque tus propias necesidades no se han satisfecho?

Para poder tener algún impacto en el mundo y en tu propia vida, debes empezar por conseguir lo que necesitas tú. Os digo esto a quien eres actualmente y también a tu joven yo. Quiero que ese joven yo también lo sepa. Sus necesidades lo son todo. Deja que fluyan. Estás aquí para satisfacerlas todas y más.

Ejercicio de reintegración

Este trabajo no es más que la comunicación constante con tu joven yo. Cada vez que oigas dentro de ti una creencia limitante, dialoga con él. Sea cual sea ese pensamiento limitante, quiero que te detengas y establezcas el diálogo interior que te acabo de explicar. Cuanto más lo hagas, más natural te resultará y más rápido lo resolveréis.

Esta vez voy a hacerlo contigo. Quizá quieras leer primero el ejercicio que expongo a continuación y que luego cerremos los ojos y comencemos, o quizá prefieras que vayamos haciéndolo a medida que lees. Elige lo que te parezca mejor.

PASO 1. IDENTIFICAR Y SEPARAR

¿En qué aspectos de tu vida te estás frenando actualmente? ¿Qué creencia te dice que no puedes tener lo que quieres?

¿Cuándo empezaste a creer esto? Cierra los ojos y pregunta: «¿Cuántos años tienes?». Puede que oigas con claridad la respuesta, y, en ese caso, anótala; o puede que no, y no pasa nada. Vamos a seguir haciendo el resto del ejercicio, y al final te vendrá a la mente la edad que tenías; si no en esta ocasión, en la siguiente o en la siguiente. Tu joven yo verá que tienes el serio deseo de acercarte a él para tratar de descubrir y darle lo que necesita. Al final, se mostrará a ti con claridad. Por tanto, si no obtienes una respuesta de inmediato, ten paciencia.

Ahora detente, visualiza la creencia limitante como un escudo protector y sepárala de ese aspecto joven de quien eres. Pídele a ese escudo que se aparte. Puedes incluso decirle, sin palabras o en voz alta: «Veo que estás tratando de protegerme. Pero, por favor, ¿querrías apartarte un momento para que pueda descubrir lo que necesito?».

PASO 2. ESCUCHAR SIN JUZGAR

Observa a tu joven yo. ¿Qué es realmente lo que necesita? ¿Qué le faltaba en aquellos momentos? ¿Qué le habría hecho sentirse bien, más contento, más seguro?

Escucha.

Quizá diga: *Quiero sentir que importo* o *Quiero sentirme querido*. Oigas lo que oigas, tómatelo en serio. Ten esto muy claro: tú –el tú del presente– eres la amorosa guía, la sabia presencia, la madre y el padre entrañables que tu joven yo ha estado esperando todo este tiempo. Adopta esa calidez maternal o paternal, o la disposición del mentor afectuoso, al hacer la siguiente parte del ejercicio. No trates de justificar que tu joven yo no recibiera lo que necesitaba. No trates de excusar a nadie. Simplemente escucha y empatiza.

PASO 3. AGRADECER Y REDIGIRIR

Mira a los ojos a esa parte joven de ti y dale al menos tres pruebas de que *ya es* lo que necesita sentir que es. Pruebas claras, evidentes. Si le dices, por ejemplo, que es adorable, importante, excepcional y valioso, piénsalo bien, ¿qué tenías a esa edad que te hacía tan especial? ¿Eras una personita divertida, libre, curiosa o centrada? ¿Tenías un carácter enérgico, creativo y amable? Sean cuales sean las palabras que te vengan a la mente, dile a tu joven yo lo que ves en él cuando lo miras desde tu perspectiva actual.

Ahora dale las gracias a ese aspecto de ti porque durante todo este tiempo se haya esforzado tanto por protegerte. Exprésale tu gratitud por el trabajo tan agotador que ha hecho. Luego, redirígelo. Explícale que, a partir de ahora, lo único que tiene que hacer es decirte lo que necesita, y entonces tú y tu Yo Superior os encargaréis de satisfacer esas necesidades. Pero dile que lo vais a hacer de una forma nueva; no con la estrategia de las creencias limitantes, que ha quedado ya obsoleta, sino de una manera intuitiva sustentada en el poder y la sabiduría del Yo Superior. Una nueva manera que dice: *Tenemos dentro todo lo que necesitamos. Así que todo es posible.*

Respira hondo varias veces seguidas y deja que lo que acabas de hacer y decir cale en ti.

Esta es la verdad: tu voz del miedo, esas partes jóvenes de ti, están ahí solo para que seas testigo de su presencia, no para que las tomes como guía. Aprenderás a encarnar tu sabiduría interior de una manera centrada cuando comprendas que es tu responsabilidad escuchar los aspectos y necesidades de tu joven yo tanto como lo es no seguir sus indicaciones. La guía solo debe provenir de tu Yo Superior. Lo que hay debajo de tu yo del miedo, *escúchalo*; con lo que te diga tu Yo Superior, *actúa*.

Práctica diaria

El ejercicio que acabas de aprender está pensado para que lo pongas en práctica varias veces al día. De hecho, cada vez que veas aparecer una creencia limitante que te frena, puedes iniciar este diálogo. Al principio, quizá te cueste un poco, pero cuanto más lo practiques, más fácil te resultará entablarlo, y el proceso entero se acelerará y acabará integrándose en tu forma natural de pensar.

Eso es lo que estamos haciendo aquí: reconfigurar la forma en que tu cerebro procesa la información que recibes. Antes, en cuanto surgía una creencia limitante, tu cerebro estaba adiestrado para aceptarla como un hecho y actuar con esa creencia como brújula. Ahora, te das cuenta de que lo que dicen esas creencias está lejos de ser un hecho; ves que, por el contrario, son solo ideas limitantes que tu joven yo elaboró como estrategia para sobrevivir. Tu cerebro tiene la oportunidad de responder de un modo nuevo a cada creencia limitante, que es cuestionarla cuando aparece y aprender a identificar las necesidades que hay debajo de ella.

Mi creencia limitante más poderosa fue obra de una yo de ocho años. Tras largos años de infidelidades, mi madre y mi padre decidieron finalmente divorciarse. Mi madre, mi hermana y yo nos mudamos de Colorado a Maryland, donde mi madre tenía familia, y mi padre se fue en otra dirección. Mi madre, que en Estados Unidos solo había trabajado de costurera, se encontró teniendo que criar a dos hijas ella sola en una ciudad que no conocía.

Decir que andábamos justas de dinero es quedarme muy corta. Al principio, nos instalamos con mi tío y su familia en una casa adosada de tres dormitorios, donde ocho personas nos apretujábamos en un espacio que habría sido moderadamente cómodo para una familia de cuatro.

Mi madre y yo compartíamos habitación. Por la noche, cuando ella creía que me había dormido, la oía llorar en silencio a mi lado en la cama, intentando sacar fuerzas para recomponer un corazón hecho pedazos. Luego, por la mañana, ponía la cara alegre, como siempre había hecho, contaba algunos chistes y salía a buscar trabajo.

«¡Todo va genial!», decía, y yo le notaba los ojos hinchados y enrojecidos.

No fue fácil. Trabajó como costurera en los grandes almacenes JCPenney hasta que encontró un trabajo de oficina para el Gobierno federal. A pesar de esto, el dinero seguía siendo escaso y ella seguía teniendo el corazón roto. Recuerdo que me quedaba mirando su cara cada vez que teníamos que ir a comprar comida y veía cómo se le arrugaba la frente al pensar en las veces que iba a tener que decirme que no cuando llegáramos al supermercado y le pidiera cereales de marca o algún tentempié que hubiera visto anunciar en la televisión.

La veía cuadrar y volver a cuadrar el talonario cuando llegaba el día en que vencía el pago de su parte de la hipoteca o cuando el colegio organizaba una excursión y yo tenía que llevar el dinero a clase. La veía tratar de ingeniar cómo iba a hacerse cargo de la hipoteca ella sola cuando mi tío y su familia decidieron mudarse. La veía volver a casa después de una jornada laboral de doce horas y sentarse a hacer pequeños trabajos que conseguía para poder llegar a final de mes. Ella sabía que la observaba, pero no podía hacerse una idea de con cuánta atención.

Mi madre hacía cosas muy curiosas: cada vez que estaba con el agua al cuello, ponía música persa a todo volumen y a mi hermana y a mí nos hacía bailar con ella. Nos hacía bailar hasta que, con las risas y la alegría, nos olvidábamos de por qué estábamos tristes. Así es como intentaba evitar que aquella etapa tan difícil dejase una huella en mi vida, para que nunca tuviera que contar esta historia.

Y sin embargo, a pesar de todos sus esfuerzos, lo que a mí se me quedó grabado a los ocho años fue la idea de que nunca tendría suficiente dinero para estar a salvo de que alguien me rompiera el corazón. Asociaba el corazón roto de mi madre, la terrible decepción por que su matrimonio hubiera acabado así, con el estrés que veía plasmarse en su rostro ante cualquier cuestión relacionada con el dinero. En mi cabeza, la falta de dinero equivalía al desengaño amoroso. Así lo veía entonces, y mi yo de ocho años intenta con todas sus fuerzas convencerme de lo mismo en la actualidad.

Suelo hacer el ejercicio que acabamos de ver al menos cuatro veces por semana, porque mi yo de ocho años sigue creyendo que tiene que protegerme de las consecuencias desastrosas que tendría que me quedara sin dinero. Así que, si una cliente con la que llevo tiempo trabajando decide, de un modo natural, dejar de venir a las sesiones, o llega de repente una factura con la que no contaba, o me parece que mi marido está un poco nervioso porque ese mes nos hemos pasado del presupuesto, mi yo de ocho años asoma la cabecita: *¡Este es el principio del fin! ¡Es nuestra maldición! ¡HAAAZ algo!*

He aprendido a parar este pensamiento en seco. «¿Cuál es aquí la creencia limitante?», pregunto.

Que no habrá dinero y se me romperá el corazón, oigo como respuesta.

He mantenido este diálogo tantas veces que no necesito preguntarme cuándo empecé a tener esta creencia. Sé que es ella, así que en la cabeza le digo: «¡Ahí estás! Te veo». Se lo digo con amor, como si se tratara de mi hija a los ocho años al volver del colegio.

Luego le pregunto: «¿Qué es lo que realmente necesitas ahora mismo?».

La respuesta puede variar un poco, pero generalmente es algo como: *No tener que preocuparme y que estar triste porque no tenemos dinero, y poder salir a jugar*. (Nos encanta disfrutar a ella y a mí).

Ahí está la necesidad: poder disfrutar de la vida; que no haya motivos para estar preocupada. Ahora tengo la información que necesitaba recibir de ella para satisfacer su necesidad, por ella y por mí. Para satisfacerla, no necesito la creencia limitante relacionada con el dinero. Solo necesito que ella me diga lo que necesita. El resto depende de mí y el Yo Superior.

En este momento, nos tomamos un respiro para que el factor estresante no se intensifique demasiado. Suelo pasar un rato al aire libre, normalmente en la playa, paseando a nuestra perra, Kaya, por la orilla y oyendo romper las olas. Ahí es donde recupero la alegría. Y entonces estoy lista para conectar con mi Yo Superior, y lo oigo decirme, una vez más, que ese miedo a no tener suficiente dinero viene de recordar una situación a través de la mirada de una yo mucho más joven… y esa ya no soy yo.

Lo que hace posible el diálogo con esa versión joven de mí es que soy yo quien se ocupa de esa niña de ocho años, en lugar de dejar que sea ella la que se ocupe de nosotras. Para cuando vuelvo a casa, el miedo y la preocupación por el dinero se han desvanecido. Esto no quita que quizá tenga que reajustar el presupuesto, claro, o que en algún momento próximo se presenten dificultades económicas, pero soy capaz de reconocer la raíz del miedo y trabajar con ella… y, principalmente, he conseguido calmar la voz interior de mi joven yo a la que le preocupa que el mundo se nos venga encima.

Una vez satisfechas sus necesidades, puedo seguir con mi vida sin el peso de esa preocupación ya tan vieja. Aquí estamos, vivas en el presente, tranquilas y llenas de confianza. Queda atrás estar prisioneras de las heridas del pasado.

EXPLORACIÓN: ***Comprobación***

Aprender a hacer esto de forma orgánica y en el momento en que aparece una creencia limitante requiere práctica. Mientras te desenvuelves en tu día a día, me gustaría que probases a hacer este ejercicio.

Cuando sientas que reaccionas con emoción ante cualquier cosa, grande o pequeña, intenta detenerte e identificar quién está teniendo esa gran emoción, y mira a ver si puedes iniciar al instante un diálogo fluido.

He aquí algunas frases que facilitarán el diálogo con tu joven yo:

> Veo que estás ahí. ¿Qué te pasa ahora mismo? ¿De qué tienes miedo?
>
> En lugar de decirme lo que deberíamos hacer, ¿qué te parece si me cuentas lo que necesitas?
>
> ¿Y si intento satisfacer esas necesidades de una forma nueva? ¿Confías en mí?
>
> Gracias por intentar protegerme. Ya no hace falta que sigas haciendo esfuerzos. Yo te protejo.

Capítulo 10

Aprende el lenguaje de tu alma

T*e ha llevado mucho tiempo* volver a ser tú, pero aquí estás. Sientes una fuerza que te empuja desde lo más profundo, una voz familiar que te llama: *Es hora de volver a casa.*

Sabes que es la única manera de expandirte y florecer, de dejar salir por fin una larga exhalación y, con ella, desplegar todo lo que has tenido guardado y emerger plenamente en tu verdad.

Te doy la bienvenida de vuelta a casa, mi amor. Estaba esperándote, susurra tu Yo Superior.

En este capítulo, aprenderás a reconocer los patrones y la presencia de tu voz intuitiva.

Aquella tarde de la que te he hablado, mientras estaba sentada en el suelo de la cocina, a los veintinueve años, embarazada de ocho meses de mi hijo, casada con mi primer marido, oí la llamada y, por primera vez desde hacía mucho tiempo, decidí volver a creer en esa parte de mí.

Decidí creer que estaba llena de sabiduría y verdad, que tenía dentro de mí la determinación, la fortaleza y el amor para afrontar algo que sabía que me destrozaría. Di el salto porque al fin creí a mi Yo Superior cuando me dijo que, al otro lado, había algo mucho más sintonizado con mi verdad.

Redescubrir poco a poco que mi Yo Superior y yo éramos lo mismo, que podía encarnar toda su claridad, dignidad y franqueza, ha sido la historia de amor más extraordinaria de mi vida. Saber que ese aspecto de mí nunca me había abandonado. Saber que nunca se había impacientado al verme buscar una y otra vez amor y aprobación en el exterior. Que nunca había juzgado a ninguno de mis jóvenes yos que, en su inconsciencia, hacían cualquier cosa con tal de tener seguridad, incluso aunque eso significara vivir apartada de la dignidad que él me había ofrecido siempre, a cada momento.

Una vez que recordé quién era, que mi Yo Superior era yo y yo era él, tuve sencillamente la sensación de haber vuelto a casa. Fue como deslizarme con naturalidad bajo una manta conocida, que se amoldaba a mi cuerpo y me envolvía de todo el amor y la seguridad que desde hacía tanto tiempo había buscado fuera de mí. El reencuentro con mi Yo Superior significó despertar al hecho de que nunca había estado sola, ni siquiera en los momentos en que más sola me sentía. Fue un recordatorio de que, detrás de mis mayores triunfos, habían estado siempre sus susurros de sabiduría, y de que todos los fracasos habían sido un cambio de rumbo para regresar a su amor y su apoyo incondicionales.

El amor incondicional te está esperando

Si lo crees, entonces es verdad. Esta afirmación no es aplicable solo a las creencias limitantes, sino también a tu Yo Superior. Hasta ahora, tu sabia guía ha estado esperando pacientemente mientras experimentabas la pequeñez de una vida construida a imagen y semejanza de la versión que otras personas tenían de la verdad.

Te ha observado mientras te esforzabas por conseguir la atención, los elogios y el afecto de esas personas. Te ha observado con amor cuando, en tu desesperado intento de conseguirlos, hacías todo lo posible por reprimir sus sabias indicaciones.

Si tu Yo Superior fuera uno más de tus aspectos humanos, quizá se sentiría frustrado y decepcionado. Quizá estaría dolido porque te olvidaste de que existía o, peor aún, porque sabías que estaba ahí y lo ignoraste deliberadamente, con diligencia. Si fuera uno más de tus aspectos humanos, quizá querría castigarte de la manera que fuese por haberlo abandonado para recibir la aceptación de otras personas. Quizá querría que tuvieras que hacer auténticos esfuerzos para volver a ganarte su amorosa guía. Tal vez te obligaría a arrepentirte y a prometer que no volverás a abandonarlo nunca, o se negaría a aceptarte de nuevo hasta que demuestres que realmente mereces su amor.

Pero tu Yo Superior no siente nada de eso. No está enfadado contigo, ni decepcionado, ni te juzga por tus decisiones. ¿Por qué? Porque tu Yo Superior está hecho de una sola cosa: **amor incondicional**. Durante todo este tiempo, mientras tú te esforzabas por ignorar tu verdad para conseguir amor y aceptación externos, él te ha amado cada segundo; te ha amado tanto como para dejarte tomar el camino más largo y sinuoso, sabiendo que cada experiencia que te iba alejando más y más de tu verdad haría que, al final, cuando llegara el momento, volvieras más plenamente a ti.

Pero ahora has despejado el espacio interior. Has examinado tus creencias limitantes y has empezado a darles el amor y la aceptación que esperaban desde hacía tanto tiempo. Ese amor y aceptación les ha permitido tranquilizarse, relajarse, encontrar paz. Esta paz que has creado y que seguirás creando con estas prácticas no solo es buena para tu mente y tu cuerpo, sino que es además esencial para tu alma.

Ahora has creado espacio para que tu alma te hable de nuevo. Has creado espacio para que tu Yo Superior se haga oír. El trabajo que has hecho y seguirás haciendo para mirar de frente tus creencias limitantes ha creado el escenario perfecto para que tu Yo Superior resurja. Ahora estás en condiciones de escuchar su voz, de reencontrarte con él, de confiar en él. Es hora de que aprendas a reconocerlo de nuevo. Aquí estás, deseando volver a familiarizarte con él, y tu Yo Superior está encantado de verte. Pero antes debes recordar la sensación y el sonido que produce su comunicación.

Te doy la bienvenida de vuelta a casa, mi amor. Estaba esperándote.

Lee otra vez estas palabras y luego cierra los ojos. ¿Qué pensamientos y sentimientos surgen en ti al recordar la esencia misma de quien eres, ese aspecto de ti mágico, sabio e infinito?

Toma nota de estos pensamientos, sentimientos y sensaciones. Son buenos recordatorios y pistas de lo que debes buscar en tu día a día. Saber qué sientes cuando tu Yo Superior se manifiesta es imprescindible para poder escucharlo. Recuerda que te habla a través de *la intuición.* La intuición es su lenguaje. Para que sepas que está presente, tu Yo Superior te envía señales, con la confianza de que las reconocerás y prestarás atención a su presencia y a lo que quiere decirte.

Esas señales no se manifiestan de la misma forma en todas las personas. Tu Yo Superior se comunicará contigo a través de vuestro lenguaje particular. Por eso, debes aprender a reconocerlo, y esto requiere curiosidad y exploración. Requiere que sientas un interés y entusiasmo por conocerte como no has sentido nunca por comprender a nadie. Para ayudarte en esta exploración, voy a desglosar las tres áreas en las que se manifiesta la intuición: en tu **cuerpo**, en tu **energía** y en tus **emociones**. Examinarlas en profundidad te ayudará a comprender mejor cómo se comunica contigo tu Yo Superior.

En tu cuerpo

—¡Justo en la boca del estómago! —me dice mi cliente durante una sesión cuando le pido que cierre los ojos y localice de dónde proviene la voz interior que le da esa información.

—Estupendo —le digo—. Ponte ambas manos justo encima y mantén los ojos cerrados. ¿Qué es lo primero que quiere que sepas?

Mi cliente se queda quieto un instante, respira hondo y sonríe. Antes de responder, se detiene en la sensación de la que nace la hermosa sonrisa que se dibuja en su rostro y nos quedamos en silencio.

Para mí, esta es la mejor parte de cualquier sesión, cuando mis clientes finalmente oyen a su Yo Superior con esta claridad, cuando me resulta evidente que se están comunicando sin mi ayuda. En ese momento, mi trabajo es apartarme y dejar que se produzca el reencuentro. Al cabo de un rato, mi cliente empieza a transmitirme lo que está oyendo de esta sabiduría interior; al principio, de forma lenta y vacilante, y luego con más entusiasmo y seguridad.

—Bueno, lo primero que me ha dicho ha sido: *estate tranquilo*, y luego: *no estás solo, yo te protejo* —me cuenta.

Mi cliente es un actor muy conocido, y él y yo hemos estado trabajando para llegar a la raíz de un miedo persistente asociado al papel que pronto va a interpretar. Ese papel tiene algo que le provoca un gran desasosiego y lo sume en una creencia limitante de cuando era niño: la de que a nadie le interesaba lo que tuviera que decir, así que era mejor que se quedara callado y se mantuviera al margen de cualquier discusión, para que nadie volviera a humillarlo en el colegio.

Dedicamos semanas a trabajar con ese aspecto anclado en la infancia, a contemplar con el ojo de la mente a ese joven yo sentado en el comedor del colegio o en el escenario del salón de actos donde sus compañeros se burlaban abiertamente de él durante un concurso de talentos. Nos sentábamos con él y lo escuchábamos contarnos todos sus miedos. Aprendimos a reconocer a ese joven yo cada vez que aparecía, de modo que, en lugar de escuchar las creencias limitantes que proyectaba, oíamos sus necesidades. Al cabo de varias semanas de trabajo continuo, ese joven yo había empezado a tranquilizarse. Supe que era el momento. Gracias a esa creciente tranquilidad, había ahora espacio para que mi cliente redescubriera su poder y se reencontrara con su Yo Superior.

–Qué maravilla –le digo esa tarde cuando me cuenta que su Yo Superior le acaba de recordar que está a salvo–. ¿Qué te está diciendo ahora? –le pregunto.

La sonrisa le ilumina de nuevo el rostro. Allí sentado, con una serenidad que nunca antes había visto en él, dice lentamente:

–Que este don se me ha dado más que para mi disfrute; que está en mí para ayudar a la gente. Que, cuando actúo, doy a otras personas la posibilidad de verse a sí mismas en los personajes y en las historias que interpreto. Que hago que se sientan reconocidas.

Poderosos recordatorios de esta sabia fuente.

–¿Qué quiere tu Yo Superior que hagas con ese recordatorio? –le pregunto.

–Quiere que sepa que el desesperado deseo de seguridad que sentía de pequeño está presente en muchas personas, y que no hay razón para que me inquiete por volver a sentirlo ahora al representar este papel, porque lo importante es que representarlo reforzará en mucha gente la confianza en la vida.

Tu Yo Superior está aquí para comunicarte tu propósito, tal y como hizo con mi cliente aquel día. Sabiendo que el obstáculo que le impedía representar bien ese papel era aquel yo de la infancia, su Yo Superior quiso que se diera cuenta de que aquellas experiencias del pasado tenían un propósito, al igual que lo tienen sus dones. Comprender este significado trascendente le infundió la seguridad para afrontar algo que unas semanas antes le daba terror. Hasta el día de hoy, cuando le pregunto qué le dice su sabiduría interior, automáticamente se lleva la mano al estómago, como si no hubiera duda de que ese es el lugar donde escucharla. En su caso, es ahí donde percibe físicamente las señales que su intuición le envía.

Esta es una de las formas en que la intuición puede hacerte saber que te está hablando: manifestándose en tu cuerpo. Entre mis clientes, hay quienes dicen percibirla en las yemas de los dedos o como un aleteo en el corazón. Hay quienes la describen como una expansión del cuerpo entero, como si de repente ocuparan más espacio cuando se sintonizan con la intuición y les llega su mensaje. Hay tantas formas en que puede manifestarse físicamente como personas hay en el mundo. Por eso, no puedo decirte exactamente dónde la debes buscar. El único modo de saber dónde se manifiesta en ti es que empieces a explorar y prestes atención.

Yo siento la intuición en la boca del estómago, como si tuviera mariposas revoloteándome dentro, y también como un cosquilleo en la parte superior de la cabeza. Por lo general, noto ese revoloteo cuando estoy a punto de recibir alguna buena noticia que no esperaba. Cada vez que tengo esa sensación, sé que algo bueno está a punto de ocurrir, ya sea a mí o a alguien a quien quiero. El cosquilleo en la parte superior de la cabeza suele ir asociado más bien a cierta información que recibo y que me guiará en una decisión importante. Esta es también la sensación que tengo cuando estoy en una sesión con mis clientes y empiezo a recibir información que les será de ayuda. Años después de haber dejado la agencia de relaciones públicas, me di cuenta de que era esta misma sensación la que tenía cuando asesoraba a las grandes empresas en momentos críticos en los que debían tomar decisiones muy serias.

Aprender a reconocer estas señales y a diferenciar su significado me ha dado muchísima confianza. Cuando empecé a prestar atención a las sensaciones que se producían en mi cuerpo, me fui dando cuenta de que recibía señales en dos lugares del cuerpo distintos y de que el carácter de las señales era muy diferente en el uno y en el otro. Esto lo descubrí prestando atención; ahí es donde empieza todo. Por supuesto, lleva tiempo. Pero cuanto más atenta estaba, más intensas se volvían las sensaciones, y, con solo darme cuenta de su llegada, sabía cada vez con más claridad qué hacer con ellas.

En mi trabajo actual, en el que ayudo a otras personas a sanar sus creencias limitantes y a encontrar su Yo Superior, estoy constantemente atenta a esas señales. Y cuando salgo de una sesión y me ocupo de mi vida, distinguir en mi cuerpo esas señales me ayuda a percibir la diferencia entre la preocupación o la ansiedad y el saber intuitivo. Esta diferenciación ha sido un salvavidas para una persona como yo, que ha vivido con ansiedad toda su vida. Mi cuerpo me dice cuándo es la ansiedad la que habla, y entonces sé que mi trabajo es detenerme y escuchar a mi joven yo que está proyectando sus preocupaciones. Igualmente, mi cuerpo me dice cuándo son pensamientos intuitivos eso que llega, y estos son los pensamientos en los que decido fundamentar mis acciones.

Ahora te toca a ti explorar esto en tu yo físico. Cuando tienes un pensamiento que sientes que es verdad, que surge de la nada y sientes que es *un hecho*, ¿notas alguna sensación en tu cuerpo? ¿Recuerdas movimientos intuitivos que hayan tenido lugar en el pasado y cómo los percibiste en tu cuerpo? Toma nota de lo que te venga a la mente mientras reflexionas. Puedes incluso preguntárselo directamente a tu Yo Superior ahora mismo. Haz la prueba. Di: «Yo Superior, ¿querrías mostrarme en qué lugar del cuerpo te manifiestas cuando me hablas a través de la intuición?». ¿Notas algo? Si es así, excelente, anótalo. Si no es así, tampoco pasa nada. Estás en buena compañía.

Mi prima Anais, que es básicamente como mi hermana pequeña, es una médium con un poder de intuición extraordinario. Desde que apenas sabía hablar, veía o recibía de los espíritus información siempre acertada. A los cinco o seis años nos decía que algo iba a suceder y poco después ocurría. Una vez, a los ocho años, tuvo una premonición, o comunicación espiritual, sobre un primo nuestro que vivía en la otra punta del país. Se despertó corriendo y fue a contarle a su madre que algo le estaba pasando al primo, y horas después se supo que había sido brutalmente asesinado esa noche.

Como podrás imaginar, vivir con este don no le resultaba precisamente fácil. Era causa de mucho dolor y confusión en su vida. Sin embargo, eso no la detuvo. Fue derecha hacia él. Quería conocerse y se sumergió sin miedo en un aspecto de sí misma que la gente le decía que era una absoluta locura. Y lo que es más admirable aún: lo hizo porque sabía desde siempre que estaba aquí para ayudar a los demás.

Es una mujer extraordinaria. Es la persona a la que mi hermana y yo acudimos cuando necesitamos oír una perspectiva de las cosas auténticamente franca y clarificadora. Por no hablar ya de que le ha tocado ser la persona que con más constancia me recuerda quién soy. Tiene el don de ver múltiples mundos y los abraza todos con una desbordante y contagiosa alegría y con mucho amor.

Dice que en la próxima vida quiere ser humorista. A veces pienso que, en esta, cree que ya lo es. Pero no, en esta vida tiene que conformarse con ser simplemente mágica. La intuición es para ella un lenguaje obvio y, sin embargo, cuando le cuento que percibo la intuición físicamente, siempre me dice que, una de dos, o es imaginación mía, o es que ella es insensible.

En realidad, no es ni lo uno ni lo otro.

Hay dos razones por las que alguien puede no sentir la intuición en el cuerpo. Una de ellas es que la intuición encuentre otras vías para manifestarse con fuerza en una persona, y no le envíe señales físicas porque sabe que esa persona la percibe con claridad sin necesidad de ellas (que es lo que creo que le ocurre a mi prima).

Por ejemplo, es posible que tengas pensamientos muy claros que reconoces como la voz de la intuición y, por tanto, no haya necesidad de que tu cuerpo te dé una señal. O tal vez sabes que la intuición te habla cada vez que te sientas a solas en silencio en un entorno determinado, por lo que se manifestará claramente en ese momento sin necesidad de conectar contigo a través de tu cuerpo.

La segunda razón por la que veo más comúnmente que alguien no percibe señales físicas tiene relación con traumas pasados asociados con el cuerpo. Durante una experiencia traumática que afecta al cuerpo físico, es frecuente que la persona se desencarne, es decir, se desconecte de las sensaciones corporales. Recordar esa experiencia –ya sea de graves daños corporales, maltrato físico, agresión sexual, intimidación o autolesión– puede provocar de nuevo una desconexión en el presente. Es un mecanismo de supervivencia que emplea el cuerpo en respuesta a una experiencia pasada muy dolorosa.[1]

Si tienes la sensación de que podría ser tu caso, la sanación somática es una excelente manera de sanar traumas del pasado alojados en el cuerpo físico. Esta sanación lo ayuda a reconocer dónde residen y ofrece los medios para liberarlos y sanar esas experiencias. Si das con la persona adecuada, este *coaching* es una herramienta maravillosa que te ayudará a liberar mucha tristeza y mucho potencial. Es una estrategia que he utilizado personalmente para encontrar mi propósito, y de verdad la recomiendo.

Si hoy puedo ayudar a mis clientes a reconocer la voz del miedo y a distinguirla de la voz del Yo Superior, es gracias a esta práctica, con la que he aprendido que también esto se refleja en el cuerpo. Esta práctica me ha enseñado a percibir físicamente mis sentimientos de un modo muy gráfico. Mi *coach* somática me ha enseñado a describir la sensación física de la ansiedad: pesada, como un elefante sentado encima del pecho que no deja salir el aire; o del miedo: un gran nudo en el estómago que se desliza y aumenta de tamaño a medida que avanza.

La capacidad de experimentar mis sentimientos como sensaciones físicas muy gráficas me permite ser testigo de ellos, como enseño a mis clientes a que sean testigos de sus jóvenes yos. A su vez, gracias a esa observación desapegada, los sentimientos pueden fluir sin restricciones y, finalmente, disiparse. He comprendido que todo lo que sentimos y experimentamos deja una impresión en el cuerpo, que el cuerpo lo contiene todo, y por eso ahora enseño a mis clientes a conectar esos jóvenes yos con el lugar físico donde residen y con el Yo Superior, así como con el lugar del cuerpo en el que las señales de la intuición se manifiestan.

La práctica somática de la fusión

Aquí tienes un rápido ejercicio somático que ha escrito para ti mi hermana y *coach* somática Mojgan Besharat.

Se trata de una práctica a la que llamamos **fusión**, en la que dirigimos intencionalmente la atención a nuestro interior y la enfocamos en las diversas partes del cuerpo en las que la tensión tiende a acumularse. Estas zonas, que forman una especie de coraza y se conocen como «segmentos de blindaje», son los ojos, la mandíbula, el pecho, los hombros, la parte alta y baja de la espalda, las rodillas e incluso los dedos de los pies.

Al enfocar la atención en las sensaciones que percibimos en estas zonas, podemos sintonizar con toda la presión y las emociones que han quedado retenidas en ellas. Fusionarnos con esta realidad significa reconocer el difícil trabajo que hacen por nuestra supervivencia estas zonas corporales y ofrecerles compasión. Fusionarnos con nuestras estrategias de supervivencia nos permite bajar las defensas y abrirnos a nuevas posibilidades.

1. De entrada, escanea tu cuerpo mentalmente para detectar zonas en las que notes molestias, contracturas o tensión. Empieza por los ojos y simplemente observa cualquier sensación a medida que desciendes por la cara, hasta los hombros, el pecho, los brazos, la espalda, las piernas y los pies. Deja que la respiración sea tu guía en esta exploración mental de tu cuerpo.

2. Dedica unos instantes a observar lo que está sucediendo internamente en tu cuerpo. ¿Dónde sientes algún tipo de contracción? ¿Qué características tiene? ¿Es dura y aguda, o está entumecida, insensibilizada? ¿Qué otras sensaciones notas (por ejemplo, calor, frío, hormigueo, tensión, pesadez...)? Por lo general, cuanto más atentamente observes esa zona, más información te revelará. No estamos intentando cambiar nada de lo que sucede; simplemente lo observamos y reconocemos sin juzgarlo.

3. Si hay una zona en la que notas mayor tensión, puedes enfocar la atención en ella. Ahora pregúntale a esa parte de tu cuerpo: «¿Qué quieres que sepa sobre lo que estás haciendo para cuidarme?». Es posible que recibas una respuesta en forma de pensamiento o sentimiento que diga algo parecido a: «Te estoy protegiendo». O tal vez notes que surge una emoción. En cualquiera de los casos, dedica un minuto a escuchar con interés, como si estuvieras escuchando a una persona cercana contarte alguna experiencia dolorosa que ha tenido

en su vida. A veces, nos sentamos en silencio a escuchar a nuestro cuerpo y estamos a la espera de percibir una expresión de gran dramatismo o de tener una revelación. No es eso lo que buscamos con este ejercicio. Aquí, simplemente nos estamos desacelerando para poder escuchar a nuestro cuerpo con una mente abierta. Nos estamos calmando para poder percibir las sutilezas de todas las expresiones que viven en nuestro interior.

4. Reconoce que tu supervivencia ha dependido de que esta zona de tu cuerpo haya estado en guardia toda tu vida. Reconocer la tensión o el dolor, la contracción o el entumecimiento que se han acumulado en ciertas zonas de tu cuerpo es honrar el arduo trabajo que han estado haciendo para cuidar de que tuvieras la seguridad, la aceptación o el sentimiento de pertenencia que necesitabas. No los juzgues ni trates de cambiar nada. Cuando honras el trabajo incansable que tu cuerpo ha hecho para garantizar tu supervivencia, te fusionas y *eres* con todo lo que contiene.

5. Pregúntale a esta determinada parte de ti cómo le gustaría que le expresaras tu reconocimiento. Puede que su gratitud se exprese como un ligero movimiento de los brazos o las piernas. Puede que te haga abrazarte con fuerza o colocarte una mano sobre el corazón mientras inspiras profundamente, consciente del cuidado que te estás dando. A veces, simplemente nos hace acurrucarnos, con el cuerpo envuelto en la calidez de una manta, y dejar que las tensiones se relajen y disuelvan. ¿Cómo quiere esa zona de tu cuerpo que la honres? ¿Qué le gustaría que le dijeras o qué cuidados concretos le gustaría recibir?

Al hacer este ejercicio, cuanto más capaz seas de estar con los sentimientos, sensaciones y emociones que surgen –es decir, sin tratar de ignorarlos ni de cambiarlos–, más compasión y cuidados estarás ofreciendo a esas partes de tu cuerpo que están contraídas.

Esta es la esencia de una práctica de fusión. Básicamente, estamos aceptando la existencia de todas las sensaciones y sentimientos que están presentes en nuestro cuerpo en este momento. Estamos reconociendo el enorme trabajo que supone mantener esa tensión y agradeciendo a esa zona del cuerpo todos sus esfuerzos. Al hacerlo, es posible que notemos una sutil distensión en esa zona.

En la sanación somática, a este sutil cambio de un estado de contracción a uno de relajación lo llamamos **apertura**. La apertura –como cuando salimos a campo abierto después de haber estado en un desfiladero estrecho y profundo– nos brinda mayor posibilidad, nuevas maneras posibles de responder a la vida. Fúndete con la zona de tu cuerpo que está reteniendo esa contracción.

En cuanto a localizar la intuición en el cuerpo, puede que de entrada te cueste, por la simple razón de que no tienes suficiente práctica en percibir lo que pasa dentro de ti. Del mismo modo que se nos enseña a ignorar nuestra sabiduría interior, a menudo se nos enseña también a ignorar a nuestro cuerpo cuando nos habla. Confío en que este ejercicio que ha ideado mi hermana te sirva para volver a entablar el diálogo con tu cuerpo.

Esto es muy importante, porque a mucha gente se la ha hecho dudar de la información que recibía de su cuerpo. ¿Alguna vez has estado en una consulta médica donde se te ha dicho que el dolor o malestar que sentías no era real? O quizá no te ha ocurrido a ti personalmente, pero sí a una amiga tuya o a alguien de tu familia. Por desgracia, es además algo que les ocurre a ciertos grupos humanos más que a otros. Trabajo con clientes de todos los orígenes imaginables, y he observado que quienes más frecuentemente son objeto de esta forma de manipulación psicológica son las mujeres, las personas de color y las personas con sobrepeso.

Que se nos trate de esta manera tiene repercusiones graves. Quienes formamos parte de estos grupos tenemos miedo a recibir atención médica porque sabemos que hay muchas probabilidades de que, una vez más, las autoridades en la materia nos digan que es una tontería lo que nuestro cuerpo nos dice o que lo estamos malinterpretando. Gran número de profesionales de la medicina tratan sin el menor respeto a personas con sobrepeso que están auténticamente enfermas, que, en algunos casos, tienen incluso una enfermedad potencialmente mortal. En lugar de hacerles las pruebas pertinentes, se limitan a decirles que bajen de peso.

En el caso de las mujeres, que las autoridades hayan tenido y tengan el poder de decidir sobre nuestro cuerpo nos ha hecho desconfiar tradicionalmente de lo que este nos dice. Aunque no lo pensemos, tenemos la sensación de que nuestro cuerpo no nos pertenece del todo, así que no lo escuchamos. Y lo que agrava aún más la situación: hasta la fecha, la mayoría de las investigaciones médicas se han realizado con hombres, por lo que se sabe muy poco sobre cómo funciona el cuerpo de una mujer y cuáles son sus similitudes y diferencias con el del hombre. De este modo, se nos obliga a vivir en un cuerpo que es un misterio, en lugar de educársenos con claridad sobre él.

En lo referente a las personas de color, la práctica médica ha estado marcada desde siempre por un profundo racismo, que ha dado lugar, por ejemplo, a que se utilicen cuerpos de color para experimentar con tratamientos médicos peligrosos y a que, en muchos casos, se ignore por completo lo que dice una persona de color que se queja de cualquier clase de dolencia.

Este es el triste resultado de que los sistemas jerárquicos y opresivos estén tan profundamente arraigados en nuestras culturas.

Somos muchos los seres humanos a los que nunca se nos ha concedido el privilegio de poder sentir que nuestro cuerpo nos pertenece, ni suficiente seguridad en nosotros mismos como para confiar en sus mensajes. En estas condiciones, encontrar la intuición en nuestro cuerpo es casi imposible. Pero no desesperes. Tu Yo Superior no se desanima tan fácilmente, ni va a permitir que ninguna forma de opresión le impida guiarte hacia tu bien más elevado. Si todavía estás a medio camino en el viaje para reconectarte con tu cuerpo, tu Yo Superior tiene otros canales para reclamar tu atención.

Si te encuentras en una de estas categorías, te interesarán especialmente los otros dos métodos que tenemos para detectar la intuición. De todos modos, es importante que te detengas ahora un momento y comprendas de verdad que la falta de confianza en ti y en tu cuerpo no es error tuyo; es la consecuencia inevitable de intentar funcionar en un mundo que te dice que no deberías existir tal como eres. Presta atención cada vez que surja en ti la tentación de no confiar en tu cuerpo o en tus pensamientos, y utiliza esta percepción clara para cortar esa atadura: no tienes por qué aceptar nunca más esas proyecciones.

Que recuperes tu poder nace precisamente de esta rebelión. Niégate a aceptar que confiar en ti sea peligroso. Alza la voz. Si alguna parte de tu cuerpo te está diciendo algo, escúchala. Salte del juego de poder en el que otras personas tratan de enredarte y defiende tu cuerpo, defiéndete a ti. Es tu responsabilidad y es exactamente lo que tu Yo Superior quiere que hagas.

En tu energía

La segunda forma en que puede llegarte la intuición es a través de tu *energía*. Cuando tu Yo Superior te habla a través del lenguaje de la intuición, envía una carga energética. Al igual que en el caso de las señales corporales, esta carga energética puede manifestarse de manera diferente en cada persona. Hay para quienes el sello energético de la intuición es una vibración jubilosa o estimulante, y para quienes, en cambio, esa vibración es profundamente calmante y afianzadora. Sin embargo, a diferencia de lo que ocurre con las manifestaciones corporales de la intuición, que pueden variar por completo de un individuo a otro, en el caso de las manifestaciones energéticas, hay algunas características absolutas.

En primer lugar, la **intuición, cuando se presenta, nunca deja una sensación de menoscabo**. Es importantísimo tener esto en cuenta. Un pensamiento intuitivo, susurrado por tu Yo Superior, nunca te creará una sensación de agobio ni te hará sentir como si te hubieran extraído la fuerza vital. La intuición no supone ni puede suponer jamás una merma de la energía. Puede ser profunda, intensa e impactante, pero nunca a costa de nada. En segundo lugar, la intuición creará una energía de entusiasmo *o* de calma. Siempre es una cosa o la otra. Tu energía, al recibir un pensamiento intuitivo, será o profundamente tranquila o intensamente vivaz, y esto puede depender de la clase de información que recibas.

Cuando estoy ayudando a alguien a superar una crisis, mi intuición es más calmante que nunca. Lo que tengo al lado es caos, personas que sufren; la situación es grave y requiere que encontremos con urgencia una solución. Todo esto da a entender que es necesaria una energía frenética que impulse a actuar con rapidez.

Sin embargo, cuando en medio de todo esto consulto a mi Yo Superior esperando orientación, las indicaciones que recibo –la sabiduría por la que la mayoría de mis clientes acuden a mí– me llegan con una profunda calma. Por muy grave que sea la crisis, nunca me siento abrumada ni noto que me falten las fuerzas, y es porque mi intuición me guía con firmeza y gran serenidad. Esto a su vez se refleja en mi forma de ofrecer orientación, con lo que transmito esa calma a las personas que se encuentran en un estado de ansiedad y miedo.

En cambio, cuando la información que recibes es una buena noticia, y tu intuición te permite vislumbrar un emocionante acontecimiento futuro, la energía que acompaña a esa información es también de entusiasmo. Notarás que, literalmente, tienes más energía. Quizá te ríes o sonríes con más facilidad de lo que es habitual en ti, o sientes una especie de aceleración interior, como si te hubieras tomado un café de más. Hay personas a las que recibir información intuitiva de esta clase les provoca una sensación de euforia, ¡lo cual es un regalo extra! Tu Yo Superior quiere que te entusiasmes con lo bueno que está en camino. *¡Atención!* –dice–. *Es hora de celebrarlo*. Ahora bien, podría ser que a quienes están contigo tu entusiasmo les resulte un poco inquietante.

Esto es lo que pasa: a veces, nuestros dones asustan a la gente. Cada cual tenemos nuestras heridas, y, a veces, esas heridas no nos dejan comprender –o ver– plenamente a la persona que tenemos delante. Puede que la razón por la que esos dones no tienen ocasión de florecer sea que nuestro padre o nuestra madre quieren protegernos de las consecuencias no buenas que *para* él o *para ella* tuvo en su infancia tratar de expresar los suyos. En definitiva: a veces, rechazamos nuestros dones simplemente porque otras personas no los comprenden y creen que tienen que protegernos de ellos. Pero cuando empiezas a confiar lo suficiente en ti como para ver tus dones exactamente por lo que son, es *mucho* más difícil que nadie te los quite.

Piensa ahora en esta querida amiga que es tu voz de la intuición. ¿Cómo te sientes a nivel energético cuando tienes un presentimiento sobre algo? En medio de una discusión acalorada o ante una crisis, ¿has notado alguna vez que te invadiera de repente una inesperada calma? ¿Y te ha pasado que, justo antes de que te sucediera algo importante –tal vez estabas pensando en cambiar de trabajo, o acababas de tener tu primera cita romántica después de haber vivido cierto tiempo a solas contigo, o estabas a punto de emprender un nuevo proyecto–, te invadiera de repente una energía entusiasta? Si es así, quiere decir que tu Yo Superior te está hablando a través de esas fuerzas energéticas. Simplemente, hasta ahora no sabías cómo llamarlo.

De todos modos, quiero subrayar la diferencia sutil, pero importantísima, que hay entre la energía que proviene del Yo Superior y energías de procedencia distinta que podría parecer que tienen características similares, aunque de hecho no es así. ¿Alguna vez has sentido una repentina extenuación o sensación de vacío tras demorarte en cierto pensamiento, incluso aunque de entrada te provocara un subidón de energía? Si te ha ocurrido, debes saber que esa no es la voz de tu intuición; son tus creencias limitantes, que te crean miedo y ansiedad.

Es cuestión de práctica que aprendas a reconocer la voz de tu Yo Superior y a diferenciar entre una cosa y la otra. Haz una pregunta y presta atención a la respuesta. Cuando la respuesta te transmita una sensación de calma o entusiasmo, anótala en la columna de la intuición. Cuando sientas extenuación o vacío, sabrás que es el miedo que está intentando protegerte. Una cosa es el agotamiento y otra es la calma; una cosa es la energía frenética que te deja sin fuerzas y otra el entusiasmo vivificante. Es fundamental saber percibir la diferencia para poder reconocer la voz del Yo Superior.

En tus emociones

Tu intuición es emocionalmente neutra. Voy a repetirlo porque es muy importante: **tu intuición es emocionalmente neutra**. Esto significa que tu Yo Superior expresa las cosas a través de tu intuición de forma muy clara y objetiva. No hay tristeza, ira, frustración, ansiedad ni miedo en un pensamiento o sentimiento intuitivo. Es simplemente un *saber*. Neutro. Incluso en los momentos en que tu Yo Superior te oriente sobre cómo atravesar una situación muy delicada, o te ayude a tomar una decisión difícil, te hará llegar información pragmática y objetiva.

¿Cómo saber con certeza la diferencia? Yo suelo utilizar una prueba sencilla para distinguir entre un pensamiento de miedo o creencia limitante y la voz del Yo Superior. Consiste en lo siguiente: si tienes un pensamiento o sentimiento que te provoca una emoción inquietante, ahora sabes de inmediato que no es tu intuición la que habla. Si, por el contrario, tienes un pensamiento o un sentimiento que te llega con calma y objetividad, como el punto al final de una frase, ahora sabes que es tu intuición. Incluso una verdad perturbadora se te comunicará de esta manera.

¿Recuerdas el día que acabé sentada en el suelo de la cocina, embarazada de mi hijo, llorando de desesperación por el estado de mi matrimonio? En el momento en que pensé: *es hora de pasar página*, dejé de llorar. La información que estaba recibiendo era extremadamente difícil de asimilar –que era hora de poner fin a mi matrimonio– y, sin embargo, la forma en que me llegó fue tan clara, objetiva y serena que convirtió una situación tremendamente dolorosa en un hecho casi fortalecedor. Y fue fortalecedor porque, después de tantos enfrentamientos, dolor e incertidumbre, de repente sentí que se me abría un camino hacia delante.

Ahora bien, que tu intuición sea emocionalmente neutra no significa que tu yo humano, repleto de creencias limitantes alimentadas durante décadas, reaccione siempre de manera desapasionada a la información que recibe. Aunque el pensamiento o sentimiento inicial sea emocionalmente neutro, los aspectos más jóvenes de ti aparecerán de inmediato y querrán procesar esa información contigo. Son aspectos de ti que continúan atrapados en el dolor, el miedo y la ansiedad, por lo que, naturalmente, reaccionarán a ese pensamiento o sentimiento con dolor, miedo o ansiedad. Eso es lo que aprendieron a hacer; es su trabajo. Pero recuerda que el tuyo es escuchar sus miedos, descubrir la necesidad que se oculta debajo de ellos y reconfortar a tus yos asustados. Cuanto mejor conozcas tus creencias limitantes y más consciente seas de cuándo salen a la superficie, más fácil te será discernir cuándo es tu intuición la que trata de comunicarse contigo.

Mis clientes me hablan del poder que les ha dado saber reconocer si lo que les habla es el miedo o es la intuición, un joven yo temeroso o el Yo Superior. Porque una vez que sabes qué aspecto de ti te está hablando, *la decisión es tuya*: puedes decidir a cuál de los dos aspectos vas a escuchar. Incluso aunque todavía no hayas llegado al fondo de lo que guarda tu joven yo y no sepas bien cómo calmarlo, el solo hecho de que sepas que están activas en el mismo momento dos versiones de ti y que seas capaz de reconocerlas y distinguirlas lo cambia todo.

Recuerda siempre qué hacer cuando la voz del miedo aparezca: identifica qué aspecto de ti está sintiendo el miedo, separa tu yo actual de ese aspecto joven que vive en tu interior y luego escucha sin juzgar lo que ese joven yo necesita. Mientras lo haces, vuelve al pensamiento inicial que te llegó con neutralidad.

1. Identifica el origen de la voz del miedo.
2. Separa tu yo actual de tu joven yo.
3. Escucha sin juzgar lo que tu joven yo necesita.
4. Pídele a tu Yo Superior que te repita el mensaje

Una vez dicho todo esto, quiero puntualizar que ciertas afecciones mentales bastante comunes pueden dificultar aún más el proceso de aprender a reconocer nuestra voz intuitiva y a confiar en ella. En mi caso, esa dificultad añadida es la ansiedad. Hoy en día, los tres trastornos mentales más comunes en Estados Unidos son la ansiedad, la depresión y el trastorno bipolar. ¿Cómo afectan a la capacidad para reconocer y diferenciar la voz de la intuición? Solo puedo responder a esta pregunta por mi propia experiencia y por lo que, en el trabajo, veo cuando trato de facilitar que accedan a su intuición clientes que tienen un trastorno similar. Quiero dejar claro que lo que estás a punto de leer no es una opinión médica ni psiquiátrica.

Desde mi punto de vista, estas afecciones son manifestación de los mismos miedos y creencias limitantes sobre los que hemos hablado hasta ahora. ¿Recuerdas que expliqué que tus miedos son partes jóvenes y vulnerables de ti y que, para protegerlas, tus creencias limitantes hacen de guardaespaldas proyectando en ti pensamientos que te salvaguarden? En mi caso, la ansiedad es uno de esos guardaespaldas. Es una especie de cinta transportadora que va trayéndome sin cesar toda clase de temores que intentan prepararme para una u otra inevitable fatalidad.

La ansiedad cree que su insistencia me salvará de todo mal, porque cuando ese momento llegue estaré preparada. El problema, o más bien el milagro, es que la fatalidad rara vez llega, y, en cambio, yo me paso la vida sufriendo, a la espera de que se me caiga el cielo encima. Vivir así es muchísimo peor que el peor de los episodios de crisis que se producen en mi vida de tanto en tanto. Cuando ocurre inesperadamente algo perturbador, me activo al instante y lo afronto. No es el fin, no me mata, como la ansiedad quiere hacerme creer que ocurrirá. En mi caso, esta es la manera en que la ansiedad se dedica a hacer ruido y no me deja oír a mi intuición.

Aun con todo, compruebo una y otra vez que aplicar los tres métodos que acabamos de ver –para identificar la intuición en mi cuerpo, en mi energía y en mis emociones– me ayuda, como mínimo, a diferenciar el mensaje de la ansiedad y la sensación que trae consigo de cómo se manifiesta la intuición. No es fácil, y requiere mucha práctica, pero en un momento de emociones intensas, cuando normalmente noto que la ansiedad se dispara, hago lo posible por pararme e identificar el sentimiento: ¿es una amenaza real e inminente, o es la ansiedad que me intenta proteger? Por lo general, es la ansiedad. Una vez que lo sé, le hablo a la ansiedad de la misma manera que te digo a ti que le hables a tu yo temeroso. Le pregunto de qué está realmente tratando de protegerme, y, por el solo hecho de mantener este diálogo con ella, se relaja un poco y deja que la intuición se manifieste con claridad.

El caso de la depresión es ligeramente distinto del de la ansiedad. Durante gran parte de mi vida, también he tenido que vérmelas con la depresión estacional y situacional. Pero más allá de los efectos directos que pueda tener en mi estado de ánimo la falta de luz y de calor, he descubierto que, en mi caso y en el de una parte de mis clientes, la depresión es en realidad represión: cuando me niego a sentir mis sentimientos o a afrontar algo que requiere mi atención inmediata, la depresión llega y me tumba.

Evitar las emociones puede resultar de entrada más cómodo que abrirse a experimentar plenamente sentimientos intensos de miedo, ira o incertidumbre. Pero esto último es precisamente lo que trato de hacer, cuando me doy cuenta de que estoy deprimida. Aunque significa tener que atravesar una resistencia enorme, trato de dejar pacientemente que las oleadas de dolor, ira o tristeza me invadan. Al permitirme experimentar esos sentimientos, cada uno de ellos me ofrece valiosa información sobre necesidades que he estado descuidando o cosas importantes que no estoy dejando entrar en mi vida.

Por lo general, ese miedo, ira o incertidumbre subyacente no es lo que se me quiere comunicar; esos sentimientos me abren la puerta para que examine mi vida con más atención. Esto me da la oportunidad de ir en busca de esas cosas. No es un proceso rápido, y de ahí su dificultad, pero, una vez que dejo que siga su curso, el miedo, la ira o la incertidumbre empiezan a ceder y se transforman en sentimientos nuevos, mucho más ligeros y luminosos.

Durante todo este proceso, sigo pudiendo utilizar el mismo sistema para identificar mi intuición. Incluso estando deprimida, soy capaz de localizar mi intuición si busco en la boca del estómago la sensación emocionalmente neutra y calmante. Por lo general, cuando estoy deprimida lo único que me dice es: *No tengas miedo a esta oscuridad. Pasará*. En ese momento, es cuanto necesito oír. Y como he aprendido a confiar en mi saber interior, espero, tal y como me pide esa voz; e, invariablemente, pasa.

Hay casos de depresión o ansiedad que requieren la ayuda de profesionales de la salud mental y quizá medicación. Es perfectamente normal, y la situación de cada persona es distinta; contar con ayuda profesional puede ser muy beneficioso cuando sentimos que algo nos inmoviliza y no nos deja avanzar. Necesitamos ayuda para desbloquearnos y poder seguir fluyendo con la vida. Pero una vez que empezamos a fluir de nuevo, creo que tener una fuerte conexión con nuestro Yo Superior y con la intuición a través de la cual nos hace llegar sus indicaciones contribuye al equilibrio mental. Combinada con los tratamientos y las actividades adecuados para cada caso, la intuición favorece que alcancemos un estado de salud mental óptimo.

Ahora que has empezado a trabajar con tus creencias limitantes y que, al calmarse, han despejado el espacio, tu Yo Superior seguirá comunicándose contigo con la misma neutralidad equilibrada y madura. Cuando lo haga, sintoniza con él y actúa siguiendo sus indicaciones. Y si el miedo se apodera de ti, ya sabes qué hacer: repite el proceso.

Que la intuición pueda percibirse por tres vías diferentes no significa que la percibirás de estas tres maneras, simultáneamente o por separado. Tu Yo Superior y la forma en que se comunica contigo a través de la intuición es característicamente vuestra. Por eso es tan importante que aprendas a confiar en ti y a sentir interés por descubrir cómo es tu proceso, en lugar de que una voz experta en la materia te lo describa.

Las respuestas están en ti, y tu curiosidad por saber cómo eres y qué hay en ti te ayudará a desbloquearlas. Cuanto más te conozcas, más fácilmente y con más certeza conectarás con tu intuición. Eso es encarnar verdaderamente tu poder: saber cuándo te habla tu sabiduría interior y saber que puedes confiar en ella sin necesidad de que nadie te dé permiso.

EXPLORACIÓN: ***El ejercicio del espectro***

Este es el primer ejercicio que les enseño a mis clientes en nuestro trabajo conjunto. Su propósito es ayudarnos a diferenciar entre los sentimientos que provienen del miedo y los que provienen de nuestra intuición.

Trata de encontrar un lugar tranquilo donde hacer este ejercicio, para que puedas sintonizar realmente y experimentar ambos lados de este espectro dentro de ti.

- Toma una hoja en blanco y traza una línea vertical en el centro. A la izquierda, escribe las palabras *El yo del miedo*. A la derecha de la línea, *El Yo Superior*.
- Lee el resto de las instrucciones que siguen y, luego, haz el ejercicio con los ojos cerrados.
- Haz memoria de una decisión que te cuesta tomar y que te pesa desde hace tiempo, o de algo que te gustaría ver con más claridad.

- Con los ojos cerrados, piensa en esa decisión o idea y gira la cabeza hacia la izquierda. Ahora di, en voz alta o mentalmente: «Vamos, miedo, dime todo lo que tengas que decir sobre esto».
- Toma nota de todos los pensamientos que te lleguen:
    * ***Mientras el miedo te hace llegar sus pensamientos, presta a la vez atención a tu cuerpo: ¿en qué lugares sientes el efecto de estas ideas? Toma nota.***
    * ***Ahora, presta atención a tu energía: ¿cómo es? Toma nota.***
    * ***Por último, toma nota de tus emociones: ¿cómo te sientes emocionalmente?***
- Abre los ojos y en la parte izquierda de la hoja escribe todo eso que has percibido.
- Ahora, repitamos el ejercicio con el Yo Superior.
- Con los ojos cerrados, piensa en la misma decisión o idea y gira la cabeza hacia la derecha. Ahora respira profundamente y di, en voz alta o mentalmente: «Vamos, Yo Superior, dime todo lo que tengas que decirme sobre esto».
- Toma nota de todos los pensamientos que te vengan a la mente:
    * ***Mientras tienes estos pensamientos pausados y claros, presta a la vez atención a tu cuerpo: ¿en qué lugares sientes el efecto de estas ideas? Toma nota.***
    * ***Ahora, toma nota de tus emociones: ¿cómo te sientes emocionalmente?***
    * ***Por último, toma nota de tu energía: ¿cómo te sientes energéticamente?***
- Abre los ojos y escribe en la parte derecha de la hoja todo lo que has percibido.

Examina con calma la diferencia entre uno y otro lado. Esta es tu nota recordatoria; así es como sabrás distinguir el miedo de la intuición a partir de ahora.

Capítulo 11

Confianza y fe

En aquella primera visita a Rhea, en la que predijo el final de mi primer matrimonio, me dijo muchas, muchas otras cosas. Cosas sobre mi pasado y mi futuro; era como si alguien le hubiera enviado una película de mi vida antes de que yo entrara. Nos habló a mi hermana y a mí sobre la relación distante que teníamos cuando yo era niña. Describió el divorcio de mi madre y mi padre y la mudanza de nosotras tres a la otra punta del país como si hubiera estado presente en cada momento. Nos dijo que, aunque las circunstancias de la vida nos habían llevado al principio por caminos distintos, el resto de nuestras vidas íbamos a recorrer el mismo camino juntas (esto no podría ser más cierto hoy en día).

Me dijo que iban a ascenderme en el trabajo, lo cual ocurrió tres meses después de aquella lectura, y que, un poco después de ese ascenso, encontraría las fuerzas para dejar a mi marido. Describió cómo sería la separación, qué comportamiento podía esperar de él y de mi hija y mi hijo. Y efectivamente, cuando al final llegó el momento, se comportaron tal cual ella había predicho, casi como si les hubiera entregado un guion.

«¿Sabes qué? –me dijo al final de la lectura–, tu misión es enseñar a la gente a volver a encontrarse a sí misma. Algún día lo harás, y mucha gente sabrá de ti y de tu trabajo».

Yo trabajaba en relaciones públicas, y lo que estaba diciendo *no* parecía probable que fuera a ocurrir. Pero algo en mí confiaba en ella; no solo porque acabara de describir mi vida con tal precisión, sino porque, cuando me miró, algo se me encendió dentro. En presencia de Rhea, mi Yo Superior cobró vida. Con cada mirada perspicaz y cada palabra profética, Rhea me recordaba lo que mi Yo Superior me había estado susurrando desde hacía mucho: *Ven, hay más que esto esperándote en la vida. Mucho más.*

¿A que te sería fácil pensar que todo esto es una chaladura y no darle ningún valor? Facilísimo, ¿verdad? Pues eso es justo lo que yo hice en el momento que salí de casa de Rhea.

¿Cómo puede nada de esto ser de verdad? –pensé–. *Debe de haber algún truco.*

Fui aún más lejos. *¿Le habrá contado Lea cosas de mí?*, me pregunté.

Por supuesto, Lea no la había llamado. Nadie tenía intención de tomarme el pelo. La experiencia había sido muy real. También lo era la voz que me empujaba suavemente desde dentro hacia lo que vendría después, hacia mi evolución y, en última instancia, hacia mi verdadero propósito.

Creer que todo lo que había oído decir a Rhea era una locura me daba la excusa perfecta para ignorar esa voz y no tomar la decisión que sabía que debía tomar. Pero, después de aquella lectura, la voz ya nunca desapareció del todo. Ya no podía seguir ignorándola. Cuanto más la escuchaba, más subía de tono. Cuanto más creía en la realidad de su presencia y más confiaba en que su guía tenía la intención de conducirme hacia lo que de verdad necesitaba, más claras se volvían sus indicaciones. Aunque hasta entonces había sido fácil ignorar a mi Yo Superior porque no tenía interés en escuchar lo que quería que supiera, una vez que Rhea me reconectó con él, ya no pude ignorarlo ni ignorar lo que me decía. La primera parada en su GPS: amor verdadero, el amor sanado del que te hablaba en un capítulo anterior.

Cuando conocí a mi actual marido, TJ, no me acordaba ya de que Rhea me había hablado de él tres meses antes. Estábamos sentadas en el sofá de su consulta una tarde –dos años después de aquella primera lectura, un año después de mi divorcio– y yo le contaba lo preparada que estaba para tener una pareja, un verdadero compañero de vida.

Ella miró por encima de mi cabeza, hacia la ventana que había detrás de mí, y con una voz de lo más suave y tranquila, como si comentara que estaba empezando a llover, me dijo: «Está ahí. Vive en algún lugar del norte de California, tiene dos hijos y te está esperando».

Tres meses después, la agencia me envió a la sucursal de San Francisco y estaba allí de pie, en la oficina, escuchando a TJ contarme todos los detalles sobre la cuenta que iba a heredar de él. ¡Tan amable!; mientras lo oía, solo podía pensar en eso. Ya te he contado lo suficiente sobre la competitividad que había en la agencia como para que puedas imaginar que, cuando alguien te cedía una cuenta, no trataba de disimular que lo hacía de mala gana. Sin embargo, ahí estaba él, que, sin saber nada de mí, se había tomado la molestia de preparar una carpeta con toda clase de información para facilitar que mi trabajo con esa empresa fuera un éxito.

Mientras me hablaba, miré un momento hacia su escritorio; un escritorio ordenado, sobre el que había tres marcos de plata, y en uno de ellos se veía a dos niños pequeños.

Mmm –pensé–. *San Francisco, dos niños... ¿Es este...?*

Luego escaneé con la mirada las otras dos fotos. En el segundo marco había una foto de TJ esquiando con otro hombre, y en el tercero, una foto de familia: TJ, su esposa y los dos niños de la primera foto.

Está claro que NO, pensé.

Salí de su oficina y de San Francisco con la cabeza puesta en la nueva cuenta, y no le di más importancia a la reunión.

Pasaron meses antes de que volviera a ver a TJ. Durante ese tiempo, continuaron mis visitas a Rhea, me reconecté con mi Yo Superior y seguí con precisión cada indicación suya mientras tomaba decisiones muy difíciles relacionadas con el divorcio, la custodia compartida y una carrera profesional que ascendía a ritmo constante. La vida tenía un brillo nuevo. Me sentía en armonía, sentía como si hubiera en mi vida un melodioso murmullo de fondo. Sí, era cierto que quería tener una pareja con la que experimentarlo todo; pero, por primera vez en mi vida, estaba conociéndome, descubriendo quién era, sin identificarme como la pareja de alguien.

Además, a pesar de que me aterraba hacer de madre yo sola, como había tenido que hacer mi madre, cada día me gustaba más la vida que teníamos Reina, Kian y yo. Después del trabajo y del colegio, pasábamos horas jugando a juegos de mesa, bailando en la cocina mientras preparaba la cena y caminando por el barrio con espíritu de aventura en las cálidas noche de verano.

Teníamos una buena vida. Yo estaba bien. Es entonces cuando el amor sanado se siente más atraído: cuando nuestra frecuencia vibra con plenitud.

Mi nuevo cliente nos pidió a TJ y a mí que fuéramos a Londres para una reunión, y en ese momento no le di importancia; hacía ya tiempo que se me había olvidado la predicción de Rhea. Fue allí, en Londres, mientras trabajábamos mano a mano, y atendíamos mano a mano a nuestros clientes, y nos sentábamos a comer la una frente al otro, cuando TJ empezó a hacerme preguntas sobre *el brillo*.

«¿Cómo es que se te ve tan bien solo unos meses después del divorcio?... ¿Es difícil de llevar la custodia compartida?... ¿Qué tal tu hija y tu hijo, les está costando adaptarse, a una edad tan temprana?...».

¿Sentía interés por mí o había algo más que yo no entendía?

Londres dio paso a Nueva York, a Barcelona, a Pekín, y, antes de que me diera cuenta, había viajado por todo el mundo con alguien de quien me había enamorado, alguien de quien estaba claro que no me debía enamorar.

Fue de vuelta en Nueva York cuando TJ finalmente me dijo lo que sentía por mí. Me dijo que, antes de que nos conociéramos, había intentado encontrar la manera de poner fin a su matrimonio, que llevaba ya demasiado tiempo sintiendo que no era él. Por más que yo deseaba aquel amor, por muy sola que me había sentido durante todos aquellos meses haciendo de madre sin una pareja a mi lado, lo único en lo que podía pensar cuando me dijo esto era en mi padre, que tampoco se sentía a gusto viviendo con mi madre.

Abrí la boca para decir «No, imposible», pero lo que salió fueron unas palabras que cambiaron nuestras vidas: «No puedes tener las dos cosas», le dije.

Él lo sabía. No quería ser esa persona. Simplemente, él no era así.

Nos despedimos, y tuve un nudo en la garganta durante todo el viaje de vuelta a Washington en el Acela Express. Era la primera vez que sentía un amor tan profundo desde los comienzos de la relación con mi exmarido; y a la vez tenía una cualidad diferente, era más intenso. No sabía qué hacer con lo que sentía. ¿Qué razones podía tener mi Yo Superior para ponerme en una situación tan desgarradora?

Esa tarde se lo pregunté a Rhea, y ella simplemente respondió: «Confianza y fe».

Dos semanas después, a finales de noviembre, estaba sentada en mi despacho de Washington D. C., viendo caer suavemente la nieve detrás de la ventana, cuando sonó el teléfono. Era TJ. Contesté, con un torbellino de mariposas revoloteándome en el estómago, y allí estaba él, al otro lado, preguntándome si tenía un minuto.

Un minuto pronto fue una hora, durante la que escuché a TJ contarme que había decidido poner fin a su matrimonio, que se había mudado a un apartamento y que me estaba llamando desde allí. La cabeza me daba vueltas; vertiginosas oleadas de culpa, vergüenza, entusiasmo y alegría me inundaban una detrás de otra.

Mi Yo Superior intervino. *Calma*, me dijo. Entonces le pedí, mientras seguía sentada en silencio con el teléfono en la mano, que me diera las palabras con las que responder, y su voz me llegó con claridad.

Respiré hondo y le dije a TJ: «Si esto es de verdad, tiene que ser porque has terminado con tu matrimonio por ti, no por mí. Si es de verdad, en los seis meses que va a tardar en formalizarse el divorcio, tanto tú como yo lo sabremos. Llámame entonces, y si sientes lo mismo que ahora y estás divorciado como yo lo estoy, podremos tener una cita».

Tuvimos nuestra primera cita en junio.

Esto no significa que a partir de que aquí fuimos felices y comimos perdices, ni mucho menos. Empezar una relación mientras otra estaba aún terminándose fue doloroso para todas las partes. Significó tener que ser muy sincera y aceptar la responsabilidad que me correspondía en que aquel matrimonio se hubiera terminado definitivamente. También significó no cargar con ningún peso que no fuera mío; había cosas que TJ tenía que afrontar y asumir en su proceso de sanación, y tenía que hacerlo sin mí.

Durante los años que siguieron, hubo largas temporadas en las que apenas nos veíamos. Decidimos hacer las cosas con calma; dar prioridad a las personitas que dependían de él y de mí y a nuestras sanaciones respectivas, así que mantuvimos una relación a distancia entre California y Maryland durante siete años. Tenía que ser así. Él necesitaba sanarse y hacer lo correcto por sus hijos, y yo necesitaba asegurarme de que nada me alejaría de mi propia expansión nunca más. Durante esos siete años, descubrimos que lo único que queríamos el uno para la otra era esa expansión, ver a la otra parte vivir en su verdad por encima de todo.

A pesar de todas las dificultades, había señales continuas de que esta era una relación que estaba al servicio de su Yo Superior y del mío, no en contra de ellos. La más importante fue que mis hijos y sus hijos conectaron nada más conocerse, y siguen siendo inseparables hasta el día de hoy. Son hermanos que se ríen y se pelean y hacen toda clase de cosas juntos, lo que mejora la calidad de vida suya y nuestra.

En cuanto a mí, cada vez que tenía algún gran sueño, TJ era quien me animaba a hacerlo realidad, incluso cuando eso significó dejarlo a él atrás en la agencia donde nos conocimos y empezar a trabajar como *coach*. A TJ, el retorno a su propio Yo Superior a través de esta relación lo ha transformado. Cada vez que quiere tener tiempo para estar a solas y poder, al fin, conocer a su Yo Superior sin el peso de las obligaciones que se ha impuesto a sí mismo toda su vida, me resulta fácil darle ese espacio sin miedo y sin sentirme abandonada.

Desde el principio, tomamos la decisión de afrontar en compañía cualquier cosa que la vida nos deparara, con una promesa: proteger siempre la relación entre cada parte y su Yo Superior, incluso aunque eso significara tener que hacernos a un lado para que la otra parte pudiera avanzar. Estas palabras las incluimos en las promesas que nos hicimos cuando nos casamos, nueve años después de aquella primera cita.

Confianza y fe, incluso en los momentos en que no encontramos ni una puta razón para tenerlas. Esta es la parte más difícil en la relación con el Yo Superior una vez que aprendes a escucharlo. Tener confianza y fe en tu Yo Superior significa, sencillamente, saber que te está guiando hacia el mayor bien que te sea posible alcanzar en esta vida, en todo momento, incluso cuando todo se vuelve enrevesado o doloroso.

Tengo por norma, con respecto a esta cuestión de la confianza y la fe, preguntarme a cada paso: «¿Estoy siendo auténtica, fiel a mí misma y a mis valores y mi integridad?». Si la respuesta a estas preguntas es afirmativa, sigo adelante, aunque no tenga ni siquiera un vislumbre de cuál va a ser el destino. Sé que puedo permitirme hacerlo; la prueba está en TJ y en esta relación que nunca imaginé que fuera posible tener.

Te digo esto sobre TJ y nuestra relación no porque sea un bonito cuento de hadas, sino como ejemplo de la confianza y la fe que te pido que tengas en tu Yo Superior. No pasa nada si aún no ves manifestarse en tu vida la evidencia de que puedes confiar plenamente en él; por el momento, puedes tomar mi vida como prueba.

Creer lo es todo. En el instituto, mi profesora de Historia dijo una vez: «Si lo creéis, entonces es verdad», ¿recuerdas? Ya hemos visto que esa máxima es absolutamente cierta en lo que respecta a las creencias limitantes que nos inculcan desde fuera; y es igual de cierta en lo que respecta a creer en nuestra propia sabiduría y, en última instancia, en nuestro Yo Superior. *Necesitas creer que existe para poder siquiera oírlo*. Tienes que confiar en la existencia de esta guía para poder canalizarla verdaderamente y que tu vida dé un giro hacia la autenticidad. Si no crees que es real, te resultará fácil ignorar su presencia.

Del mismo modo, si no confías plenamente en lo que esa voz te dice, no harás demasiado caso de ella, lo que significa que actuarás sin tener en cuenta tu sabiduría interior. No confiar en esa voz equivale a no confiar en ti. Creer que, por el motivo que sea, tus pensamientos, deseos y acciones son insensatos, peligrosos o insustanciales equivale a no creer que haya en ti ninguna clase de sabiduría. Si realmente crees en tu Yo Superior, en tu sabiduría intuitiva, no hay posibilidad de que juzgues y califiques tus pensamientos, deseos o acciones de ninguna de esas maneras. Aquí tienes tu primera comprobación: ¿qué piensas de tus deseos, necesidades, ideas y anhelos? Si los juzgas con dureza, esa es la primera señal de que aún no crees del todo en tu Yo Superior ni en su lenguaje de sabiduría profundamente intuitiva y valiosa.

Solo un breve recordatorio de que esta falta de fe no es error tuyo (al menos no enteramente): recuerda que múltiples factores que intervinieron en tu vida te enseñaron a no confiar en tu voz interior. Tu trabajo ahora consiste en reeducarte, en reconfigurar literalmente tu cerebro para que haga lo contrario de lo que le enseñaron. Tu trabajo ahora es aprender a creer de nuevo en la presencia de tu sabio amigo interior y a confiar en la guía que te ofrece a través de tu saber intuitivo.

No voy a decirte que es fácil. Durante décadas se te ha adiestrado para que hagas justamente lo opuesto, así que te costará un poco. Pero espero que este libro –como Rhea hizo conmigo– te abra a volver a escuchar en tu vida la voz de tu Yo Superior y a creer en su existencia. Cree en que tienes algo ancestral y poderoso que te guía, hecho de esa energía y esa esencia que son característicamente tuyas. Cree en que solo quiere para ti lo mejor, en que eres inseparable de él. Cree en que el amor incondicional que te ofrece es entero para ti, para que lo recibas y lo hagas tuyo.

Es esta creencia lo que hará que el volumen de ese susurro intuitivo crezca dentro de ti hasta convertirse en una voz resonante que esté presente en todos los momentos de tu vida. Esa voz te recordará que tu verdad es la única brújula, y que tu paz interior al vivir esa verdad es la única aprobación que necesitarás jamás.

Utiliza la evidencia para hacer crecer tu confianza

Confianza y fe: eso es lo que tu Yo Superior necesita que le ofrezcas para poder comunicarse contigo. Sin embargo, tras años (o décadas) de vivir sin conexión con nuestro Yo Superior, confiar en él y en nuestra sabiduría no siempre es tan fácil como decidir que queremos volver a escucharnos. Es un proceso, y requiere práctica. Así que vamos a hablar de forma práctica sobre cómo puedes empezar a cultivar esta confianza y esta fe en tu propia sabiduría intuitiva.

La manera más sencilla que yo he encontrado de restablecer la confianza y la fe es utilizando **pruebas**, y es la que principalmente utilizo en el trabajo con mis clientes. Ya hemos hablado de que las pruebas concretas son el medio más eficaz para reeducarnos y empezar a sentir que nuestro Yo Superior es una parte muy real y muy valiosa de quienes somos. Las pruebas son la manifestación tangible y visible de una fuerza esencialmente intangible e invisible que nos han hecho creer que es pura fantasía y ficción. Por suerte, las pruebas son algo de lo que tienes constancia, y, como han aparecido tan abundantemente a lo largo de toda tu vida, encontrarlas no debería resultarte demasiado difícil.

Una tarde me senté con una cliente en su casa y empezamos a buscar pruebas de que su Yo Superior había estado presente a lo largo de su vida. Al empezar la sesión, me dijo que estaba totalmente convencida de que no íbamos a encontrar ninguna. Que había tenido una vida muy dura. Que había tomado siempre «decisiones desastrosas» y, como consecuencia, había sufrido mucho.

«¿Cómo es posible que mi Yo Superior, mi sabiduría intuitiva, estuviera presente cuando tomé cada una de esas decisiones tan equivocadas?», me preguntó con bastante escepticismo.

Es una buena pregunta. ¿Por qué tomamos decisiones que acaban haciéndonos daño y causando dolor a otras personas si nuestro Yo Superior es real y está presente? ¿No debería habernos detenido? ¿Cómo es posible que nos hayamos perdido tan a menudo, que hayamos decidido adentrarnos por caminos que nos han hecho sufrir tanto si el Yo Superior nos acompañaba en el viaje?

He aquí la respuesta: porque necesitábamos aprender para madurar, y porque esas decisiones, en la mayoría de los casos, no provenían de nuestro Yo Superior, sino de nuestras creencias limitantes, de nuestros jóvenes yos. Por eso, el trabajo de sanar esos aspectos jóvenes e inmaduros que aún están atrapados en creencias limitantes es tan importante para poder conectar con nuestro Yo Superior, nuestra sabiduría intuitiva. Es fundamental no solo porque la sanación sea una parte esencial para seguir creciendo y expandiéndonos, sino porque, cuando no atendemos a esos aspectos jóvenes que hay en nuestro interior, cuando no les ofrecemos los cuidados que necesitan, son ellos los que toman el mando. Y hacen tanto ruido que nos es muy difícil oír con claridad la voz de nuestro Yo Superior, así que empezamos a confundir las voces.

En el trabajo con cada cliente, la mayor alegría de esta exploración en busca de pruebas es ver a esa persona sentirse reconfortada al descubrir el cuidado y el amor que el Yo Superior le ha demostrado a lo largo de su vida. Este descubrimiento inspira en ella una apertura a vivir de ahí en adelante de una manera nueva: «Si contaba con esta guía y este amor incluso cuando no era consciente de ellos, ¿qué posibilidades se me abrirán ahora que soy consciente de que mi Yo Superior está siempre a mi disposición?».

Ahora ha llegado el momento de que hagas tú el ejercicio.

EJERCICIO DE LA EVIDENCIA

Es hora de que hagas un registro de pruebas que demuestren lo real que es tu Yo Superior. Abre ese cuaderno, o lo que sea que hayas utilizado hasta ahora para tomar notas y hacer los ejercicios, y escribe sin interrupción durante un par de minutos –sin pararte a pensar, ni leer, ni juzgar lo que escribes– en respuesta a las siguientes cuestiones:

1. Una ocasión en la que tuve un presentimiento o un saber sutil sobre algo que resultó ser cierto fue...
2. Una ocasión en la que seguí mi intuición o un saber sutil y me llevé una grata sorpresa fue...
3. Una ocasión en la que ignoré mi intuición o una sutil certeza y cometí un gran error fue...

Para terminar, dedica un momento a hacerte algunas promesas. ¿Cómo vas a reforzar la confianza y la fe en tu sabiduría intuitiva? Completa estas frases:

1. Voy a hacer lo posible por consultar con mi propia intuición antes de pedir la opinión de otras personas sobre decisiones que tenga que tomar. Para acordarme de hacerlo, voy a...
2. Para fortalecer la confianza en mi sabiduría intuitiva, voy a seguir sus indicaciones a la hora de tomar una decisión con respecto a...

3. Estas son las palabras, o el mantra, que utilizaré cuando sienta que estoy empezando a perder la fe en mi Yo Superior...

He aquí algunos ejemplos de mantras:

Sé que estás ahí, confío en ti.
Espero tus indicaciones.
Confiaré en lo que me digas.
Confío en mí y en mi sabiduría interior.
Sé que las respuestas están dentro de mí.

Cómo mantener la fe en el Yo Superior

Si la confianza consiste en creer en tu Yo Superior y, por tanto, en tu profunda sabiduría intuitiva, la fe consiste en creer profunda y sostenidamente en la verdad de su guía incluso en medio de situaciones caóticas o dolorosas que podrían llenarnos de dudas. La fe es creer en que la luz existe incluso cuando solo vemos oscuridad. La fe es mucho más difícil de vivir que la confianza. La fe requiere que tengas muy buena memoria de todas las veces en que tu sabiduría intuitiva ha estado totalmente en lo cierto, en especial cuando se presentan situaciones en las que todo tu cuerpo quiere dar una respuesta instintiva de lucha o huida. La fe te pide que creas en el Yo Superior incluso cuando nada parezca indicar que existe.

La verdad es que, incluso después de aprender a creer en nuestro Yo Superior y de demostrarle que confiamos en él, hay momentos en los que tendremos la sensación de que se ha ido. De que nos ha abandonado. A veces nos parecerá que ya no nos habla, justo cuando más lo necesitamos, cuando es mucho lo que está en juego y las probabilidades están en nuestra contra. Son momentos en los que necesitamos la amorosa y poderosa guía de nuestra sabiduría interior y, sin embargo, no podemos acceder a ella. La fe nos pide que sigamos buscando, sin excusas que valgan.

Poco después de conocer a TJ y enamorarme de él, empecé a sentir un fuerte deseo de marcharme de la costa este, donde vivía y estaba criando a mi hija y a mi hijo. Sí, TJ es de California, pero había algo además de eso. TJ vivía en el Área de la Bahía cuando lo conocí, y no era *su* California la que me atraía. Cada vez que imaginaba mi vida ideal, me veía frente al océano, con palmeras meciéndose al viento, disfrutando del sol. Veía a mi hija y mi hijo radiantes, explorando nuevas facetas de quienes eran, abriéndose más a la vida, desarrollando un mayor espíritu de aventura. Estas eran las imágenes que, durante meses, se me repetían en la cabeza sin cesar.

En paralelo a esta atracción, sucedió algo muy curioso. Para gran sorpresa mía, habían empezado a difundirse comentarios sobre mi peculiar estilo de *coaching* y a extenderse más allá del ámbito empresarial en el que trabajaba. Y de repente, de un día para otro, me encontré en sucesivas videollamadas de Zoom sentada frente a algunas caras muy conocidas, caras que estaba acostumbrada a ver en la televisión o en Internet.

Dado que mi carrera profesional como agente de *marketing* había empezado en el sector del espectáculo, trabajando para estudios de cine y de televisión, la presencia de artistas no me resultaba demasiado extraña. Lo que me resultaba extraño era que en ningún momento me había planteado siquiera ser su *coach* y, sin embargo, allí estaba yo, haciéndome de una cartera de clientes en Hollywood y disfrutando cada minuto. Ahora todo empezaba a cobrar sentido: la costa oeste no era únicamente lo que mi corazón deseaba; era hacia donde se dirigía mi carrera. El corazón y la cabeza.

Por aquellas fechas hice un viaje a California a grabar una serie de cursos para LinkedIn Learning. No exagero si te digo que, nada más salir del aeropuerto de Santa Bárbara, escuché esa voz tan familiar: *Este es nuestro sitio*. El lugar me atrajo de inmediato. Me encantaba la sensación que me transmitía, todo lo que veía a mi alrededor y cómo me sentía estando allí.

Vale –pensé–, *te encanta este sitio y tus clientes están aquí, pero ¿cómo diablos vas a dejar a toda tu familia y a trasladar a tu hijo y a tu hija de un lado a otro del país?*

La intuición me decía que era el momento, pero el miedo me decía que ni hablar. El miedo me llenaba la cabeza con toda clase de razones por las que era una idea muy mala: *Tu hija y tu hijo te odiarán, tu madre se pondrá enferma en cuanto te vayas, aquí nunca harás amistades como las que tienes ahora*. ¡Tantas proyecciones!

A aquellas alturas, por suerte, ya tenía suficiente práctica en escuchar a mi Yo Superior y en encontrar pruebas de que siempre me llevaba a algo mejor de lo que tenía, así que esa vez la voz del miedo sonaba dentro de mí con mucha menos fuerza que mi saber intuitivo. Se había inclinado oficialmente la balanza: mi sabiduría intuitiva era más poderosa que cualquier imaginación que pudiera proyectar la voz del miedo.

Eso no significa que fuera fácil. Fue una de las cosas más difíciles por las que hemos pasado como familia. A esto quería llegar: tu Yo Superior quiere que hagas realidad tus sueños, y siempre trabaja a tu favor y a favor de las demás personas, pero eso no significa que el camino para manifestarlos vaya a ser fácil o bonito en todo momento. Aquí es donde la confianza y la fe son tu salvavidas.

Armada con mi saber intuitivo, al final decidí dar el paso aun sabiendo que la vida de mi hijo y mi hija estaba, en todos los sentidos, unida a la costa este. Pero dado que, en la práctica, yo era la que se encargaba económicamente de su manutención, no tuve más remedio que seguir lo que mi corazón y mi carrera profesional me dictaban. Ahora bien, imagina lo que es decirles a una niña de trece años y un niño de once que se van a ir a vivir al otro lado del país. Nada agradable.

Que yo tuviera fe en mi visión, que la costa oeste fuese el lugar hacia el que mi intuición nos dirigía, no les resultaba ni mínimamente reconfortante. Yo veía cómo podían ser sus vidas en el oeste. Sentía en lo más profundo de mi ser lo bien que iban a estar allí Kian y Reina, pero su dolor hacía que me costara creer plenamente en mi intuición. Y a todo ello se sumaba su padre, que, a pesar de no hacer el papel de cuidador principal ni contribuir a su manutención, no quería de ningún modo que se fueran, lo cual era comprensible.

Fue un camino difícil de recorrer. Hubo abogados por medio, palabras hirientes lanzadas a diario contra mí, y aquellas dos personitas preciosas estaban atrapadas en medio del fuego cruzado. Cada vez que pasaban un fin de semana con su padre, volvían a casa con la cabeza llena de nuevos temores sobre la mudanza. Veía cómo de semana en semana su miedo iba creciendo. Hasta que llegó un punto en el que se hizo tan abrumador, y deseaban tanto que su padre estuviera contento, que al volver a casa después del fin de semana me anunciaron que habían decidido irse a vivir con su padre. Si tenía tantas ganas de vivir en California, podía irme yo sola.

¡Pero qué he hecho! ¿Por qué estoy luchando de esta manera? Aquel no podía ser el camino correcto.

Mi Yo Superior intervino: *Tranquila. Tienen miedo. Las cosas cambiarán.*

Por desgracia, la madre que hay en mí, que no podía imaginar su vida sin su hijita y su hijito, contestó en voz más fuerte*: ¡No vamos a ir a ningún lado! ¡Por qué eres tan egoísta! ¡Déjame en paz!*

La tensión era real. Aun con mi precioso kit de herramientas de vida y los años de trabajo para permitir que mi Yo Superior me guiara, me sumí en la angustia más profunda. El miedo y la ansiedad amenazaban con derribarme. Fueron días oscuros. Días muy oscuros. Tan oscuros que yo, la persona que enseña a la gente a reconectarse con su sabiduría intuitiva, perdí de vista la mía por completo.

La ansiedad me gritaba tan alto, me agotaba hasta tal punto oír a mi exmarido hablarme con el mayor desprecio un día detrás de otro, que sencillamente ya no oía la voz de mi sabiduría intuitiva. En esos momentos, habría sido muy fácil pensar que esa voz había sido solo una imaginación mía. Que nunca había habido un Yo Superior que me guiara con sabia precisión. Que todo habían sido puras coincidencias o, peor aún, ideas fantasiosas. Me sumí en otra noche oscura del alma. En aquellos días oscuros, dudé de todo: de la decisión de mudarme con mi familia, de mi carrera profesional y hasta de lo que enseñaba a otras personas. Dudé incluso de que hubiera oído nunca la voz de mi Yo Superior.

En aquel tiempo de oscuridad, también busqué ayuda en las personas cuya compañía me hacía recordar quién era, recordar lo real que era mi Yo Superior y lo real que había sido siempre: Rhea, mi prima Anais, mi hermana Mojgan, mi hermano del alma Naheed, mi marido TJ y mis maravillosas amigas, amigues y amigos. Cada conversación que manteníamos me recordaba lo evidente que había sido para mí en mi vida la presencia de mi Yo Superior. Con Rhea, con Anais, con mi hermana, hicimos una larga lista de pruebas: había confiado en la voz de mi Yo Superior cuando dejé una exitosa carrera en el sector empresarial para dedicarme a ayu dar a individuos a reconectarse consigo mismos; creí en sus palabras cuando, en la última etapa de mi primer matrimonio, me dijo que había una relación mucho más amorosa y comprensiva esperándome. Cada vez que su voz me había animado a dar el paso, las cosas habían salido como ni en sueños hubiera podido imaginar.

En esos momentos oscuros, es muy difícil no perder la fe. Por eso, encontrar reflejos de tu Yo Superior en las personas que te quieren es no solo maravilloso sino necesario. Gracias a sus recordatorios (de que mi Yo Superior había estado siempre conmigo y sus indicaciones habían sido siempre acertadas), resurgí del oscuro pozo de las dudas y empecé a buscar de nuevo su voz. La buscaba en mis momentos de silencio y paseando entre los árboles. La buscaba en las sonrisas de mi hija y mi hijo e incluso en sus lágrimas. La buscaba en las canciones que sonaban en la radio y en los versos de maestros espirituales que llegaban a mí por distintas vías: Rumi, Pema Chödrön, Ekhart Tolle y Elizabeth Lesser.

La buscaba por todas partes. La buscaba y, en mi mente, repetía: «Creo en ti, sé que estás ahí». Mantuve la fe, seguí buscando. A veces no oía nada, pero experimentaba en respuesta una profunda paz. Entonces sabía que estaba cerca. Poco a poco, empecé a oír de nuevo su voz por encima de la voz del miedo: *No solo vas a estar bien; ya estás bien. Vas camino de estar mejor que bien, y créeme, también esas dos personitas.*

Tenía razón. Ahora esas dos personitas y yo estamos mejor que bien.

Vivir en Santa Bárbara ha sido como trasplantarnos a un jardín ricamente abonado. Nos veo florecer individualmente y ser expresión de algo nuevo mientras aprendemos a movernos en este nuevo entorno. Reina ha hecho amigas y amigos, ha redescubierto su amor por la música y se está convirtiendo en una joven segura, desenvuelta e ingeniosa. También Kian está encontrando a su gente, y tiene calma interior y una alegría que lo convierte en fuente constante de risa en nuestra casa. Su espíritu sereno tiene aquí total libertad para expandirse.

Aunque a veces me cuesta estar lejos de mi familia, esta mudanza nos ha dado a la vez una independencia que nos permite descubrir quiénes somos fuera del contexto familiar. Es como si el espacio que esta distancia nos da estuviera sirviéndonos para ser aún más nuestro verdadero yo. Siempre podemos volver de visita a la costa este, y lo hacemos a menudo, pero, cada vez, sentimos que somos personas más completas cuando llegamos.

Kian y Reina, tal y como me había mostrado mi visión, están prosperando, y yo puedo prosperar a su lado. Cuando la voz del miedo me decía entonces que tenía que elegir entre su felicidad y la mía, mi Yo Superior me decía en todo momento que ambas cosas eran posibles. La fe en esa voz, y los recordatorios de las personas queridas que me ayudaron a afianzarla, son la única razón por la que pude oírla por encima de los gritos del miedo.

Cuando te encuentres en cualquier situación difícil que, por el motivo que sea, haga resurgir la inseguridad que sentías en tu infancia, ten muy presente que tu yo infantil intervendrá y empezará a dirigir las cosas basándose en creencias limitantes que se manifestarán como miedo y ansiedad. Son voces que tienen mucha práctica y saben bien cómo reclamar tu atención, voces que has aprendido a escuchar por encima de todo lo demás. Esto hará que, en esos momentos, tu Yo Superior sea aún más difícil de oír y, por tanto, te costará más creer en su existencia.

Paradójicamente, es entonces cuando necesitas aferrarte a la confianza y la fe como a un salvavidas. Confía, como yo hice y sigo haciendo, en la fuerza de tus deseos. Provienen de tu Yo Superior. Confía en ti, por encima de todo y en todo momento. Es la única manera de salir adelante.

En esos momentos oscuros, pese al profundo sentimiento de soledad, tu Yo Superior nunca está lejos. Es parte de ti y trata de comunicarse constantemente contigo a través de la intuición. Es tu brújula en todo momento. Incluso aunque no consigas oír su voz por el griterío de todos tus miedos, tener la certeza de que a cada instante intenta llegar a ti te recordará que prestes atención. Empieza ahí, busca a tu Yo Superior en esos momentos. Aunque tú no lo oigas, sabe que él sí te oye a ti. Háblale, pídele lo que necesites, pídele que se manifieste en tu vida. Luego, dale espacio.

No vuelvas a renunciar a tu viejo y sabio amigo. Recuerda que lo único que necesita para atravesar la cacofonía de voces ansiosas y atemorizadas es que creas en él, que tengas fe en él; eso es todo. Aliméntalo con tu fe y observa cómo te guía.

EXPLORACIÓN: ***Escuchar la llamada***

Ahora que has encontrado pruebas de la presencia de tu Yo Superior y la fe que tienes en él te da un sentimiento de posibilidad, es hora de que traces una hoja de ruta en dirección a tus sueños. Es el momento de que, durante un rato, dejes a un lado todas las ideas sobre lo que *no puedes* y *no debes* hacer. Siéntate tranquilamente, respira hondo y escribe –sin detenerte a pensar– todo lo que te surja en respuesta a las preguntas siguientes:

1. ¿Qué haría este año si supiera que acabaría siendo un éxito?
2. ¿Por qué es importante hacer esto? ¿En qué sentido me hace un ser más completo?
3. ¿Cómo me imagino que seré después de dar este paso y de que funcione de verdad? ¿Cómo me sentiré?

Ahora respira hondo de nuevo e invita a tu Yo Superior a participar en el diálogo. Simplemente, pregúntale si tu saber intuitivo tiene algo que añadir. ¿Qué piensa tu Yo Superior sobre eso que deseas? Escribe todo lo que te responda.

Capítulo 12

Encarna tu Yo Superior

Escuchar a tu Yo Superior a través de tu intuición es la puerta de entrada a una transformación total de tu vida. Esta relación te ayudará a encontrar las partes atemorizadas que hay en tu interior y a darles lo que necesitan. Te mostrará todas las creencias limitantes que otras personas han proyectado en ti a lo largo del tiempo, creencias que no te dejan expresarte y expandirte, y te guiará para que finalmente las dejes atrás. En definitiva, te hará encarnar todo tu poder y te pondrá en el camino que te llevará directamente a vivir tu propósito de la manera más digna, plena y auténtica posible.

Estar en sintonía con tu Yo Superior significa estar en paz con tu verdad y sentir que tienes el poder para expresarla abiertamente con confianza y sin buscar en respuesta ninguna clase de aprobación. Por eso el trabajo de reconectarte con la sabiduría que hay en ti es tan transformador y tan importante.

Esto es lo que cientos de personas han logrado utilizando mi método. Aquí, no te estoy contando solo cómo es el método en teoría; ahora es tuyo para que lo utilices adaptándolo a tus propias necesidades. En este capítulo, trabajaremos mano a mano para que aprendas a aplicarlo a tu vida cotidiana. La conexión con tu Yo

Superior debe ser no solo tu fuente de propósito, sino también la fuerza que te guíe cada vez que tengas que tomar una decisión y que te inspire a actuar sin apego en cada situación cotidiana.

Vuelve a tu verdad cada vez

En el fondo, todos los seres humanos queremos vivir desde la verdad. No nos sienta bien fingir, y además es agotador. Decir la verdad, aunque al principio dé miedo, es una liberación. Decir la verdad es libertad. Tu Yo Superior siempre está en completa sintonía con tu verdad: con quien eres en el fondo, con lo que realmente crees y lo que sinceramente deseas. Por eso escuchar tu intuición, que es su lenguaje, constituye una parte indispensable de vivir desde tu verdad. Tu Yo Superior está ahí para recordarte esa verdad y empujarte hacia las decisiones que te permitan encarnarla plenamente.

Cuando empiezas a reconocer tus creencias limitantes y, por tanto, tus miedos, y a no alimentarlas prestando atención a lo que te dicen, eliminas de tu mente su ruido frenético. Entonces consigues al fin oír claramente lo que es verdad para ti. Esa verdad, cuando se expresa en voz alta, es la clave de tu libertad y tu paz mental. Así es como empiezas a pasar de un estado contraído de búsqueda de aprobación externa a un estado abierto y centrado en el que encarnas tu Yo Superior: una energía sabia y arraigada que sabe lo que quiere y se dedica a conseguirlo con amor y determinación.

Desenvolverte de esta manera en el mundo te abre camino hacia tu propósito. Solo te será posible comprender con claridad tu propósito y vivirlo si estás en sintonía con tu verdad, si actúas desde la autenticidad y no desde la necesidad de que el mundo te acepte. Todo está conectado. Todo lo que te he dicho hasta ahora, todo ese trabajo, está conectado a que en definitiva oigas y estés en tu propósito.

Ahora vamos a ponerlo todo en contexto:

PRIMERA PARTE: identificar tu yo temeroso.

- Descubrir tus creencias limitantes te permite sanar las partes jóvenes de ti que aún están atrapadas en recuerdos dolorosos.

SEGUNDA PARTE: sanar tus creencias limitantes deja espacio para tu Yo Superior.

- A medida que esos aspectos se vayan sanando, harán menos ruido en tu interior y proyectarán menos miedo y ansiedad en tu vida y en tus decisiones.
- En el espacio que se libera cuando disminuye el ruido de tus creencias limitantes, se abre la posibilidad de que, a través de la intuición, tu Yo Superior te hable de tu verdad: de quién eres en lo más profundo, qué crees realmente y qué es lo que sinceramente deseas.

TERCERA PARTE: reconectarte con tu Yo Superior y encarnarlo.

- Cuando empiezas a encarnar tu Yo Superior y te mantienes firme en tu verdad, tu sabiduría intuitiva puede guiarte con claridad hacia tu propósito, tu razón de existir.
- Vivir tu propósito te dará la plenitud que siempre has buscado y tendrá un efecto beneficioso para el mundo que te rodea.

Tomar decisiones desde la intuición

En términos prácticos, encarnar tu Yo Superior se traduce en tomar decisiones desde tu sabiduría intuitiva y con mínimas dudas o miedo; idealmente, sin miedo ni dudas. Esto solo es posible cuando reconoces todos los aspectos de tu ser, todos a la vez: las jóvenes versiones de ti temerosas y limitadas y tu Yo Superior. Al hacer este trabajo, te das cuenta de que hay más de una voz que guía tus decisiones. Así que atiendes las necesidades del joven yo temeroso para que se calme y poder escuchar todas las voces.

Trabajar con todos los aspectos de ti a la hora de tomar una decisión significa consultar tu **mesa redonda interior**. Imagínala como si fuera el consejo de administración de tu vida. Cada aspecto de ti, desde tu yo más joven o tu yo más asustado hasta tu poderoso Yo Superior, se reúnen para discutir y debatir cada una de las decisiones que tomas. Cada aspecto tiene sus necesidades e intereses particulares, y todos están ahí para garantizar, en primer lugar, tu supervivencia, y a medida que te sanas y tomas conciencia de tu Yo Superior, tu capacidad para florecer.

EJERCICIO DE LA MESA REDONDA INTERIOR

Párate ahora un momento y visualiza tu mesa redonda interior. De entrada, el mobiliario: imagina una mesa redonda con sillas dispuestas ordenadamente en círculo. Empezando por tu izquierda, ve visualizando a cada una de las jóvenes versiones de ti que siguen atrapadas en creencias limitantes e invita a cada una de ellas a tomar asiento.

A continuación, piensa en cómo han cambiado distintos aspectos de ti al ir haciéndote mayor. Siguiendo ahora el círculo, van a sentarse versiones de ti que han ido incorporando nuevas creencias y valores a medida que has ido cumpliendo años. Versiones que encarnan cualidades que te hacen ser quien realmente eres –por ejemplo, tu lado creativo, tu lado intelectual, tu lado aventurero, tu lado de líder–, facetas de ti que incluirías objetivamente, sin juzgarlas, si te tuvieras que describir. Visualiza cómo cada una de esas facetas adopta la forma del yo que eras a la edad que mejor encarne esa cualidad, y deja que estas versiones de ti más maduras estén presentes también en la mesa redonda.

Por último, en el puesto que ocupas en la actualidad, imagina a tu Yo Superior. Sea cual sea la forma en que se manifieste esa visión, déjala ser. Por el momento, no la cuestiones.

Ahora que todos tus yos están presentes, vamos a trabajar con ellos para encontrar una respuesta clara referente a una decisión que tienes que tomar o a un aspecto de tu vida en el que sientes que hay un bloqueo.

Con esa decisión o ese aspecto en mente, vas a escuchar lo que cada versión de ti tiene que decir al respecto. Las versiones del lado izquierdo, las más jóvenes e inmaduras y que están ancladas en creencias limitantes, probablemente expresarán sus miedos en lo referente a esa decisión. Es fácil que enumeren las mil maneras en que podría perjudicarte dar el paso, o las mil razones por las que no vas a ser capaz de hacer que suceda eso que quieres, o por las que no mereces que suceda. Recuerda, ahora sabes escuchar lo que dicen esas versiones de ti *sin* juzgarlo ni juzgarlas.

Mientras escuchas, pregúntales qué es lo que *realmente* necesitan por debajo del miedo. Tal vez te digan, por ejemplo, que habrían querido *jugar más*, haber podido *no tener que preocuparse por todo*, *saber conectar con la gente*. Serán necesidades muy básicas, y las expresarán con el lenguaje de una personita muy pequeña. Oye lo que necesita cada una de estas versiones y continúa moviéndote alrededor de la mesa.

Al llegar a las versiones de ti que encarnan las cualidades que te hacen ser quien eres, que representan los valores que tienes en la vida, oye lo que cada una de ellas piensa y necesita de la situación. Voy a ponerme como ejemplo para que todo esto sea más tangible.

Lo que yo más valoro en la vida es la libertad: la libertad para decir, hacer y ser lo que quiero. Para ir a donde me plazca. Para trabajar de la forma que más me llene. Y valoro muy particularmente la libertad en lo referente a cómo emplear mi tiempo. Necesito tener la posibilidad de vagar y ser espontánea, de sentir que mi vida está llena de sorpresas y experiencias que me hacen sentirme conectada con el mundo que me rodea. En definitiva, necesito libertad para poder sentirme verdaderamente plena, tanto es así que llevo la palabra *libertad* –*azadi* en farsi– tatuada en el cuello con la letra de mi madre.

Este aspecto indómito de mí veo que se manifestó con mayor intensidad que nunca cuando tenía diecisiete años. Fue a esa edad cuando encarné este valor con tal fuerza que parecía un caballo salvaje galopando con furia hacia cualquier cosa que me atrajera, y más le valía a la gente apartarse de mi camino. Por eso, en mi mesa redonda, cuando quiero comprobar la libertad –o la falta de ella– que resultará de tomar determinada decisión, es a mi yo de diecisiete años a quien escucho, para saber cómo lo ve esa adolescente y si cree que hay ajustes que es necesario hacer para que mi libertad tenga un lugar preferente en la decisión que tome.

Una vez que hayas oído hablar a cada versión de ti, le habrá llegado el turno a tu Yo Superior. Haz una inspiración profunda, para airearte por dentro, y registra el primer pensamiento neutro –desapasionado– que te venga a la mente sobre la decisión.

Ahora que has oído a todas las versiones de ti, tienes toda la información que necesitas para tomar una decisión intuitiva y con fundamento. Has escuchado las necesidades de tus jóvenes yos y de las versiones de ti que encarnan tus valores, o arquetipos, y has escuchado a través de la intuición a tu Yo Superior. ¿Es posible tomar esa decisión de la manera que el Yo Superior nos indica y, al mismo tiempo, satisfacer las necesidades de cada aspecto de quienes somos? ¡Por supuesto que sí! Aquí es donde empiezan las negociaciones en la mesa redonda.

Tal vez algunos elementos de la decisión deban realizarse de una determinada manera, o en un momento concreto, para garantizar que se satisfarán las necesidades de todos los aspectos de ti. O tal vez sientas que todos los aspectos están listos para dar el paso ahora que han oído la sabia y tranquilizadora voz del Yo Superior. En cualquiera de los casos, acabas de salir de la parálisis y la ansiedad que provoca escuchar solo a tus yos limitados, de forma fragmentada o agotadoramente repetitiva.

Que todos tus aspectos estén presentes en la mesa redonda hace que ninguno de los aspectos limitados pueda ponerse al mando, y gritar, y hacer tanto ruido que te sea imposible oír tu sabiduría intuitiva. Ahora que los has escuchado a todos, no solo puedes tomar una decisión intuitiva desde la calma y el saber, sino que además puedes satisfacer las necesidades de todos tus aspectos internos. Todo el mundo sale beneficiado.

Acción sin apego: desapegarse del «cuándo» y el «cómo»

Actuar de forma intuitiva y saber aprovechar oportunidades que son una puerta abierta a cosas que no habríamos podido imaginar ni en sueños es así de sencillo. El secreto está, básicamente, en escuchar qué necesidades insatisfechas hay detrás del miedo mientras escuchamos –y seguimos– con plena confianza y fe las indicaciones del Yo Superior. Es en todo momento un proceso dual. Sin embargo, con la práctica, será un proceso cada vez más rápido y orgánico. Con el tiempo, se convertirá en una parte inherente a tu proceso de pensamiento que no te exigirá mucha concentración.

¡Qué bien! Debe de ser una sensación increíblemente gratificante y mágica todo el día, ¿verdad?

No exactamente.

Aunque conectar con nuestro Yo Superior y seguir sus indicaciones es realmente un acto de conexión con nuestra divinidad, seguimos siendo seres humanos. Y, como seres humanos, se nos ha enseñado a creer solo en lo que vemos, lo que significa que necesitamos pruebas inmediatas de que esas decisiones intuitivas están dando vida a nuestros sueños. Necesitamos verlos manifestarse al instante: gratificación instantánea. Hay personas que la necesitan más y personas que menos. Yo soy de las que caen muy fácilmente en esta trampa.

Cuando dejé el trabajo en la agencia y monté mi propia empresa de consultoría, intuía que mi misión era ayudar a la gente a reconectarse con su sabiduría interior y a influir real y positivamente en el mundo desde un sentimiento de propósito. Sabía que estaba a punto de conocer a clientes impresionantes, personas con gran influencia mediática que inspirarían al mundo. Sentía con muchísima fuerza que esas eran las personas a las que estaba llamada a asesorar como *coach*, y que podía usar mis dones intuitivos para enseñarles a encontrar y utilizar el suyo propio. No habría podido dejar mi trabajo si no me hubiera sentido tan segura de mi intuición.

Así que me fui para ser *coach* intuitiva. Y luego... esperé. Tenía un buen método, buenos contactos gracias a las décadas que llevaba trabajando en agencias de relaciones públicas, y, a pesar de todo, nadie entendía mi mensaje. Lo de «liderazgo intuitivo» a la gente le sonaba a algún nuevo estilo de «concienciación». Se reían con solo oír el nombre, o me miraban con una expresión entre escéptica y despreciativa, o hacían como que no habían oído. No podía quedarme esperando a que a alguien le interesara. Necesitaba ganar dinero. Tenía que mantener a mi hija y a mi hijo y mantenerme yo. Mi Yo Superior me había animado a dar el salto. *¿Qué coño pasa?*, pensé. Había dejado mi trabajo, tenía la guía de mi Yo Superior empujándome claramente en esa dirección y, sin embargo, apenas tenía clientes. Llegaban algunas personas, pero el trabajo que hacía con ellas se parecía tanto al que había hecho hasta entonces en la agencia que me empecé a preocupar.

Bueno, digamos que no venía la clase de clientes que había imaginado. Acudían a mí gerentes de pequeñas y medianas empresas. Necesitaban ayuda para reorganizar el negocio en momentos de cambios y crisis; necesitaban ayuda para levantarle la moral al personal, y estaban felices de pagar por ello. Era la oportunidad que se me presentaba, así que la aproveché. Pasé los tres primeros años dedicada a hacer exclusivamente este tipo de trabajo: idear estrategias y crear mensajes clave que comunicar, asesorar a los altos cargos sobre el contenido de sus discursos y cómo enfocar conversaciones difíciles con el personal, e incluso reformar todo el equipo de *marketing* de una organización. Me pagaban bien, pero tenía la sensación de estar haciendo exactamente lo mismo que hacía en la agencia que acababa de dejar, solo que ahora tenía mucha más preocupación por cómo iba a pagar las facturas.

Empecé a preguntarme si se materializaría finalmente aquella visión intuitiva que había tenido, la que me hizo dejar un puesto de trabajo seguro con la promesa de algo radical. Una oportunidad de hacer valer mis dones y ayudar a otras personas a hacer lo mismo. Aquella visión comenzaba a parecerme un espejismo y me sentía muy tonta por haber dado un vuelco a toda mi carrera profesional para correr en pos de él. Eso es lo que pasa cuando escuchas a tu Yo Superior: no hay garantía de que vaya a haber un resultado inmediato. Simplemente, tienes que escuchar y escuchar, seguir cada pequeña señal que recibes y esforzarte al máximo por ser paciente.

A mí, lo de ser paciente no se me da bien. Esto es lo que me creaba tanta confusión, y veo que a buena parte de mis clientes les ocurre lo mismo. La ansiedad me decía constantemente que había sido una ingenua, que tenía que haberme pensado las cosas mejor, que nunca iba a «conseguirlo», al menos no como lo había imaginado. La vida se vuelve muy difícil cuando la ansiedad te abruma de esta manera. Es aterrador, cuando el miedo a no tener dinero para vivir te acecha, noche tras noche, como un monstruo de diez cabezas que sale de debajo de la cama mientras tratas inútilmente de conciliar el sueño.

Todo esto sucedía *mientras* seguía escuchando a mi Yo Superior. Era como vivir dos vidas. Me levantaba por la mañana centrada y segura gracias a sus mensajes, y terminaba el día con ganas de acurrucarme en posición fetal, agotada tras muchas horas de creerme todas las proyecciones de miedo y ansiedad que me llegaban. Es muy difícil confiar en ti y en tu propósito cuando las creencias limitantes se lanzan en tropel a decirte que estás equivocada. Pero si renuevas una y otra vez la confianza en tu sabiduría interior, luego te das cuenta de que esa fe en tu Yo Superior siempre da frutos. Quizá no consigas de inmediato lo que querías, pero tendrás el coraje y la claridad para dejar un trabajo que ya no sirve a tu propósito. Quizá no consigas lo que querías *nunca jamás*, y encuentres algo que te siente aún mejor.

Por supuesto, yo no tenía esta perspectiva cuando lo único que sentía era impaciencia.

Pero en medio de esa batalla interna, tuve una experiencia que lo cambió todo: conocí a Alok Vaid-Menon.

Estábamos en un evento que había organizado uno de mis clientes, y Alok me llamó la atención de inmediato, con su vestido brillante y su cabello rosa. Cuando entró en el auditorio, me quedé observando cómo sonreía a todos los que estaban allí, emocionados de conocerle en persona, cómo posaba para las fotos y se sentaba en la primera fila, preparándose para la charla que estaba a punto de dar en el escenario principal. Lo que no podía esperar aquella noche era que sentiría lo que sentí al oír hablar a Alok. Alok, artista, poeta y activista, era conocide en el mundo entero por su poderosa forma de expresarse y por la manera en que utilizaba las palabras para llegarte al corazón y obligarte a mirar de frente tu verdad.

Mientras estaba sentada y escuchaba a Alok recitar un impresionante poema sobre el poder transformador del dolor, volví a sentir la voz interior: *Presta atención*, me dijo el Yo Superior. Eso fue todo. Solo: *Presta atención a esta persona*.

El evento continuó con una sucesión de ponentes carismáticos, tras lo cual se nos pidió que nos retiráramos a nuestras habitaciones a prepararnos para el evento final, la gala. Entré en la gala y me sentí un poco intimidada por la ropa que había elegido ponerme, en medio de aquella multitud de gente vestida con atuendos deslumbrantes. Me quedé en el centro de la sala, tomándome discretamente un tequila con lima mientras charlaba con mis clientes, cuando sentí que una fuerza se acercaba a mí con una oleada de energía. Lo siguiente que supe es que Alok estaba a mi lado.

—¡Hola! —me dijo con voz alegre—. ¡Tenía ganas de hablar contigo!

—¿Conmigo? —pregunté, convencida de que me había confundido con alguien de verdadera notoriedad dentro de aquel grupo de personas impresionantes.

—¡Sí! —contestó—. ¡Me intriga mucho lo que haces! Gestión de crisis. Fascinante.

—Eh, sí, supongo —balbuceé.

—Me encantaría que siguiéramos hablando; ¿te parece que intercambiemos información?

«¡SÍ! ¡POR SUPUESTO!», quería gritar, pero logré mantener la calma y le di mi correo electrónico, pensando que no volvería a saber nada de elle. Me sorprendieron tanto su curiosidad y su franqueza que me pasé el resto de la noche como en medio de una nebulosa.

Volví a casa dos días después llena de inspiración por todo lo que había aprendido. Pensé que había aprovechado el viaje más que suficiente. Pero, para gran sorpresa mía, antes de que hubiera pasado una semana apareció en mi bandeja de entrada un correo electrónico de Alok; quería saber si podíamos programar una llamada. Cuando finalmente nos conocimos más profundamente, descubrimos que teníamos mucho en común, desde la cultura en la que se nos había educado hasta nuestras perspectivas del mundo. De entrada, le ofrecí asesoramiento sobre su carrera como artista y comediante de género no binario, muy visible y objeto de críticas injustas.

Me centré en los aspectos empresariales clásicos y le di algunos consejos referentes al mensaje que quería comunicar y al trato con los medios de comunicación. Los últimos tres años me habían enseñado que a nadie le interesaban mis dones intuitivos ni el lado más espiritual de lo que realmente podía hacer. Pero, mientras hablábamos, Alok me presionaba.

–Hay más que eso en ti –me decía–, lo sé.

¿Cuánto tiempo más iba a seguir haciéndome la tonta? Un día solté de repente:

–Soy intuitiva, y mi sueño es enseñar a líderes y a otras personas a descubrir y seguir su intuición.

–¡Vale! –dijo Alok, radiante–. ¡POR FIN ESTAMOS HABLANDO DE VERDAD!

Nunca olvidaré ese momento en el que Alok realmente me vio. Vio mi don con tal claridad que, por supuesto, me creyó cuando le conté cuál era mi sueño.

A continuación, empezaron nuestras sesiones de *coaching*, con el método que yo quería, el mismo método que desde entonces he utilizado con cientos de personas. Vi a Alok transformarse delante de mis ojos; los detalles de esa transformación, es a elle a quien le corresponde contarlos, no a mí. Pero a partir de entonces, Alok se propuso dar a conocer al mundo quién era yo y lo que ofrecía.

Ahora bromeamos, diciendo que Alok es mi agente. Me ha enviado a clientes que están entre las personas más dotadas espiritualmente a las que he tenido el placer de ayudar; trabajar con ellas como *coach* ha sido para mí una auténtica prueba de fuego. El sueño que mi Yo Superior me había susurrado hacía tantos años, y por el que dejé de trabajar en la agencia, se estaba haciendo realidad, y no sucedió ni cuando ni como lo había imaginado.

La intuición se rige por sus propias leyes: tienes que escucharla y seguirla con confianza y fe, y a la vez desapegarte por completo del cuándo y el cómo. Eso no es asunto tuyo. Tu trabajo es tener muy claro el *qué*, y soltarte del resto. Cuando dejas que tu verdad te diga *qué* quieres, cuando escuchas tus deseos y mantienes la fe en tu sabiduría intuitiva, el *cuándo* y el *cómo* siempre se resuelven solos.

Tú solo tienes que seguir adelante con tu sabiduría interior como guía, confiando en ella a cada paso. Mi Yo Superior me dijo que prestara atención a Alok, así que, cuando Alok empezó a orientarme, le escuché. Jamás hubiera podido imaginar que elle sería mi *cómo*. Si mi Yo Superior me hubiera hablado con ese grado de precisión tres años antes, tal vez no habría sintonizado con lo que me decía o habría rechazado la información, porque entonces yo tenía una idea muy concreta de cómo esperaba que se dieran las cosas. Esta es la primera razón para no preocuparse por el *cuándo* y el *cómo*. Puede que, en el momento en que querrías tener una perspectiva completa y saber cómo va a ser todo, solo estés en condiciones de saber cuál es el siguiente pasito.

Lo cual me lleva a la segunda razón por la que el *cuándo* y el *cómo* no son cuestiones de las que te debas preocupar: habrá lecciones que aún tengas que aprender, que te preparen para lo que deseas. Tu Yo Superior tiene gran interés en llevarte hacia tus deseos, pero sabe que la única manera de hacerlo es guiándote a través del laberinto que contiene cada lección que necesitas aprender para poder recibir lo que quieres. Al ir adentrándote por los senderos del laberinto, avanzando y retrocediendo, probando senderos diferentes, tienes nuevas experiencias. Te enfrentas a retos y, en cada uno de esos retos, aprendes algo nuevo sobre quién eres realmente y de lo que eres capaz. Este aprendizaje no tiene precio; es lo que te hace crecer y expandirte.

Recuerda que tu alma quiere que crezcas y te expandas, por lo que estas lecciones, pese a lo difíciles que sean en el momento, constituyen una parte imprescindible de tu proceso espiritual. Cada una de estas lecciones te da la preparación que necesitas, te hace ser más consciente de tu determinación, tu fortaleza, la profundidad de tus deseos y muchas cosas más. Es esta nueva conciencia de quien eres la que te hace estar en condiciones de manifestar tu sueño cuando finalmente llega el momento. Estas lecciones son las que te preparan para que sepas ver y aprovechar la oportunidad cuando se te presente, y las que hacen que puedas utilizarla para catapultarte hacia la vida que deseas.

Sé que suena contradictorio, pero créeme: no hay nada peor que conseguir lo que quieres cuando aún no tienes suficiente preparación. Entonces, no puedes aprovechar al máximo esa oportunidad; no dará los frutos que podría dar ni te llenará como podría haberte llenado. Tu Yo Superior no quiere que esto te ocurra. No quiere verte desperdiciar oportunidades de ser plenamente tú, por lo que te conduce por un camino que está lleno de estas preciosas lecciones de vida. Todo sucede en el momento adecuado y de formas que ni siquiera puedes concebir hasta que estás en condiciones de comprenderlas.

Saber esto hará que puedas seguir el camino que marca tu Yo Superior, esa poderosa sabiduría intuitiva, con desapego hacia el proceso. Ese desapego es un elemento crucial para que puedas llegar a donde quieres. Cuando dejas de querer controlar el proceso y sueltas los mandos, las cosas tienen la libertad para acercarse más fácilmente a ti, pues se disuelven los obstáculos energéticos que, sin saberlo, habías puesto en tu camino. Y lo mejor de todo es que entonces puedes vivir el momento. La preocupación por el *cuándo* y el *cómo* es una auténtica ladrona de alegría. Esa preocupación constante es la que te roba la capacidad de vivir tu vida en este momento.

Y este momento es cuanto hay: el aquí y ahora. Cuando aprendes a escuchar y seguir tu intuición con total confianza y fe, y a soltarte del *cuándo* y el *cómo*, liberas espacio para experimentar tu vida tal y como es en el momento. Cuando las preocupaciones desaparecen, tienes más espacio para fijarte en los pequeños detalles de la vida, que es donde reside la alegría.

¿Y sabes qué? La vida que estás viviendo hoy, la que parece una parada en el camino hacia tus sueños, esta vida actual es la que soñaba tu yo del pasado. ¿Querría tu yo del pasado simplemente disfrutar de esta vida en lugar de preocuparse por lo que vendrá después? Te aseguro que la respuesta es sí.

Ten esto en cuenta: aprender a estar presente ahora significará estar también presente y disfrutar de tus sueños cuando se manifiesten. Cuanto más aprendes a estar en el momento y a disfrutar de tu vida ahora, más se acercan tus sueños, y cuando se manifiestan, ya has aprendido cómo vivirlos y disfrutarlos plenamente.

Ritualiza tu conexión

Al restablecer la conexión con tu Yo Superior, es posible que empieces a sentirte rebosante de energía. Tal vez sientas una exuberancia casi infantil, al recuperar la alegría inherente a la expansión y la sensación de que las posibilidades son ilimitadas. Al experimentar esta reconexión con tu esencia, tienes la certeza de que nunca más volverás a separarte de tu Yo Superior.

Pero habrá momentos que te pondrán a prueba.

Es así porque vivimos aquí en la Tierra, un planeta lleno de seres humanos que no han despertado a esa realidad y que seguirán proyectando en ti y en mí sus creencias limitantes, su sentimiento de escasez y sus dudas. Además, tenemos vidas complicadas, responsabilidades que cumplir, facturas que pagar a final de mes y personas de las que cuidar. Cada una de estas cosas requiere que le dediquemos tanta energía que puede ser extremadamente difícil mantener la conexión con nuestro Yo Superior cada segundo.

Es así. Y, sobre todo, es normal que pase. Prométeme que no te tratarás con dureza cuando te ocurra. A mí todavía me pasa. Recuerda que es fácil que suceda porque te enseñaron a anteponer las necesidades y opiniones de la gente a las tuyas. Ese fue tu adiestramiento. Y aunque ahora sabes cómo sanar esas creencias limitantes, de vez en cuando habrá algo que te hará volver a caer en ellas. En momentos de agotamiento, o de tristeza, o de ansiedad, te olvidarás de consultar con tu Yo Superior. No te preocupes. Él sigue ahí, enviándote sus mensajes de amor, y cuando se despeje de nuevo el espacio, volverá a manifestarse como antes.

Suelo sugerirles a mis clientes que, para despejar el espacio, ritualicen su conexión con su Yo Superior. No tiene por qué ser un ritual elaborado, con incienso y gemas. Entiéndeme, una buena meditación con incienso y gemas es algo que me encanta (pregúntaselo a los seres humanos y animales que viven conmigo), pero no es necesario que hagas un ritual de este tipo ni te aportará nada si para ti no tiene auténtico valor. Tu ritual es ni más ni menos que tuyo. Puede ser breve y sobrio o todo lo largo y espacioso que quieras. Sea cual sea la forma en que lo hagas, debe cumplir tres requisitos:

1. UN ESPACIO TRANQUILO – Es importante que encuentres un momento en el que apartarte durante un rato del ruido, interior

y exterior, para dejar espacio a tu Yo Superior y conectar con él. Puede ser una meditación matutina, sentarte con un café al aire libre, dar un paseo después de cenar o, cuando estás trabajando, tomarte diez minutos de descanso y dar una vuelta por la oficina sin que nadie te moleste. Hagas lo que hagas, el objetivo es asegurarte de tener un espacio tranquilo para poder oír a tu Yo Superior y dejar que su mensaje te cale hondo.

2. RESPIRACIONES PROFUNDAS – Respirar no es algo en lo que normalmente necesitemos pensar. De hecho, pensar en respirar puede hacer incluso que nos resulte costoso. Sin embargo, al igual que no pensamos en el acto de respirar, tampoco pensamos en la calidad de las respiraciones. La mayor parte de ellas son cortas y superficiales; inspiramos lo justo para que nos entre el oxígeno que necesitamos, pero no lo suficiente para ralentizar el ritmo cardíaco o los pensamientos acelerados. La respiración intencional puede ser una forma muy eficaz de crear calma interior y despejar el espacio para que el Yo Superior nos hable. Este es el sencillo ejercicio de respiración que hago con mis clientes antes de pedirles que escuchen a su Yo Superior:

I. Cierra los ojos e inspira muy lentamente por la nariz, imaginando que tu pecho crece y se expande con el aire.
II. Continúa inspirando lentamente durante cuatro segundos hasta que sientas que el pecho está completamente expandido.
III. Contén la respiración durante siete segundos completos.
IV. Exhala todo el aire por la boca con fuerza durante ocho segundos.
V. Repítelo dos veces más.

Este ejercicio despeja la mente de ruidos de una manera increíble, así que utilízalo a lo largo de todo el día, o tantas veces como lo necesites.

Además, si haces este ejercicio de respiración justo antes de conectar con tu Yo Superior, se convierte en una señal para el cerebro, que pronto lo interpreta como el inicio de la alineación con tu sabiduría interior, tus pensamientos intuitivos. El cerebro percibirá estas tres respiraciones profundas como una notificación: «¡Ha llegado el momento! Ahora vamos a escuchar a la intuición».

3. UNA SEÑAL DE RECONOCIMIENTO – Cuando la mente empieza a despejarse, puedes pedirle a tu Yo Superior que se manifieste. Hazlo del modo que te resulte más fluido. Podría ser haciéndole una pregunta o simplemente diciendo algo como: «Estoy aquí, te escucho». Esa es tu frase inicial. Luego, a medida que te llegan los pensamientos o sentimientos intuitivos, necesitas una señal para ti de que realmente los estás recibiendo. Yo, por ejemplo, asiento con la cabeza. Tengo clientes que se llevan una mano al corazón o que juntan las palmas de las manos en señal de gratitud. También hay gente que dice en voz alta, por ejemplo: «Entendido» o «Gracias». Busca la forma que te resulte más natural, porque es importante mostrar reconocimiento en ese instante por el pensamiento intuitivo que recibes. Esto grabará el pensamiento en tu mente y te permitirá recordar la información cuando más la necesites.

Lo importante es que este ejercicio ritual sea fluido, ya que no existe un ritual que se pueda prescribir para acceder a la intuición. Al fin y al cabo, las personas, los sistemas y las situaciones que influyen en nuestro estado de ánimo son diferentes cada día, lo mismo que los factores que pueden hacernos reaccionar desde heridas pasadas. En realidad, el propósito de este ritual es que encuentres ocasiones de conectar con tu Yo Superior –de un modo sencillo y auténtico– *aun* con todo el ruido que te rodea.

Por eso no obligo a mis clientes a meditar. Aunque la meditación es una práctica muy valiosa que yo misma utilizo para calmar la mente y conectar con mi Yo Superior, no a todo el mundo le sirve. Lo más importante es que encuentres el ritual que sea adecuado para ti. Ese es el objetivo de conectar con tu Yo Superior: buscar las respuestas en tu interior en lugar de que nadie te diga lo que debes hacer. Piensa en lo que te calma y te centra. Si es la meditación, ¡genial! Si es salir a correr, ¡genial! ¿Escuchar música? También genial. Lo que sea que te conecte es el medio correcto. Nadie salvo tú tiene la respuesta.

Independientemente de cómo lo hagas, el objetivo es que te asegures de crear espacio para tu Yo Superior en tu vida ajetreada y llena de complicaciones. Aunque quizá al principio te cueste, una vez que te habitúes a encontrar ese tiempo y ese espacio para sentarte con tu Yo Superior, notarás diferencia en cómo te sientes y te será cada vez más sencillo conseguir esa sensación de calma. Te darás cuenta de cuántas respuestas tienes realmente dentro de ti, y empezarás a buscarlas menos en otras personas.

Y algo muy importante es que también te empezará a costar menos decidir sobre cuestiones serias, al ver que, gracias a esta conexión constante, tienes más facilidad para tomar decisiones claras e intuitivas que te hacen sentirte bien. Tendrás fe en tus decisiones al ver cómo dan lugar a resultados espléndidos. Por eso es tan esencial que conectes con tu Yo Superior a diario tanto como te sea posible: el todo es mayor que la suma de sus partes.

Capítulo 13

Al cambiar de frecuencia, cambian las relaciones

T*odos los seres humanos, todos* y cada uno, merecemos experimentar la vida en toda su plenitud, sin restricciones.

Pero, como acabo de comentar, mantener la conexión con nuestra esencia mientras nos desenvolvemos en el mundo exterior es a veces muy difícil. No solo por las tensiones individuales que nos crea nuestra propia vida, sino porque somos seres relacionales, vivimos en relación con otros seres humanos. Somos interdependientes, y que tú hayas despertado a tu Yo Superior no significa necesariamente que las personas con las que te relacionas hayan experimentado el mismo despertar. Por tanto, tienes que encontrar la manera de seguir expandiéndote libremente hacia la versión más plena de ti aun cuando la gente con la que tienes relación no haya llegado todavía al nivel de comprensión en el que tú vives ahora.

No todo el mundo sabrá acceder a su Yo Superior como tú eres capaz de hacer en este momento. Es posible que algunas personas ni siquiera sean conscientes de que tienen un Yo Superior y continúen atrapadas en las proyecciones de sus creencias limitantes. No tienes por qué apartar de tu vida a esas personas. Solo tienes que aprender la manera de que no entorpezcan tu crecimiento y de mantener, a la vez, una compasión genuina hacia ellas y la confianza en que su viaje las llevará a su Yo Superior, tal y como te ha ocurrido a ti.

Esto no siempre será sencillo. Habrá relaciones que no toleren esa desigualdad de frecuencias y se resquebrajen sin remedio, pero es inevitable y hasta necesario que sea así. El viaje de expansión hacia tu Yo Superior que has emprendido tendrá uno de estos dos efectos: o bien eliminará de tu vida a las personas que no son capaces de honrar tu verdad, o bien las inspirará a descubrir su propia verdad, a vivir guiándose por ella y a crecer y expandirse en tu compañía.

Cuando te reconectas con tu Yo Superior, quienes están a tu alrededor notan un cambio. Es un cambio evidente, a veces sutil, y a veces drástico. En mi caso, por ejemplo, una vez que sintonicé con mi Yo Superior, empecé a establecer límites más estrictos en lo referente a mi tiempo y mi espacio, y cada vez que sentía que alguien estaba pidiendo demasiado de mí, se lo hacía saber. Empecé a decir *no* mucho más a menudo.

La gente se dio cuenta. Algunas personas me decían que las hería mi forma de ser o que tenían la sensación de que ya no podían contar conmigo; no estaban acostumbradas a que antepusiera mis necesidades a las suyas. No siempre me resultaba fácil oír eso, ni siempre sabía qué hacer a continuación.

Si soy sincera, la verdad es que todavía me inquieta que algo que estoy haciendo por mi bien más esencial vaya a molestar o herir a otra persona. Paso una cantidad exagerada de tiempo preocupándome por ello. Lo cual no significa necesariamente que al final no haga lo que de verdad quiero hacer, pero la manera en que la gente reacciona a mis comportamientos todavía me afecta, incluso a pesar de la conexión cada día más plena con mi Yo Superior.

Esto es algo que debes tener muy presente en esta parte del viaje: aunque no puedes predecir cómo reaccionará la gente, a veces el miedo a sus reacciones puede ser un obstáculo que te impida manifestar cada día más tu Yo Superior en cada momento del vivir cotidiano.

He observado, en mis clientes y en mi propia vida, que este miedo a cómo reaccionará la gente a nuestra expansión puede limitar realmente las circunstancias y ocasiones en que nos permitimos encarnar nuestro Yo Superior. Incluso después de todo el trabajo que hacemos por sanar nuestras creencias limitantes y tomar decisiones intuitivas guiadas por la sabiduría interior, este deseo de complacer a otras personas, o de evitar que se sientan heridas, puede hacernos retornar fácilmente a frecuencias más limitadas.

Es perfectamente comprensible. Queremos sentir que pertenecemos, y la mayoría tenemos dentro un pequeño yo complaciente que nos dice que el bienestar de los demás es mucho más importante que vivir nuestra verdad. Pero hay una cosa que necesitamos tener clara: crecer, en el sentido que sea, conlleva ciertas molestias. Para cualquier organismo, el proceso de crecimiento y transformación es molesto. La serpiente que muda la piel probablemente no disfrute al perder esa capa externa que ha estado adherida a su cuerpo. La oruga que está dentro del capullo probablemente sienta una opresión dentro de ese espacio tan reducido. Cuando en la infancia tu cuerpo iba creciendo, sentías dolor; por eso se les llama dolores de crecimiento.

El crecimiento crea incomodidad. Por lo tanto, cuando tratamos de no incomodar a las personas que nos importan, lo que en realidad les estamos diciendo –bajo nuestros esfuerzos por hacer que se sientan cómodas en nuestra compañía– es que *no queremos que crezcan* como seres humanos. A la hora de tomar una decisión o expresar tus pensamientos, ¿sueles tener en cuenta a menudo si incomodarás a ciertas personas? Pues ahí lo tienes. Cuando te guardas tu verdad para no molestarlas o irritarlas, eso es lo que les estás diciendo: «No quiero que te expandas. Quédate ahí encogida, que es lo único de lo que te creo capaz».

Tu verdad las liberará a ellas también

Aprendí a decir la verdad gracias a mi hermana. Cuando fuimos haciéndonos mayores y empezamos a estar más unidas, mi hermana me enseñó, con su ejemplo, algo que era la antítesis de lo que yo pensaba hasta entonces: que vivir tu verdad es más importante que ganarte la aceptación de la gente. No fue una lección fácil para ella ni para nuestra familia. Fue algo que ella descubrió en su viaje de la vida, y que debería contar ella, pero creo que esto sí lo puedo decir: salir del armario y declararse *queer* a los treinta años estando casada y teniendo un hijo de un año roza lo inverosímil, y sin embargo mi hermana lo hizo.

No se lo pusimos fácil, mi madre y yo. No podíamos entender cómo era posible que hubiera tenido un género durante veintinueve años y, de repente, tuviera otro. Esto, por supuesto, era lo que pensaba mi cerebro de diecinueve años, que no entendía el proceso de salir del armario como lo entiendo ahora, que no podía hacerse una idea del peso que es para muchas personas vivir constantemente en lucha entre su verdad y la necesidad de aceptación y amor. Si soy sincera, en aquella época me parecía que mi hermana estaba siendo una egoísta. Me preocupaba mi sobrino, me partía el corazón la situación de mi cuñado y pensaba que mi hermana habría debido «aguantarse» y conformarse con la vida familiar que la sociedad había decidido para ella.

Ahora tengo una perspectiva de las cosas completamente distinta, y a la vez hago todo lo posible por no juzgar a aquella joven de diecinueve años que tenía esas creencias limitantes y tan dañinas. Me cuesta tener que admitir que, en un tiempo, estuve tan adoctrinada que yo, precisamente yo, era la voz de la sumisión y la conformidad de las que hoy intento que mis clientes se liberen. Tristemente, en el caso de mi hermana, mi madre y yo escuchamos al miedo en vez de al amor. Le retiramos nuestro amor. Estuvimos meses sin hablarle. Nos volcamos por entero en atender el corazón roto de mi cuñado y el corazoncito de mi sobrino. A mi hermana, la dejamos que se ocupara ella sola de atender el dolor de su corazón.

Siento una punzada en lo más profundo cada vez que pienso en lo que le hicimos. Pero mi hermana siguió adelante, con la vista puesta en su verdad. Luchó por ella y, mientras lo hacía, nos demostró que era capaz de querernos y de ser fiel a sí misma a la vez. Que el hecho de que se hubiera declarado *queer* no significaba, ni mucho menos, que la persona que conocíamos hubiera desaparecido de nuestras vidas para siempre. Que, de hecho, vivir de acuerdo con su verdad la hacía ser más ella que nunca, abrirse a nosotras como persona completa, y no solo como la fracción de ella que habíamos confundido con la totalidad de su ser.

Hicieron falta tiempo y mucho amor y paciencia por su parte. También por la nuestra. Pero al final la entendimos; nos dimos cuenta de la estrechez de miras que había motivado nuestra reacción y se nos expandió la perspectiva. Todo nuestro ser se expandió para alojar esta realidad nueva. Ahora bien, si ocurrió todo esto fue porque mi hermana se negó a apartarse de su verdad.

¿Incómodo? Sí. No solo contártelo ahora, sino lo que vivimos en su momento. Fue desgarrador, extraño y muy incómodo. De hecho, fue tan incómodo que cuatro personas tuvimos que expandirnos a una frecuencia completamente nueva para darle cabida. Mi hermana, por mantenerse fiel a su verdad, hizo que tuviéramos que elevarnos, que traspasar el miedo y el deseo de comodidad y elevarnos a nuestra frecuencia más elevada.

Me llevó tiempo –y pasar por mi propia noche oscura del alma en la época de mi divorcio– darme cuenta de que, con su insistencia en que se le permitiera ser amada por quien era, mi hermana me había mostrado que yo también merecía ese derecho, que todo el mundo lo merecía. Su determinación a hacernos mirar de frente nuestros miedos me llevó a buscar mi Yo Superior. Sí, porque no quería perder a mi hermana, pero también porque ella me estaba mostrando lo libre que podía ser. ¿Qué habría pasado si hubiera cedido, si hubiera retornado a una vida en la que seguir escondiéndose, viviendo una mentira? ¿Quién sería yo hoy si ella no me hubiera mostrado el camino hacia mi Yo Superior por el solo hecho de aferrarse a su verdad, incluso aunque las personas más queridas no la entendieran y le retiraran su amor a causa de ello.

Su verdad me liberó, y tu verdad, sea cual sea, hará lo mismo por las personas a las que quieres y que te quieren auténticamente. Ya sé que es difícil creer en que ocurrirá. Es difícil tener fe en que ser plenamente tú no hará que la gente se aparte de ti. Eso es lo que te han enseñado a creer: que el amor hay que medirlo con cuentagotas y que tu verdad no será merecedora de él. Me atrevería a asegurar que, mientras lees estas palabras, sientes aparecer dentro de ti esas dos fuerzas contrapuestas de las que hemos hablado, cada una de ellas tirando en una dirección. Por un lado está tu Yo Superior, contento de que estas palabras te animen a examinar realmente cómo sería vivir tu verdad en plenitud. Por otro, están todos esos pequeños yos tan tiernos, tan llenos de creencias limitantes, tan desesperados por recibir amor y aceptación que empiezan una vez más a ponerse un poco nerviosos.

Quiero recordarte que no pasa nada porque nuestros pequeños yos se activen. Es necesario que también ellos nos acompañen en el viaje, porque tienen necesidades a las que es indispensable que atendamos. Aquí va un recordatorio para esos pequeños yos: ¡podéis tenerlo todo! Tranquilízalos, hazles entender que puedes darles lo que necesitan y, a la vez, florecer en tu verdad. Solo hace falta que aflojen y permitan que el Yo Superior se ponga al volante.

A tu yo complaciente no le gustará esto

Encarnar tu Yo Superior, que significa vivir tu verdad sin miedo a lo que piense nadie, se traduce indirectamente en asumir el papel de líder. Estás aquí para despertar a otras personas a su propia infinitud abrazando la tuya. Y solo si lo haces abiertamente puede tener ese efecto. Ser líder en tu vida significa descubrir tu verdad y encarnarla para que los demás, al verte, sepan que es posible. Significa no ralentizar tu viaje para asegurarte de que todo el mundo a tu alrededor se siente cómodo con quién eres y cómo vives.

Cuando estás en sintonía con tu Yo Superior, tomas las decisiones desde tu propia sabiduría intuitiva, en lugar de amoldarte a lo que dicen otras personas. No te voy a mentir: cuando haces esto, sin duda hay gente que se siente incómoda. Pero he aquí la buena noticia: su incomodidad no tiene absolutamente nada que ver contigo.

Esa incomodidad se debe solo a que esas personas no han despertado a su Yo Superior y, por tanto, no comprenden cómo te atreves a forjarte tu propio camino de una manera tan descarada, sin que te dé vergüenza vivir tu verdad en voz alta, algo de lo que, a su entender, cualquiera debería abochornarse. Cuando alguien no comprende, se siente incómodo y, cuando se siente incómodo, te juzga para protegerse del miedo que le provoca tu forma de ser.

Recuerda que cualquier juicio es una proyección interna dirigida hacia el exterior. Solo es posible que juzgues a alguien con dureza si es así como te juzgas a ti. Te lo recuerdo para que te ayude a poner en contexto los juicios que hagan de ti otras personas; con esos juicios, lo que hacen es reflejar en ti sus creencias limitantes y su vergüenza. No hablan de ti. Nunca hablan de ti.

Sabiendo que es de ahí de donde provienen sus juicios, ¿te das cuenta del mensaje tan dañino que envías a esas personas si, como reacción a esos juicios, te encoges y escondes tu Yo Superior? Eso les dice que están haciendo lo correcto al avergonzarse de su Yo Superior y ocultar su verdad. Cuando, por el contrario, mostramos abiertamente lo que es vivir desde nuestra sabiduría interior y expresar nuestra verdad, quienes nos ven tienen ahí el ejemplo de que es posible hacerlo, y de que ellos pueden hacer lo mismo, lo que significa que posiblemente empiecen a juzgar con menos dureza su propia verdad.

Bien, como quizá ya imaginas, a tu pequeño yo complaciente esto no le va a gustar nada. Probablemente esté ahora mismo gritándote que cierres este libro. Quizá esté intentando convencerte de que todo esto que digo son tonterías, o de que es fácil para mí decirlo porque no tengo ni idea de cuáles son tus circunstancias ni de lo que está en juego. Bien, no pasa nada. Tu pequeño yo complaciente está haciendo lo que aprendió a hacer.

Buen trabajo, pequeñín, estás tratando de protegerme como crees que debes.

La maravillosa artista y creadora de contenido Dylan Mulvaney –una de mis clientes favoritas y de mis mejores amigas– ha trabajado muy en serio para tranquilizar a su pequeño yo protector. Dylan es una mujer trans que detalló su transición en la serie de TikTok «365 Days of Girlhood» ('365 días siendo chica'). La sinceridad, vulnerabilidad y humor con que se muestra en sus vídeos conquistaron al público rápidamente, y quiero decir rápidamente. A lo largo de ese año, por el hecho de vivir su verdad de forma tan pública, Dylan consiguió más de trece millones de seguidores. Su vida se transformó prácticamente de la noche a la mañana, lo que no le dio a ella, ni a nadie, tiempo suficiente para que el mundo interior se pusiera al día con el exterior.

La primera vez que vino a verme, el pequeño yo complaciente que llevaba dentro estaba fuera de sí. Esa joven parte de ella, que buscaba con desesperación que se la aceptara y amara tal como era realmente, quería que Dylan siguiera produciendo sin descanso el contenido que le daba tantos «me gusta». Sin embargo, Dylan sentía que necesitaba algo más. Había estudiado arte dramático, era una actriz y cantante magnífica, y su Yo Superior la estaba empujando a explorar nuevas vías para conectar con su público al tiempo que perseguía sus grandes sueños. Esto significaba manifestar públicamente con más franqueza aún su verdad.

Tristemente, vivimos en una sociedad que no siempre acoge este grado de verdad con los brazos abiertos. Dylan recibe casi a diario amenazas de muerte de personas tan aterrorizadas de su propia verdad que toman la vía más fácil: transformar ese miedo en odio y lanzarlo contra un alma hermosa, amable, gentil, un alma de increíble talento que está en este mundo para ayudarnos a todos los seres humanos a conectar con nuestra alegría y nuestra verdad. Esto es con lo que ella vive y, sin embargo, a través del trabajo que hacemos juntas, profundiza, encuentra a ese yo complaciente que se queda aterrado por las reacciones que recibe y, con mucho amor, lo convence de que no tiene de qué preocuparse.

En este trabajo conjunto, Dylan demuestra maravillosamente cómo, al identificar que su deseo de complacer a la gente es un aspecto de su joven yo que simplemente intenta aplicar una estrategia de supervivencia, puede darle a ese aspecto el amor y la comprensión que desde hace tanto tiempo ha estado esperando. Cuando lo hace, su capacidad para escuchar y encarnar su Yo Superior se multiplica por diez, aunque es muy consciente de que eso incomoda a ciertas personas. Esta fabulosa fortaleza, esta capacidad de resurgir con energías redobladas, es lo que podemos experimentar cuando hacemos este trabajo, y es esa fortaleza lo que hace que personas como Dylan nos muestren el camino hacia nuestra propia libertad.

Límites, preciosidad

Hablemos en términos prácticos sobre cómo hacer esto, porque sé que es difícil. Para encarnar tu Yo Superior sin que te preocupe demasiado cómo reaccione la gente, tienes que crear espacio. Ese espacio será tu estadio de entrenamiento, donde explorar quién eres, probar y fracasar, expresarte, perseguir tus sueños y, en definitiva, aprender a ser cada vez más tú. Los estadios tienen límites, muros que separan el mundo exterior de lo que ocurre dentro de ese espacio. Por lo tanto, tú también debes construir y mantener los tuyos. No tiene por qué resultarte difícil. Puedes empezar poco a poco e ir construyéndolos sobre la marcha.

Mientras piensas en los límites que necesitas establecer para darte espacio, quiero sugerirte tres perspectivas desde las que plantearte cómo construirlos.

NECESIDADES

Tus necesidades son la base sobre la que construir tus límites. Obvio, ¿no? Bien, no tanto. En realidad, no nos paramos a considerar lo que de verdad necesitamos tanto como podríamos imaginar. Tenemos ya tal hábito de vivir reaccionando a todo lo que encontramos en el mundo que se nos escapa en gran medida lo que realmente necesitamos en un determinado momento, y por eso nos resulta difícil establecer límites.

En capítulos anteriores te he explicado exactamente por qué hacemos esto (todo el condicionamiento que nos ha llevado a renunciar a nuestras necesidades), así que no voy a repetirlo. Lo que importa ahora es que, siendo consciente de ese condicionamiento, empieces a rechazar esas implantaciones llegadas de fuera para poder sintonizar con lo que realmente necesitas en tu vida.

Clasifica tus necesidades en cinco categorías:

1. ¿Qué necesitas cuando estás en una **relación** (de cualquier tipo) para sentir que la otra persona **te quiere** de verdad?
2. ¿Qué necesitas en tu **trabajo o carrera** para sentir que se te **valora** de verdad?
3. ¿Qué necesitas en tu **espacio** para sentirte **a salvo**?
4. ¿Qué necesitas en tu **día a día** para tener **equilibrio físico y mental**?
5. ¿Qué necesitas en tu práctica **espiritual** para estar **en conexión** con tu Yo Superior?

Responde con mucha calma a estas preguntas. Solo si tengo claro lo que necesito para sentirme querida, valorada, protegida, en armonía física y mental, completa y conectada con mi Yo Superior podré satisfacer esas necesidades. En realidad, es más que eso: saber con claridad la respuesta a estas preguntas no solo te ofrece una hoja de ruta para satisfacer tus necesidades, sino que además les ofrece a quienes se relacionan contigo una hoja de ruta que los ayude a comprenderte y a encontrarse contigo donde estás.

Por si esto fuera poco, cuando esas personas te ven definir con tal claridad tus necesidades, sienten el deseo de hacer lo mismo, y esto te da a ti la ocasión de comprender cómo satisfacer las suyas. Este conocimiento es un elemento sustancial en el arte de relacionarse, ya que hace que la comunicación y la conexión con las demás personas sean más estimulantes y satisfactorias.

Pero todavía hay más. Tal vez la parte más importante de todo esto es que, cuando empieces a tener claras cuáles son tus necesidades, todos esos pequeños yos que hay dentro de ti se sentirán plenamente reconocidos. Y al sentirse reconocidos, empezarán a confiar en ti –es decir, en ti como encarnación de tu Yo Superior– y dejarán de proyectar sentimientos como el miedo o la ansiedad. Es una situación en la que todas las partes de ti salen ganando.

REQUISITOS

Los requisitos para construir tus límites dependerán de cuáles sean tus necesidades concretas. Son las condiciones que pones a los demás para que tengan la oportunidad de relacionarse contigo. Porque relacionarse contigo, especialmente cuando encarnas tu Yo Superior, es un privilegio y, como privilegio, tiene un precio de entrada. No es una convocatoria abierta a cualquiera que no tenga nada mejor que hacer. Es una invitación exclusiva.

¿Es esta la valoración que haces de tu energía y tu tiempo? ¿Extiendes una invitación exclusiva a quien de verdad quiera disfrutar de ellos? ¿O los vas regalando sin ningún cuidado a cualquiera que se acerque para ver qué puede sacar de ti?

Esta nueva concepción de ti a la hora de relacionarte es algo que tu Yo Superior considera esencial. Si estás derrochando tu energía sin recibir nada a cambio, tu fuerza vital se va agotando. Y tu Yo Superior necesita esa fuerza vital para poder ponerse a trabajar y hacer realidad tus sueños. Tu fuerza vital es un recurso valiosísimo, que debes dispensar cuidadosamente y solo entre aquellas personas que puedan corresponder a ella con la misma energía y con gratitud. Esto significa que debe haber ciertos requisitos.

Yo he establecido algunos requisitos para asegurarme de que mis relaciones honran a mi Yo Superior, de que no voy a tener que ocultarlo para ganarme el afecto de esas personas. Tres de ellos son:

1. Es necesario que la otra persona muestre el mismo grado de interés por mí que yo por ella. Las conversaciones unilaterales, en las que la otra persona no me hace una sola pregunta, terminan al cabo de cinco minutos.
2. Si me echas de menos, ponte en contacto conmigo; no esperes a que yo lo haga. Lo mismo ocurre si me necesitas; dime lo que te hace falta para que tenga la oportunidad de dártelo. Nada de expectativas silenciosas. Nos condenan a ti y a mí al fracaso.
3. Asume la responsabilidad de tus actos. Si tienes la impresión de que me has fallado en el sentido que sea, reconócelo e intenta reparar el daño. Es lo que yo hago siempre cuando soy quien comete el error, y merezco lo mismo a cambio.

Para saber con claridad qué requisitos consideras imprescindibles, dedica un poco de tiempo a pensar y escribir sobre los siguientes puntos:

1. Si supieras que se te iba a amar incondicionalmente, pusieras las condiciones que pusieras, ¿cuáles serían los requisitos para que alguien se ganara *tu* amor? ¿Qué tendría que hacer esa persona?
2. Repasa la lista de necesidades que has escrito y piensa en las personas más importantes que hay actualmente en tu vida. Además de los requisitos que ya cumplen esas personas, qué otros requisitos te gustaría que cumplieran para que, en tu relación con ellas, se satisfagan plenamente tus necesidades fundamentales?

3. Ahora, escribe sobre las razones por las que esos requisitos son importantes. ¿Cómo se reflejarán en tu modo de comportarte con esas personas? ¿En qué sentidos contribuirán a que mejore vuestra relación? ¿Servirán para que quienes hay en tu vida comprendan mejor quién eres? Explica por qué.

CONSECUENCIAS

Los requisitos que te parecen imprescindibles para que en cualquier relación se satisfagan tus necesidades serán solo palabras si no tiene ninguna repercusión no cumplirlos. Tendrás que defender esos límites para que sean reales. Que alguien no los respete debe tener consecuencias; son esas consecuencias las que comunican el mensaje de que no vas a tolerar más que alguien se crea con derecho a portarse mal contigo.

Esto puede resultarle muy difícil a tu pequeño yo complaciente, ya que esa parte de ti cree que el amor escasea y que no deberías hacer nada que pueda hacer desaparecer el que recibes ahora. Conviene recordarle a esa parte de ti que el amor que conseguimos a base de menospreciar quiénes somos y lo que necesitamos no es duradero, porque nos lo hemos ganado sacrificando nuestra verdad. Si alguien te ama por lo que proyecta en ti, o porque te reduces a la mínima expresión de lo que eres, no es a ti a quien ama. Si ese aspecto complaciente quiere de verdad amor, tenemos que demostrarle que vamos a satisfacer esa necesidad consiguiendo amor verdadero, amor fuerte y real, un amor que no se esfumará cuando te expandas para encarnar tu Yo Superior y vivas tu verdad.

Las consecuencias no tienen por qué ser severas ni dramáticas. Pueden ser orgánicas y proporcionales a lo que se necesite en ese momento. Supongamos, por ejemplo, que necesitas un poco de tiempo y espacio para procesar tus sentimientos después de que te hagan cualquier tipo de comentario sobre un comportamiento tuyo, y que tu requisito es que la persona de quien se trate olvide por un momento su necesidad de gratificación instantánea y te conceda ese tiempo y espacio. Si no cumple este requisito, ¿cuáles te parece que deberían ser las consecuencias para asegurarte de que se satisface esa necesidad tuya?

La solución no es que no vuelvas a hablarle nunca más. Esto sería excesivo. ¿Qué te parecería si, en cambio, la consecuencia fuera que te tomarás el espacio y el tiempo que necesitas, pondrás fin a la conversación, saldrás por la puerta y, solo una vez que hayas tenido tiempo de procesarlo, volverás a entrar? La consecuencia en este ejemplo se reduce a satisfacer tus necesidades en lugar de anteponer las de la otra persona.

Sé que es difícil imaginar de antemano las consecuencias que tendrá el hecho de que no se cumplan los requisitos que consideras indispensables, así que no te voy a pedir que lo intentes. En cambio, sí me gustaría que pensaras en cómo puedes encontrar en el momento las fuerzas para establecer sin miedo las consecuencias. O, mejor aún, para establecerlas aunque te dé miedo.

La finalidad de las consecuencias es simplemente que tengas espacio, que puedas mantener tus límites, para que estén satisfechas tus necesidades fundamentales. Al principio quizá te resulte incómodo, pero el trabajo consiste en sentir ese miedo y, aun así, hacer lo que has decidido. Cuanto más lo hagas, más te darás cuenta de que la gente no se va de tu lado tan fácilmente. La otra persona acabará sintiéndose agradecida por la oportunidad que le has dado de aprender a quererte mejor.

Y si no es así, no pasa nada; significa que, de todos modos, no iba a quedarse mucho tiempo. A esta clase de personas les decimos: *¡Hasta la vista! Gracias por dejar espacio en mi vida para gente que pueda encontrarse conmigo en mi frecuencia más elevada.*

Encontrarse con otras personas en una frecuencia más elevada

Al establecer límites, despejas el espacio para que lleguen a tu vida relaciones en las que, como encarnación de tu Yo Superior, se te tenga en cuenta, se te aprecie de verdad y se te apoye. Por cada dos personas conocidas que necesitan que sigas encogiéndote para sentirse cómodas, hay una a la que aún no conoces y que tiene el mismo interés que tú en encarnar su Yo Superior. Ten por seguro que aprovechará de inmediato la oportunidad de recorrer ese camino a tu lado.

Vale, de acuerdo con esto, el número de personas entre las que elegir será menor, pero ¿qué buscas a la hora de relacionarte, cantidad o calidad? A medida que tu frecuencia se eleve a la de tu Yo Superior, empezarás a ver más claramente a otras personas que viven en ese nuevo nivel. Simplemente lo sentirás. Lo percibirás en la forma en que se dirigen a ti la primera vez que hablas con ellas o en la forma en que las ves vivir su vida.

Estas son las personas que te ayudarán a expandirte, y no con dolor ni sufrimiento, sino a través de la inspiración y el amor. Llegarán para mostrarte qué más es posible cuando vives en sintonía con tu Yo Superior, y pueden ser de todos los tipos. Aparecerán en forma de amantes, amigas, amigos, profesores, mentoras, *coaches* y de muchas otras maneras.

Durante los últimos diez años, mi vida ha estado tan llena de almas que son encarnación del Yo Superior que, cada vez que pienso en ello, siento una profunda gratitud. Por supuesto, está mi marido, TJ, que ve mi Yo Superior y que en nuestros votos matrimoniales concordó en expandirse siempre hacia su Yo Superior a mi lado.

Tampoco es que este sea un acuerdo que se hace una vez y ya está. Mantener el compromiso con una relación de frecuencia elevada requiere trabajo. No todos los días es fácil. Hay días en los que tener que resolver la complicada ecuación de organizar a tres hijos y una hija que alternan su vida entre dos ciudades diferentes, y que pasan parte de su vida con otras dos figuras parentales, a lo que suman un sinfín de obligaciones de todo tipo, hace que nuestro yo limitado, cansado e irritable tire de TJ y de mí con más fuerza que nuestro Yo Superior.

En esos momentos, nos volvemos críticos la una con el otro, nos ponemos a la defensiva y, a veces, nos distanciamos y nos aislamos, y yo siento que no me entiende y él se siente que no lo entiendo yo a él. Tenemos algunas reglas que nos ayudan a superar estos baches. En primer lugar, si notamos que la otra parte está alterada, le damos espacio. Yo no interpreto que sus palabras y acciones airadas vayan realmente dirigidas contra mí y él hace lo mismo con las mías. Nos damos la oportunidad de comprender que lo que sentimos no tiene nada que ver con la otra persona.

En segundo lugar, no nos lanzamos a salvarnos mutuamente y sacrificamos nuestra propia verdad para que la otra parte se sienta mejor si está irritada. Simplemente damos un paso atrás y dejamos que la otra parte viva su proceso, recordando que en esa reacción acalorada hay un joven yo que busca atención y sanación. Nuestro trabajo, como pareja, es respetar la necesidad de atención que tienen nuestros jóvenes yos respectivos. Y esto lo hacemos no tomándonos como algo personal lo que nos llega de la otra parte y reaccionando a ello, sino dándonos espacio mutuamente para centrarnos en la sanación interior.

En tercer lugar, tenemos citas regulares. Es una prioridad encontrar una noche a la semana para ir a algún sitio alejado del entorno cotidiano y hablar. A veces, durante estas citas, nos hacemos preguntas como: *¿Qué necesitas de mí en este momento para sentir que te apoyo de verdad?*, o *¿Estoy haciendo últimamente algo que te haga sentir que no te valoro como mereces?*

Nos hablamos con sinceridad implacable durante estas conversaciones, porque también hemos prometido no castigarnos mutuamente por nuestra verdad. La franqueza absoluta es la única forma de mantener la frecuencia de dos Yos Superiores que coexisten y aprenden juntos. Decirle en voz alta a tu pareja aquello que te resulta incómodo, aquello que te avergüenza sentir, es la forma de mantener esta frecuencia. Cuando tu pareja permite una y otra vez que esa verdad exista sin vergüenza ni represalias, empiezas a darte cuenta de que te sientes tan a salvo que puedes mostrar todas las versiones de ti estando en su compañía. La confianza crece y, con ella, la conexión se hace aún más fuerte.

Cada vez que siento que estoy ocultando una verdad en mi interior, sé que estoy eligiendo una frecuencia más baja. Soy responsable de esa elección. Me pregunto: *¿Quieres vivir una relación que esté en la frecuencia del Yo Superior o no?* Y normalmente veo que, por mucho miedo que me dé en ese momento decir lo que sea, pronunciarlo es la única manera de mantener la relación con mi Yo Superior y de permitirle a TJ hacer lo mismo.

Fuera de mi relación de pareja, estoy descubriendo que, a medida que sigo dando prioridad a encarnar mi Yo Superior, las personas que me quieren y gente nueva que entra en mi vida tienen permiso también para encarnar el suyo. Mi familia me ha mostrado aspectos de su Yo Superior y manifiesta esta expansión de todas las formas que ya te he contado y de nuevas formas cada día.

Mi mejor amiga, Melissa, a la que conozco desde hace veinte años, está floreciendo y manifestando una versión de sí misma segura, elocuente y realizada que yo nunca antes le había visto. Juntas hemos creado un pódcast –que es posible solo por la expansión de ambas– sobre el Yo Superior, llamado *Signal*, y cada semana nos sentamos, hablamos cada vez de un obstáculo distinto que dificulte el acceso al Yo Superior, hacemos una invitación a conectar con él y escuchamos nuestra intuición.

A veces no me puedo creer que la vida me haya dado la oportunidad de hacer un trabajo creativo como este con mi mejor amiga cada semana. Realmente no sé dónde encajar que haya personas de todo el mundo escuchándonos, y que nos envíen conmovedores mensajes en los que nos dicen lo mucho que nuestros consejos y nuestra relación las están ayudando a encontrar su propia verdad y a aspirar a más en sus relaciones.

Y luego están las personas tan fabulosas que estoy conociendo desde que dejo que mi Yo Superior me guíe en el viaje. Maestros y maestras espirituales, gente del barrio, nuevas amistades a las que parece que conociera desde siempre..., personas todas ellas a las que tal vez no habría encontrado en mi camino si no hubiera trabajado tanto por encarnar mi Yo Superior.

Enseñar a otros a hacer este mismo trabajo me ha dado la ocasión de conocer a artistas, autores y autoras, intérpretes y líderes increíbles, que, en muchos casos, empezaron siendo clientes y hoy están entre mis amistades más queridas y son personas que irradian su Yo Superior en el mundo. La relación que tengo con ellos ha creado en mi vida un embalse de amor y verdad. Un lugar al que acudir cuando me siento agotada y desconectada. Un lugar que me recuerda lo que es posible cuando vivo mi verdad sin miedo. Un lugar de inspiración constante y donde los sueños más deslumbrantes se hacen realidad.

Quizá te estés preguntando: «¿Y qué pasa con las personas que, por la razón que sea, no son capaces de llegar hasta ahí?». Te entiendo. Es algo que ocurre. Sobre ellas, te diré lo siguiente: la mayoría de las personas que crees que no podrán acompañarte si vives en la frecuencia de tu Yo Superior se sentirán inspiradas al verte y, gracias a esa inspiración, despertarán a su propia verdad, poder y sabiduría. No lo puedes forzar. No puedes arrastrarlas hasta ahí. De hecho, si lo intentas, se apartarán; no querrán saber nada de ti ni del proceso.

Tratar de imponerles tu forma de vida a los demás será la manera más fácil de conseguir que la odien tanto como para tomar el camino más largo hacia su verdad. Lo único que puedes hacer es encarnar tu Yo Superior y dejar que te vean deslizarte hacia tus sueños. Cabe la posibilidad de que, aun así, surjan fricciones. Cabe la posibilidad de que te rechacen a ti y desprecien tu verdad, pero eso será solo expresión de sus creencias limitantes. Cuanto más les muestres lo que es no dejarse guiar por el miedo, sino encarnar la verdad, más creerán que es posible vivir de esa manera.

Lo único que necesitan es una prueba, algo evidente en lo que basarse. Su proceso no tiene por qué parecerse al tuyo. Puede que no sea tan rápido o tan obvio como el que estás viviendo tú, pero eso no significa que no esté ocurriendo también dentro de ellos. ¿Tendrás que dejar que algunas personas se aparten de ti y que lo descubran ellas solas a su ritmo? Probablemente. Lo siento si te asusta oír esto, pero quiero que sepas que tu amor por ti y por ellas es siempre un faro al que pueden dirigir la mirada para encontrar el camino de regreso.

Capítulo 14

Irradiar amor

Aquí estás, al final de este viaje.

Bueno, estás al final de *aprender* sobre este viaje. En muchos sentidos, tu camino se te está aún revelando, y el verdadero trabajo empieza cuando sales al mundo e intentas vivir, cada día, con tu Yo Superior. Mientras lo haces, poco a poco irás siendo testigo de un nuevo y asombroso fenómeno al que yo llamo la **fluidez**.

Vivir en estado de fluidez no significa que de repente todo se vuelve fácil –créeme, ¡ojalá supiera cómo se hace eso!–, sino que en tu vida aparece una nueva sensación. La confianza en quien eres y en lo que mereces hará que ya no te conformes con cosas que no potencien tu alegría o tu propósito. Quiero decirte una última cosa fundamental, antes de dejarte entrar en tu hermosa fluidez y que tu Yo Superior te guíe hacia todo lo que deseas y todo lo que has venido a hacer: a partir de ahora, no necesitas hacer esfuerzos. Eso es lo que significa fluidez: *soltura*, *sencillez*, *naturalidad*.

Sí, has hecho grandes esfuerzos en esta vida. No has dejado de mover las piernas y los brazos enérgicamente para mantener la cabeza fuera del agua. Has demostrado una resistencia formidable. Has luchado con cada minúscula parte de tu ser para seguir con vida. ¡Y lo has conseguido! Estás aquí. No te has ahogado.

El durísimo trabajo que has hecho por sobrevivir ha dado frutos. ¡BRAVO! Estoy muy orgullosa de ti. De verdad, eres una maravilla.

Pero no todo ha sido supervivencia en tu vida, ¿verdad? Ha habido momentos mágicos. Momentos que te han dejado sin respiración, que llegaron cuando menos lo esperabas, como una sacudida. Esos momentos *fluyeron* hacia ti.

Así es como sucedió: de tanto en tanto, mientras braceabas con toda tu energía en medio de las aguas turbulentas, oías la voz de tu Yo Superior. Su suave susurro te hacía recordar que había otra forma de nadar en este río tumultuoso. Recordabas que, a veces, podías simplemente darte media vuelta, tumbarte bocarriba y dejar que la corriente te llevara a donde tuvieras que ir.

En esos momentos, experimentabas el fenómeno de *fluir*: momentos que parecía que te transportaran con la mayor suavidad. Si esos momentos pudieron materializarse fue solo porque dejaste de luchar y empezaste a escuchar la voz que te llegaba del inmenso embalse de sabiduría que había dentro de ti. Hasta entonces, la lucha te había inmovilizado en el miedo, en el concepto de sobrevivir a secas, porque florecer te parecía un sueño inalcanzable.

Pero cuando dejaste de luchar y permitiste simplemente que sucediera, la fluidez te recordó que, a veces, soltarte es no solo la mejor forma de llegar a tu destino, sino la forma de llegar siendo un ser más completo y más preparado para seguir navegando por el río de la vida. En esos momentos, saboreaste por unos instantes lo que es vivir en total armonía con tu Yo Superior. Y quiero que sepas que, si te resultó fácil dejar de luchar tanto, esa es justamente la sensación de vivir en conexión con tu Yo Superior.

Para vivir en estado de fluidez, son indispensables la confianza y la fe en el Yo Superior de las que hemos hablado en estas páginas. Es indispensable que sepas desde lo más profundo de tu ser que se te está guiando, con suavidad, intencionalmente, hacia el lugar preciso en el que necesitas estar. Eso, amores míos, puede ser así de sencillo y sosegado. De hecho, es una buena señal que sea así de sencillo y sosegado. El problema es que a menudo nos parece que si algo es sencillo, es «insuficiente». Si algo nos resulta sencillo de hacer, pensamos que es señal de indolencia, de que no nos estamos esforzando tanto como podríamos. Pero no es así. La vida no siempre será fácil, pero ahora tienes todo lo que necesitas para experimentar esa sencillez a la hora de cuidarte y quererte íntegramente.

Tengo fe en que tu Yo Superior te recordará esto a menudo cuando conectes con él, pero quería de todos modos recordaros, a ti y a todos tus pequeños y preciosos yos, que la lucha y el esfuerzo no son el único camino. La lucha y el esfuerzo son simplemente algo que nos han enseñado a valorar y a admirar, en un mundo lleno de maestros y figuras de autoridad que se olvidaron de su propia divinidad hace mucho. Esa es la razón de que, cuando algo te resulta sencillo, creas en cierto modo que no vale nada..., que *tú* no vales nada. Recuerda, sufrir es no tener conexión con nuestro Yo Superior. Así que reformulemos el concepto de «lucha y esfuerzo» como lo que es: desconexión.

No me malinterpretes, no estoy diciendo que todo lo que deseas en la vida te llegará sin que tengas que mover un dedo. Lo que digo es que *ya estás haciendo el trabajo*, ya estás demostrando un gran coraje al vivir en conexión con tu intuición y tu propósito. Despertar de nuevo a tu verdad y vivir esa verdad, es decir, encarnar el Yo Superior, es una proeza. Exige constante diálogo interno, sanar incansablemente los pequeños yos y las creencias limitantes. Es un trabajo muy serio, que exige gran presencia y responsabilidad, gratitud y confianza inmensas, y la menor cantidad posible de juicios.

También exige tener una visión. Exige que tengas claro lo que quieres, que trabajes con tu Yo Superior para dar el primer paso, y luego el siguiente y el siguiente hacia la materialización de ese deseo: eso *es* tomar la decisión de hacer este trabajo y presentarte a trabajar cada día. Eso es comprometerte con el proceso. Y la recompensa por hacer todo esto es la sencillez y serenidad de la fluidez.

Mantenerte en el fluir

A pesar de que hemos trabajado mucho para que seas consciente de todas las creencias que te condicionan, tu condicionamiento estará presente siempre. Y ese condicionamiento intentará convencerte como sea de que el fluir no es real, y de que tampoco lo es tu Yo Superior, y de que, si quieres avanzar en la vida, mejor que te prepares para luchar *con todas tus fuerzas*.

Solo quiero que tengas muy presente que «con todas tus fuerzas» es una creencia limitante que te han inculcado personas que están desconectadas de su Yo Superior. Pero que ellas no hayan despertado a su sabiduría interior ¿significa que tú tengas que volver a dormirte? Por supuesto que no. Ser consciente de que «con todas tus fuerzas» es simplemente una creencia limitante más te ayudará a colocarla en su sitio cuando, de repente, levante la voz y te diga que solo con esfuerzo y sufrimiento conseguirás lo que quieres.

Ahora que has aprendido a tomarte ese condicionamiento exactamente por lo que es –una proyección implantada en ti por las limitaciones de otra persona–, cada vez que surja en tu interior podrás identificarlo, mirarlo con amor y dejarlo a un lado. Al liberarte de esa creencia, abrirás espacio para tu Yo Superior. Basta con que sustituyas la creencia limitante por la pregunta: *¿Qué haría mi Yo Superior en estas circunstancias?*

Entremos un poco en esta pregunta. Lo que significa es: si encarnaras la perspectiva centrada, enraizada, digna y omnisciente de tu Yo Superior, ¿qué harías? Pregúntalo, ten un poco de paciencia y deja que la sensación te llegue. Recuerda que la respuesta nunca está lejos. Espera la respuesta y actúa según te dicte.

El trabajo de base consiste en mantener a raya el escepticismo, los juicios, la vergüenza y todas las demás limitaciones, y en hacerlo con amor.

Pregúntate ahora: *Si creyera que lo que quiero está ya fluyendo hacia mí con naturalidad y sencillez, ¿qué haría?*

Reemplaza la información que proyecten tus yos limitados por la respuesta a *esa* pregunta y observa lo que empiece a desplegarse ante ti.

Te lo repito una y otra vez, porque si hay algo que he aprendido en mi proceso es que, pese a dedicarme a enseñar a la gente acerca de estas verdades, descubro que mis yos limitados, llenos de miedo, tratan de desviarme constantemente de mi camino llenándome la cabeza con toda clase de razones por las que determinada cosa no es posible. Cuando ocurre, se me va cantidad de tiempo y energía en explicarme a mí misma *por qué no puedo o no debo hacer eso*, lo cual al final solo sirve para ralentizarlo todo. Creer en esas proyecciones hace que me resista a dejarme llevar a donde la corriente me lleve, porque me aleja por completo de la confianza y la fe.

En estas ocasiones, como cualquier otra persona que practique mi método, me recuerdo a mí misma que esos momentos de limitación son solo señal de que hay una versión joven de mí que reclama un poco de atención. Así que se la doy. Sin embargo, lo que he aprendido a dejar de hacer es creer en sus proyecciones. Simplemente, dejo que siga creyendo en lo que quiera, pero, en paralelo, me pregunto: *Si creyera que lo que deseo ya está fluyendo hacia mí con naturalidad y sencillez, ¿qué haría?*

Al instante, escucho a mi Yo Superior responder a esa pregunta.

Imagina esta interacción como un símbolo del infinito. Ese ocho en horizontal es un fluir constante de conversación entre tus jóvenes yos limitados y tu Yo Superior. Están eternamente entrelazados, en diálogo constante. Este diálogo abre la fluidez.

Al recordar lo bien que me siento cuando estoy conectada con mi Yo Superior, lo sencillo que es todo, soy capaz de relajarme, de soltarme del esfuerzo y la lucha y rendirme al fluir. Este recordatorio de que, cuando me reconecto con mi Yo Superior, puedo actuar desde la dignidad y no desde la vergüenza, desde la posibilidad y no desde la limitación, desde el amor y no desde el miedo me permite elegir con claridad entre luchar o fluir, y la elección es obvia.

Todo es amor

Conocí a mi hermano, el exmarido de mi hermana, cuando tenía trece años. Durante mucho tiempo, la familia habíamos sido mi madre, mi hermana y yo. Luego mi hermana se fue a vivir a Filadelfia y conoció a Naheed. La primera vez que lo vi, quise convertirlo en mi nuevo rival –un chico más que me robaba la atención de mi hermana–, pero él no tenía ningún interés en hacer ese papel. Era demasiado amable, le interesaba demasiado lo que yo pensaba y quién era, así que me rendí muy pronto; cada vez que lo veía me caía mejor.

Para cuando cumplí diecisiete años, Naheed y mi hermana se habían comprometido, y se casaron al final de ese verano. Parecía que la familia estuviera completa desde que Naheed se había incorporado a ella. Su presencia en la casa era tan natural que, al pensar en los diecisiete años anteriores en los que no había formado parte de la familia, era como si durante todo ese tiempo hubiera habido un vacío en nosotras. Él trajo la luz del sol. Nos hacía reír. Se interesaba por cómo nos sentíamos. Se hizo un sitio entre nosotras con la mayor naturalidad.

Con toda esta forma suya de comportarse, me dio además algo que yo no sabía que necesitara: un hermano mayor. Discutíamos como hermano y hermana, nos reíamos sin parar viendo la televisión e íbamos al cine, al centro comercial y al McDonald's (que sigue siendo su restaurante preferido). Y, sin embargo, todo el tiempo, sabía que Naheed era una extensión de mi hermana. Me preocupaba que el afecto que me mostraba estuviera ligado al hecho de que era su marido. Que se sintiera obligado a quererme porque estaba casado con ella. Yo no estaba segura de si, por mí misma, era suficiente para merecer un hermano como él.

Ya sabes cómo continuó la historia. Mi hermana anunció que era *queer* poco después de casarse, y se divorciaron cuando yo tenía diecinueve años.

Esto es el fin –me dije–. *Te has quedado sin tu hermano mayor.*

Para ser sincera, si echo la vista atrás y pienso en cómo reaccioné cuando mi hermana salió del armario, veo que gran parte de mi enfado con ella venía de ese miedo a *perder* la unidad familiar que durante tanto tiempo había echado en falta y que no quería que se desintegrara. Pero, curiosamente, ese acontecimiento no solo nos cambió la vida, sino que hizo también que mi hermano y yo nos acercáramos todavía más. Estuvimos en todo momento el uno a disposición del otro, nos abrazábamos en nuestra tristeza y confusión, y sacábamos el lado payaso que teníamos en común para animarnos mutuamente.

Pasó el tiempo, y cuando me contó que había empezado a quedar de nuevo con otras mujeres, pensé que ahora sí que lo había perdido para siempre. ¿Quién querría tener cerca a su excuñada cuando está intentando iniciar una nueva relación? Y, sin embargo, mi hermano siguió siendo mi hermano; me apoyó en todo momento durante mi divorcio y asistía a cada celebración, cumpleaños o fecha señalada. Allí estaba él sentado en la sala de espera con el resto de nuestra familia cuando di a luz a mi hija, y luego a mi hijo, metido de lleno en su papel de tío desde el primer momento, dándoles su inmenso cariño y caprichos sin fin.

Mi hermano fue el que me dijo que era hora de que dejara de vivir con mi exmarido, cuando llevábamos ya tiempo separados, y el que me ayudó a comprar una casa en la que mi hijo, mi hija y yo pudiéramos empezar de nuevo. Él fue quien estuvo a mi lado, sólido como un roble, animándome a montar mi propio negocio cuando era una madre sola y asustada. También fue él quien se ordenó sacerdote por Internet y nos casó a TJ y a mí, con lágrimas en los ojos mientras contaba lo mucho que yo había significado para él y hasta qué punto había sido su salvavidas en tantos momentos.

El amor fue lo que convirtió a Naheed en mi hermano. No fue la sangre, ni una relación, ni las circunstancias. Solo el amor. El amor lo es todo. Es la fuerza más vinculante de la naturaleza. *Es* la naturaleza. El amor es lo que nos hace posibles. Estamos aquí gracias al amor. El amor es nuestro origen y es todo cuanto somos. Todo es amor o está relacionado con el amor, incluso el miedo. El miedo es ausencia de amor. El odio es miedo manifestado, que es la ausencia de amor. El amor es la materia de la que está hecho todo.

«¿Me estás diciendo que un dictador es amor? –te preguntarás quizá–. ¿Que un asesino es amor?».

Es natural que estas preguntas te vengan a la mente cuando alguien te dice que todo es amor. Y a estas preguntas, vuelvo a responder *sí*. Esas personas, en algún momento de sus vidas, tuvieron dentro la esencia del amor. Luego, a causa del abandono o el maltrato que sufrieron, ese amor se retorció, y se marchitó, y se fue convirtiendo lentamente en miedo, que se calcificó y se convirtió en odio. Su «maldad» es en realidad amor corrompido.

¿Recuerdas que hablábamos de quien saca de la tierra una flor con las raíces intactas y, al llegar a casa, la planta con cuidado y cariño, y de quien la corta y, al llegar a casa, la deja pudrirse sobre la encimera de la cocina? Esto último es lo que les ha pasado a estas personas. En algún momento tuvieron la esencia del amor, pero se fue pudriendo porque nadie la atendió. Esto no significa que debamos permitir a nadie que nos haga daño. Cuando hablo de tener presente que *todo* es amor, incluidas las personas que causan daño en el mundo, no estoy sugiriendo que debas permitir que se te trate mal, ni mucho menos. Vuelve atrás y lee el capítulo sobre los límites si necesitas un recordatorio. Debes proteger tu Yo Superior. Por así decir, debes construir un cerco a tu alrededor que permita y proteja tu expansión.

Pero recuerda, esta vida no es una historia de O ESTO O AQUELLO, es una historia de ESTO Y AQUELLO. Puedes mantener tus límites personales Y expandir tu comprensión de la humanidad. Puedes extender tu visión de la humanidad lo suficiente como para no caer en la trampa del «nosotros contra ellos». Esa es la transformación que nos pido que lideremos ahora mismo. Pongo toda mi confianza en que, al recordar nuestra divinidad, nuestro Yo Superior, recordemos también que los seres humanos estamos todos conectados, coincidamos en nuestras perspectivas e ideas o no.

Te he hablado de mi hermano porque es la historia de un hombre que actuaba plenamente desde su Yo Superior, incluso en medio del dolor. Cuando estás en sintonía con tu Yo Superior, irradias amor. De esto se trata, amores míos. De recordar que somos amor y de recordar lo que el amor puede hacer para sanarnos.

Necesitamos urgentemente esta sanación; la necesitamos ahora mismo. Nos hemos perdido. Nos hemos creído demasiado el espejismo de la separación. Ese espejismo nos está matando. Literalmente. Nos fijamos en las diferencias de los demás y elegimos el miedo en lugar del amor. Y esto solo es posible porque no tenemos conexión con nuestra divinidad. Una vez que despiertas a la verdad –a que tú, yo y todos los seres humanos somos nuestro Yo

Superior, y no los miedos que se han proyectado en ti–, no tienes más posibilidad que irradiar el amor del que procedes. Es parte natural del proceso.

Ahora, es tu responsabilidad tomar el amor que proviene de tu Yo Superior y proyectarlo hacia el mundo exterior. Esta energía tendrá un impacto. Es la energía que contrarrestará todo el miedo y el odio que reverberan en el mundo en estos momentos. Al encarnar tu Yo Superior, tomas partido en una importante batalla. Las películas nos han enseñado a concebirla como la batalla entre el bien y el mal. En realidad, es una batalla entre el amor y el miedo, y creo de verdad que, si no tomamos parte activa en ella, estamos al borde de perderlo todo.

Esta es tu llamada de atención. Ahora que te has reunido con tu Yo Superior, es hora de que canalices todo ese poderoso amor que brilla desde tu interior y nos ames con ferocidad a todos los seres humanos, para que todos podamos observarte y aprender a hacer lo mismo. Esa es la única forma en que sobreviviremos.

«Vale, ¡eh!, sin presionar tanto, ¿no te parece?». Lo sé, acabo de pedirte algo enorme. Pero, en realidad, no. Ya sabes lo que tienes que hacer. Empieza desde dentro.

Si alguna vez necesitas un recordatorio, aquí tienes las seis reglas de tu Yo Superior por las que regirte:

1. Recuerda que eres amor, así que empieza por amarte fieramente a ti.
2. Confía en tu sabiduría; es un canal directo hacia tu divinidad.
3. Di tu verdad en voz alta y con firmeza, para que se te trate con el respeto que mereces.
4. No te juzgues, y te resultará imposible juzgar a otra persona.
5. Acepta las partes de ti que sienten vergüenza, para no tener necesidad de avergonzar a nadie.

6. Busca aprobación en tu interior, y te resultará imposible rechazar a otra persona.

Vive según estas reglas, y te acercarás a todas las cosas con el amor que mana a cada momento de la fuente inagotable que hay en ti; y, al hacerlo, crearás una onda expansiva que alcanzará a todas las personas que lo vean.

La onda expansiva

Volvamos a la ecuación del propósito de la que te hablé en el capítulo seis.

La ecuación del propósito: *Habilidades naturales + Experimentar alegría o satisfacción = Impacto positivo en otras personas*

Mucha gente interpreta el propósito como sinónimo de carrera profesional. No es lo mismo. Tu propósito es aquello para lo que estás aquí, mientras experimentas la vida y tu alma se expande. Esto significa que puedes producir un impacto en el mundo simplemente por la forma en la que vives, por el amor que emana de ti.

Creemos que nuestra valía reside en hacer; eso dice el capitalismo. Pero nuestra valía proviene de ser, de irradiar al mundo quienes somos cuando encarnamos nuestro Yo Superior. Independientemente de cuál sea tu propósito concreto en esta vida, tu principal propósito como alma encarnada es irradiar amor. Este es el propósito de todos los seres humanos: emitir esa poderosa energía, impulsarla hacia el mundo y envolvernos mutuamente en ella.

Cuando empiezas a encarnar tu Yo Superior, y a irradiar este amor con naturalidad, notas pequeños cambios a tu alrededor. Percibirás que las personas cambian en tu presencia. Al ver que te elevas a un espacio de amor puro, hacia ti y hacia el resto de la gente, quienes tienen contacto contigo comenzarán a desear esa misma vibración. Esto pondrá a esas personas en el camino hacia su propio despertar al Yo Superior o imitarán lo que te ven hacer.

De cualquiera de las maneras, tu presencia multiplicará exponencialmente la presencia del amor. Al encarnar tu Yo Superior, esta es la onda expansiva que se formará a partir de ti. Imagínala avanzando desde tu círculo más cercano a tu comunidad, tu ciudad, tu estado, tu país. Date cuenta de lo poderosa que puede ser esta onda expansiva y sabe que tú –sí, tú tal cual eres– puedes tener un impacto global simplemente por encarnar tu Yo Superior mientras te desenvuelves en el mundo.

Mi abuela, Aziz Joon, fue la primera onda expansiva de mi vida. Era asombrosa la forma en que amaba esta mujer. Sintió una profunda conexión conmigo desde el primer instante porque reconoció en mí una capacidad que formaba parte de ella: vio en mí el mismo poder que ella tenía para transformar el dolor en sanación a través del amor.

Aunque vivimos en continentes distintos durante la mayor parte de su vida, cada vez que estaba con mi abuela me sentía reconocida y agasajada. Ella me *veía*, incluso cuando me portaba mal y me rebelaba y rechazaba su amor. Ni siquiera en esos momentos trataba de ocultar lo orgullosa que estaba de que fuera su nieta; me acogía con una sonrisa y un brillo cómplice detrás de su mirada transparente.

Murió en Teherán cuando yo tenía veinticinco años. Mi madre la llevó de vuelta a Irán cuando el cáncer empezó a extendérsele por todo el cuerpo; sabía que mi abuela quería que la enterraran en la tierra que le había dado la vida. En su lecho de muerte, mi madre se acostó a su lado y, con la mano de mi abuela entre las suyas, la escuchó susurrar sus oraciones.

Lo último que dijo fue: «Dios, cuida de Mory».

Pasé mucho tiempo sin saber cómo debía interpretar esto: que las últimas palabras de mi abuela hubieran sido una oración por mí. Pero lo entendí plenamente cuando empecé a hacer este trabajo. Mi abuela supo desde el primer instante que mi propósito era el mismo que el suyo: sanar a través del amor. Ella sintió nuestra afinidad y creyó en mí.

Onda expansiva.

Mi madre fue la segunda onda. A pesar de todo su dolor y decepción, me amó tan plena y fieramente que, si te digo la verdad, nunca me sentí a falta de un segundo progenitor. La razón por la que mi padre es una simple nota a pie de página en esta historia es que mi madre me envolvió en un amor tan intenso que nunca sentí su ausencia.

Lo mismo hacía mi madre con la alegría. Aunque yo percibía su tristeza, me enseñó que la alegría puede coexistir con el dolor más profundo. Bailábamos mucho en mi casa cuando yo era pequeña. Uno de los episodios de mi infancia que con más cariño recuerdo es un momento en el que, después de que mi padre y mi madre hubieran tenido una discusión terrible, mi padre salió de casa hecho una furia y, cuando volvió a entrar, nos encontró a mi madre, a mi hermana y a mí bailando al son de la canción persa favorita de mi madre. Así es ella.

El amor y la alegría la ayudaron a superar el dolor, y con ellos construyó para nosotras una balsa salvavidas. Ella me inculcó este amor, este acceso infinito a la alegría, y yo, a mi vez, se lo transmito a mi hijo y mi hija, a mi familia, a mis amigos, amigas, amigues, a mis clientes y, ahora, quiero transmitírtelo a ti. Mi madre, y su madre antes que ella, iniciaron esta onda expansiva de amor que hoy emana de lo más profundo de mi ser. Acciones suyas cotidianas, que a ellas debían de parecerles insignificantes, crearon en su momento un movimiento de amor.

Onda expansiva.

A partir de ahí, ¡las ondas expansivas han sido tantas! De mi padre, no puedo decir que me llegara realmente una onda expansiva de amor en ningún momento, pero el universo no me dejó ni mucho menos abandonada. Mi tío Mash, por el que nos mudamos de Colorado a Maryland cuando mi madre y mi padre se divorciaron, ha sido un padre para mí en muchos sentidos.

Tengo la sensación de saber lo que es recibir el amor de un padre gracias al tío Mash. Su atención y entrega, su preocupación por mí, su júbilo por cada éxito mío y su tristeza por cada desengaño... Yo no contaba en absoluto con recibir de él todas estas cosas. El tío Mash no tenía por qué dedicarme tantas atenciones. Tenía su propia familia y sus propios problemas. Sin embargo, durante más de cuarenta años, cada vez que lo hemos necesitado ha acudido al instante. Siempre ha estado ahí, pendiente de nosotras, con el corazón abierto.

El día que salí de Maryland con destino a California, mi tío Mash metió la última caja en el camión de mudanzas. Se volvió hacia mí, me rodeó con sus grandes brazos y me estrechó con fuerza, llorando de corazón, diciéndome que nunca había imaginado que pudiera llegar un día en que me fuera a vivir al otro lado del país, tan lejos de él. Luego, me dejó ir; a pesar de tener el corazón roto, me despidió con auténtica alegría por la nueva vida que me esperaba. Como un padre.

Onda expansiva.

Es tu momento

Ahora, cariño mío, te toca a ti. La cuestión es la siguiente: esto no es el final, es solo tu comienzo. De hecho, no hay final; realmente no lo hay, no puede haberlo. La vida es experimentar. ¿Te acuerdas de esa alma que hay en ti, esa alma que necesita tener experiencias palpables desde las que poder expandirse? Tu existencia está guiada por ese deseo de experimentar la vida. Esto significa que no hay destino.

Tu alma no valorará la calidad de esta vida encarnada basándose en ninguna meta a la que hayas llegado ni en la rapidez con la que la hayas alcanzado. La calidad de tu vida se valorará por cómo la has vivido y cuánto te has expandido gracias a esta experiencia.

El objetivo no es llegar a ningún sitio, amores míos. Es encarnar plenamente la verdad, la dignidad y la sabiduría de tu Yo Superior, en los momentos en que todo avanza viento en popa y en mitad de las tormentas. El objetivo de esta vida es volver a ser quienes sois, y navegar por cada experiencia de vuestra vida con el Yo Superior al timón.

De esta manera, experimentaréis la vida a través de un prisma de amor y alegría, y no de dureza y sufrimiento. Vivir así es contagioso. Pensadlo: ¿podríais tener un impacto más importante que este?

Quédate ahora con tu Yo Superior. Comprométete a poner tu Yo Superior en primer lugar. Promete escuchar tus deseos más profundos. Cuida de ese pequeño yo asustado que hay en tu interior. Di la verdad claramente y en voz alta, incluso aunque te dé miedo. Elige tener fe en tu mundo interior y deja que el camino se despliegue ante ti sin aferrarte demasiado a ninguna expectativa.

Recuerda, lo que el camino te traiga podría ser incluso mucho mejor de lo que esperabas. Confía en ello. Confía en tus deseos, tus anhelos, tus valores y tu verdad. Dales prioridad absoluta, como si tu vida dependiera de ello. No te detengas por nadie. Pese al dolor que pueda causarte que algunas personas de entrada se aparten de ti, estarán bien. Crecerán precisamente porque tú te has comprometido a encarnar tu Yo Superior e irradiarás amor desde esta nueva frecuencia. Recuérdalo siempre.

Cuando naciste eras un ser humano completo. No te faltaba nada. Llegaste a este mundo en total alineación con tu Yo Superior, y a través de muchas experiencias de dolor, confusión y sufrimiento has trabajado para volver a alinearte con él. Este reencuentro ha significado despertar a la verdad de que la dolorosa soledad que sientes en algunos momentos no es real, no solo porque tu Yo Superior está siempre en ti y te guía, sino porque ahora recuerdas tu conexión esencial con todas las demás almas vivientes.

No te puedes reconectar con tu Yo Superior sin reconectarte con el resto del universo. Todos los seres formamos parte de esa red entrelazada, y tu Yo Superior te recordará siempre que eres parte integral de algo mucho, mucho mayor.

Ahora, estira la espalda e inspira hondo, muy hondo. Siente cómo te expandes. Siente ese poder palpitante de tu Yo Superior en tu interior. Sal al mundo con la cabeza alta, sintiendo tu completud, tu propósito, tu poder, y haznos mejores. Te necesitamos. Necesitamos todo tu poder, todo tu amor, todo lo que hay en ti.

Ve y muéstrale al mundo quién eres.

Ve y muéstrale al mundo tu Yo Superior.

Agradecimientos

Dice un proverbio africano que se necesita a todo un pueblo para criar a un nuevo ser, pero, en mi caso, para escribir este libro, me han hecho falta varios. Sin ellos, ninguna de estas palabras habría llegado a estas páginas. Voy a intentar nombrarlos y expresarles mi agradecimiento a todos.

El primero de estos pueblos es mi familia. Mi preciosa madre, Mahin; mi hermana, Mojgan, y mi hermano, Naheed, el núcleo de mi célula, que han creído en este libro y en mi capacidad para escribirlo desde el primer día, sin la menor vacilación. Mi prima Anais, que en realidad es más mi hermana pequeña, está siempre a mi lado, ayudándome a estructurar mis pensamientos e intuiciones en un lenguaje comprensible, sin rendirse nunca, incluso cuando le ruego que lo haga. Su padre, mi tío Mash (mi segundo padre), mi tía Carlene y mi primo Ashkon y su esposa, Marcia, han sido una fuente constante de amor y risa. Mi otro segundo padre, Al, el marido de mi madre, tiene mucho interés en mi trabajo; me hace una pregunta detrás de otra, para entender lo mejor posible lo que hago y cómo lo hago. Mi querido sobrino Arman, que es pura inspiración como ser humano. Su alma gentil, su naturaleza reflexiva y su seriedad en la lucha por la justicia y la integridad han sido y son mi brújula en muchísimos momentos. Mi sobrino Daniel, mi «hermane» –me da igual si alguien no está de acuerdo–, y Anushree están siempre a mi disposición. Mi cuñada, Mashael, que me entiende a la perfección y me recuerda que no necesito esforzarme tanto para que me presten atención y me comprendan. Mi suegra, Kayse (Nana), que estaba tan contenta de que escribiera este libro y me preguntaba por él cada vez que me veía, hasta su último aliento, y mi cuñado Todd, que hizo que cada segundo que pasé con él fuera apasionante y mágico hasta el momento de su muerte. Mi suegro, Tom, que, como exentrenador olímpico de esquí, siempre me recuerda que entrenar a otras personas consiste en ver lo mejor que hay en ellas y hacerles de espejo. Y mi propio padre, cuya fe en sí mismo y el deseo de que su familia tuviera auténtico bienestar lo impulsaron a dejar, con valentía, su tierra natal y empezar una vida aquí, en Estados Unidos, lo que me ha dado la libertad para estar ahora escribiendo estas palabras. Gracias desde lo más profundo de mi corazón a cada uno y cada una. Sin vosotras y vosotros, yo no existiría.

Luego está la familia que he construido. Reina, mi fiera y hermosa niña; Kian, mi «hijo sol» que ilumina mi vida; Keegan, el joven más amoroso que se pueda imaginar; Quinn, el dulce y silencioso recordatorio de que la vida está llena de pequeñas alegrías, y mi increíble, comprensivo, fuerte, gentil, profundamente intuitivo y extraordinario marido, TJ. Gracias por escucharme durante horas y horas «parlotear», como os gusta decir, sobre la intuición. Gracias por apoyarme incluso cuando eso significaba no estar en vuestra compañía. Gracias por creer en mí tanto como para decirme que siguiera adelante, incluso cuando estaba agotada y tentada de rendirme y acompañaros a donde fuerais a ir. Os adoro.

Al pueblo compuesto por amigas, amigues y amigos increíbles, no puedo creer que tuvierais razón: ¡soy capaz de escribir un libro! Aunque este pueblo se extiende por el mundo entero, quiero dar especialmente las gracias a dos de sus tribus. A mi poblado de la costa este, empezando por mi mejor amiga, Melissa; a Rhea y Alok, que literalmente me recordaron quién era, y a mi comunidad de personas fuertes, hermosas y profundamente perspicaces de Maryland: Lea, Rami, Aaryn, Adrienne, Gala, Rebecca, Christy, Suzanne y Chinyere. Me habéis traído hasta aquí, con vuestro amor, a mí y a mi hijo y mi hija y recordándome que ser una madre sola no era un impedimento. Que siempre tenía un lugar en vuestros corazones y en vuestras vidas, y que podía conseguir lo que me propusiera. Gracias. Mi poblado de la costa oeste, que os unisteis con tal rapidez y ganas de trabajar en serio en cuanto di la señal. Jen, Sarah, Dustin, Jennifer, Rendy, Stacy, Nakisa, Tommy, Alex, Cyrus, Dylan, Chrissy, Kane, Andrew y Katja, vuestro amor hizo que mudarme a California mientras intentaba escribir un libro fuera una aventura mucho menos solitaria y mucho más divertida. Gracias.

Mi pueblo literario. Mi maravillosa agente, Lauren Hall, que recibió de mí una propuesta de libro muy distinta a este que tienes ahora en las manos, me miró fijamente a los ojos y me dijo: «¿Quieres por favor escribir un libro solo sobre la intuición?». Kelsey Grode, mi fabulosa colaboradora, habló durante horas conmigo, me ayudó a organizar todo lo que quería decir y luego dedicó muchas horas más a leer los textos y a ofrecerle a esta autora novel sus conocimientos y su apoyo. Y Anna Montague, de Harper Collins, que creyó en mí y en este trabajo lo suficiente como para darme una oportunidad. Gracias a las tres por ayudarme a plasmar en este libro todo lo que soy. Me habéis hecho un regalo enorme.

A mis antepasadas, antepasados y guías, gracias por vuestro amor incondicional y por vuestro sacrificio para que hoy pueda representar todas vuestras esperanzas, deseos, luchas y triunfos en mi intento por ayudaros, ayudarme y ayudar al mundo a sanar. Y, por último, a mi Yo Superior: tenías razón, como siempre. Gracias por no dejarme perder de vista mi camino.

Notas

Capítulo 1

1. Samantha Taylor-Colls y R.M. Pasco Fearon, The Effects of Parental Behavior on Infants' Neural Processing of Emotion Expressions, *Child Development*, vol. 86, nº. 3, mayo-junio de 2015, pp. 877-888, https://srcd.onlinelibrary.wiley.com/doi/10.1111/cdev.12348.

Capítulo 5

1. Walker, Alice, David Icke: The People's Voice, Alice Walker: sitio web oficial, 19 de julio de 2013, https://alicewalkersgarden.com/2013/07/david-icke-we-are-change/.
2. Gerald J. Prokopowicz, *The Reform Era and Eastern U.S. Development, 1815-1850 (American Eras, 5)*, Gale Research Inc., 1998.
3. Ken Robinson, Do schools kill creativity?, *TED*, febrero de 2006, https://www.ted.com/talks/sir_ken_robinson_do_schools_kill_creativity?language=en. [Las charlas TED son conferencias de dieciocho minutos organizadas anualmente por la organización TED (Tecnología, Entretenimiento, Diseño)].
4. Giorgio Parisi, Nobel Prize winning physicist explains the power of intuition in scientific Discovery, BIGTHINK, julio de 2023, https://bigthink.com/thinking/power-intuition-science/.
5. Elizabeth Appell, Anais Nin and I are in lockstep, 24 de julio de 2018, https://readelizabeth.com/2012/12/anais-nin-and-i-are-in-lock-step/.

Capítulo 10

1. Cathy Malciodi, The Body Holds the Healing, *Psychology Today*, 29 de diciembre de 2022, https://www.psychologytoday.com/us/blog/arts-and-health/202212/the-body-holds-the-healing#:~:text=Trauma%20and%20the%20Disembodied%20Self,and%20their%20internal%20felt%20sense.